Anne Buscha • Gisela Linthout

Das Oberstufenbuch

DEUTSCH ALS FREMDSPRACHE

Ein Lehr- und Übungsbuch für fortgeschrittene Lerner

Das Oberstufenbuch

DEUTSCH ALS FREMDSPRACHE

Ein Lehr- und Übungsbuch für
fortgeschrittene Lerner

3., erweiterte Auflage

von

Anne Buscha
Gisela Linthout

SCHUBERT-Verlag

Leipzig

Die Autorinnen des *Oberstufenbuches* sind Lehrerinnen an den Goethe-Instituten in Rotterdam bzw. Amsterdam und verfügen über langjährige Erfahrung in Deutschkursen zur Vorbereitung auf die *Zentrale Oberstufenprüfung* bzw. das *Kleine Deutsche Sprachdiplom*.

Das *Oberstufenbuch* eignet sich sowohl für den Kursunterricht als auch für Selbstlerner.

Zusätzliche Übungen und Aufgaben zum Buch finden Sie im Internet unter:

www.aufgaben.schubert-verlag.de

©   SCHUBERT-Verlag, Leipzig
3., erw. Auflage 2005
Alle Rechte vorbehalten
Printed in Germany
ISBN 3-929526-81-6

Inhaltsverzeichnis

Kapitel 3: Vermutungen und Empfehlungen

Kapitel 4: Gründe und Folgen

Kapitel 5: Beschreibungen und Vergleiche

Kapitel 6: Gehörtes und Gesagtes

Kapitel 7: Aktives und Passives

Kapitel 8: Formelles und Informelles

Vorbemerkungen

Das vorliegende Buch richtet sich an Lerner mit Deutschkenntnissen auf fortgeschrittenem Niveau, die ihren Wortschatz und ihre Ausdrucksfähigkeit verbessern sowie ihre Grammatikkenntnisse vertiefen möchten. Es bietet eine große Auswahl an Texten mit anschließendem Wortschatztraining, Grammatikerläuterungen und Übungen, Aufsatz- und Vortragsthemen, die ganz nach Ihren Wünschen zusammengestellt und bearbeitet werden können. Außerdem integriert das Buch Übungen und Hinweise zur Vorbereitung auf die *Zentrale Oberstufenprüfung* und Teile des *Kleinen Deutschen Sprachdiploms*.

Die Konzeption des Buches ermöglicht Auswahl, Weglassen und Erweiterung in alle Richtungen und macht es dadurch vielseitig einsetzbar. Es enthält einen ausführlichen Lösungsschlüssel und ist sowohl für Gruppenkurse als auch für Selbstlerner geeignet.

Das Buch ist in **8 Kapitel** gegliedert, die jeweils aus **4 Teilen** bestehen:

Teil A: Texte und Textarbeit
Teil B: Hinweise zu Grammatik und Prüfungsaufgaben
Teil C: Übungen
Teil D: Themen für Vortrag und Aufsatz

Alle Kapitel orientieren sich sowohl in ihrer thematischen Auswahl als auch in ihren Erläuterungen und Übungen zu Grammatik und Semantik an den oben genannten Prüfungen.

Die Texte im **Teil A** können nach persönlichem Interesse ausgewählt werden. Sie stellen zum Großteil Originaltexte aus Zeitungs-, Zeitschriften- und Buchveröffentlichungen dar und wurden zum Teil gekürzt bzw. bearbeitet. Wir empfehlen Selbstlernern, sich unabhängig vom Kapitel ca. zehn bis fünfzehn Texte auszusuchen und zu bearbeiten. In diesem Teil werden durch viele Synonym- und Ergänzungsübungen vor allem der Wortschatz, die richtige Verwendung der Präpositionen und die Bildung von Sätzen geschult.

Den Synonymübungen liegen Beispiele aus dem Prüfungsteil „Texterklärung" zugrunde, bei denen es um die Erklärung einzelner Textstellen ohne Zuhilfenahme eines Wörterbuchs geht. Erst nachdem versucht wurde, eine Erklärung mit eigenen Worten zu finden, sollte zur Selbstkorrektur das Wörterbuch oder der Lösungsschlüssel genutzt werden.

Teil B enthält neben Grammatikerläuterungen auch gezielte Hinweise und Techniken zu den Prüfungsaufgaben der Teile „Ausdrucksfähigkeit" und „Aufsatz".

Besondere Aufmerksamkeit wurde der Umformung von Sätzen geschenkt. Der Umformungsvorgang wird anhand von Beispielen schrittweise erklärt und ist dadurch für den Lerner leicht nachvollzieh- und reproduzierbar.

Teil C konzentriert sich vor allem auf Umformungs- und Satzbildungsübungen sowie Ergänzungsübungen zur Festigung der grammatischen Korrektheit und sollte nur als Minimalangebot verstanden werden, das in jede Richtung erweitert werden kann.

Teil D bietet eine Auswahl an Themen für Vortrag und Aufsatz zur Verbesserung des schriftlichen und mündlichen Ausdrucks.

Weitere Hinweise zu allen Prüfungsteilen sowie der Lösungsschlüssel befinden sich im **Anhang**.

Im Internet finden Sie unter **www.aufgaben.schubert-verlag.de** zusätzliche Übungen und Aufgaben zum Buch.

Wir wünschen Ihnen viel Spaß und Erfolg beim Lernen.

Die Autorinnen

Zum Geleit

Wer fremde Sprachen nicht kennt,
weiß nichts von seiner eigenen.

Johann Wolfgang Goethe

Jede neue Sprache, die wir lernen,
ist ein Zuwachs an neuen Erlebnissen.

Hermann Hesse

Kapitel 1
Teil A

Vergangenes und Gegenwärtiges
Texte und Textarbeit

I. Prognose und Realität

1. Lesen Sie den folgenden Text.

Spiegel der eigenen Wünsche
Wie die Zeitgenossen um 1910 auf „Die Welt in 100 Jahren" blickten

Die Zahl der Wahnsinnigen wird irre steigen, das Verbrechen, zur <u>Domäne</u> der Frauen geworden, gewinnt an grässlicher <u>Tücke</u> und jedermann läuft mit einem schnurlosen Telefon herum. So beschrieben in einem Buch, das im Jahre 1910 in der Berliner Verlagsanstalt Buntdruck erschien, Propheten der damaligen Zeit die Welt von heute. In dem Buch findet man zwei Dutzend Aufsätze, die alle um den Titel „Die Welt in 100 Jahren" kreisen. Zu den Autoren gehören führende Köpfe der damaligen Zeit, darunter Sozialdemokrat Eduard Bernstein, Kritiker Hermann Bahr und die Pazifistin Bertha von Suttner.

Die „großen <u>Verheißungen</u>", die 1910 zu lesen waren, zwei Jahre vor dem Untergang der „Titanic", nach dem Flug Otto Lilienthals und den Entdeckungen von Röntgen und Curie, sind in erster Linie von der Euphorie der Zeit <u>geprägt</u>. Ein froher, komfortabler Kommunismus steht bevor, so die Vorhersagen, Äpfel werden so groß sein wie Melonen und den einzig bedeutenden Weltkrieg führen die „Vereinigten Staaten Europas gegen die gelbe Rasse", den sie dank „riesenhafter Vakuumluftschiffe" siegreich beenden. Danach wird angesichts „gewaltiger Vernichtungskräfte" Krieg zur „Unmöglichkeit", Wettervorhersagen können bis auf halbe Monate im Voraus mit voller Genauigkeit gestellt werden und die Gesellschaft <u>blüht</u> <u>auf</u>, „weil dann gute Manieren so selbstverständlich sind wie frische Wäsche". Weiterhin legt man sich über den „Tropengebieten von Amerika" in 3000 Meter Höhe in Schlafballons zur Ruhe, die Morgenlektüre entfällt, denn Zeitungen gibt es 2009 nicht mehr und alles geht drahtlos, „auch vom Mars herüber".

Die beiden großen Bewegungen der Neuzeit, die Frauen- und die Arbeiterbewegung, werden, nach Meinung des Sozialdemokraten Bernstein, ihre Ziele erreichen und die Menschheit kann sich ohne Elternschaft fortpflanzen.

Großen Weitblick offenbarten die Autoren, als sie die Möglichkeit der Umwandlung von Sonnenlicht in Motorkraft vorhersagten, geregelte Mindestlöhne und Arbeitszeiten und einen drahtlosen Weg, der den „Anblick von Sensationen furchtbarster Art" in alle Welt gewährt (den Fernseher). Literatur allerdings wird unnötig, weil das Grundmotiv des Dichters, der Gelderwerb, entfällt.

Möglicherweise könnte, das räumt Hermann Bahr ein, ein „heute durchaus unbekanntes Motiv" auftauchen und einer dichtet, „weil er was zu sagen hat".

Die Zukunft, so kann man lesen, ist ein „Spiegel, in dem nichts anderes erscheint als die Erfüllung der eigenen Wünsche".

Aus: Der SPIEGEL (bearb.)

2. Geben Sie die Prophezeiungen noch einmal mit eigenen Worten wieder.

1. *Es wird mehr Wahnsinnige geben.*	10. ....
2.	11. ....
3.	12. ....
4.	13. ....
5.	14. ....
6.	15. ....
7.	16. ....
8.	17. ....
9.	18. ....

3. Beantworten Sie die folgenden Fragen.
1. Wie beurteilen Sie die Prognosen der Autoren von 1910?
2. Halten Sie Zukunftsprognosen für sinnvoll? Begründen Sie Ihre Meinung.

4. Erklären Sie die Wörter nach ihrer Bedeutung im Text mit synonymen Wendungen.
1. Domäne ....
2. Tücke ....
3. Verheißungen ....
4. geprägt ....
5. Geselligkeit blüht auf ....
6. Anblick gewähren ....

5. Erklären Sie die folgenden Wendungen mit Ihren eigenen Worten.
1. etwas mit List und Tücke tun ....
2. die Tücke des Objekts ....

6. Ergänzen Sie die fehlenden Präpositionen.
1. Die Zahl der Wahnsinnigen wird irre steigen, das Verbrechen, ... Domäne der Frauen geworden, gewinnt .... grässlicher Tücke und jedermann läuft .... einem schnurlosen Telefon herum.

2. So beschrieben .... einem Buch, das .... Jahre 1910 .... der Berliner Verlags-anstalt Buntdruck erschien, Propheten der damaligen Zeit die Welt .... heute.

3. .... dem Buch findet man zwei Dutzend Aufsätze, die alle .... den Titel „Die Welt .... 100 Jahren" kreisten.

7. Ergänzen Sie die fehlenden Verben.

    1. Zu den Autoren .... führende Köpfe der damaligen Zeit.

    2. Die „großen Verheißungen", die 1910 zu .... waren, sind aber auch von der Euphorie der Zeit ....

    3. Danach wird angesichts „gewaltiger Vernichtungskräfte" Krieg zur „Unmöglichkeit", Wettervorhersagen können bis auf halbe Monate im Voraus .... werden und die Geselligkeit ....

    4. Großen Weitblick .... die Autoren, als sie die Möglichkeit der Umwandlung von Sonnenlicht in Motorkraft .... und einen drahtlosen Weg, der den „Anblick von Sensationen furchtbarster Art" in alle Welt ....

8. Was meinen Sie, was die Zukunft in den nächsten
                  a) fünfhundert Wochen,
                  b) fünfhundert Monaten,
                  c) fünfhundert Jahren
bringen wird? Erstellen Sie selbst Prognosen für diese drei Zeiträume.

9. Die Zukunftsforscher Watts Wacker, Jim Taylor und Howard Means haben für diese Zeit-räume ebenfalls Prognosen abgegeben.
Vergleichen Sie diese mit Ihren Voraussagen.

Die nächsten fünfhundert Wochen

Sie werden einen Beruf ausüben, für den Sie offiziell nicht ausgebildet wurden.

Der illegale Handel mit Zellgewebe wird den illegalen Drogenhandel als größten inter-nationalen Verbrecherring ersetzen.

Die pharmazeutische Behandlung des Alterungsprozesses wird zur globalen Manie werden.

Ein Eignungstest wird über das Recht, an einer Wahl teilnehmen zu dürfen, entscheiden.

Drei Wissenschaften, die wir uns heute noch gar nicht vorstellen können, werden erfun-den.

Deutschland und Japan werden Atommächte sein.

Die nächsten fünfhundert Monate

Jeder, der das fünfzigste Lebensjahr erreicht, hat eine achtzigprozentige Chance, hundert Jahre alt zu werden.

Wir werden wissen, dass wir nicht allein im Universum sind.

Genkosmetische Chirurgie wird alltäglich sein.

Die früher als Englisch bekannte Sprache wird zur am meisten gesprochenen Sprache der Welt.

Die nächsten fünfhundert Jahre

Es werden weniger Menschen am Leben sein als heute.

Die Weltbevölkerung wird in einem Umkreis von 500 km um den Äquator angesiedelt sein.

Die durchschnittliche Lebensdauer eines Menschen wird, unterstützt von Gentechnik, Bioenzymen und anderen Komponenten, 800 Jahre betragen.

Im Durchschnitt werden sich die Menschen im Alter von 75 Jahren erstmals verheiraten.

Sogar geringfügige kriminelle Vergehen werden mit dem Ausschluss aus der Gesellschaft geahndet werden.

Die Todesstrafe wird in einer künstlichen Alterung des Verurteilten bestehen.

Die Antwort auf die Frage: „Woher kommst du?" wird lauten: „Von der Erde."

Aus: „Futopia ... oder das Globalisierungsparadies"

10. Finden Sie zusammengesetzte Wörter mit *zukunft-/Zukunft-*.

....

11. Bilden Sie aus den vorgegebenen Wörtern Sätze.

1. Aufstellen – Prognosen – manche, Zukunftsforscher – einträglich, Geschäft – sein

   ....

2. selten, Fälle – Vorhersagen – nur – tatsächlich – eintreffen

   ....

3. Regel – Veränderungen – Forscher – langsamer – sich vollziehen – vorhersagen

   ....

4. zukunftsorientiert, Denken – wichtig, Faktor – gesellschaftlich, Entwicklung – darstellen

   ....

II. Moderne Kunst

1. Was ist Ihrer Meinung nach Kunst?
   - der Entwurf eines Architekten
   - das „Lächeln der Mona Lisa" von Leonardo da Vinci
   - das Gericht eines Drei-Sterne-Kochs
   - der Lehmhaufen des Künstlers Joseph Beuys im Museum
   - die bunte Bleistiftzeichnung eines Kindergartenkindes
   - ein preisgekrönter Kurzfilm
   - ein Werbefilm/Werbespot
   - die Fotografie einer Landschaft in einem Museum von einem bekannten Fotografen
   - die Fotografie einer Landschaft in einem Reiseprospekt
   - die Fotografie einer Landschaft, die ich im letzten Urlaub gemacht habe
   - der schöne handgefertigte Übertopf, in dem jetzt meine Palme steht ...

   Sammeln Sie allein oder in Gruppen Kriterien für Kunst.

2a. Wofür interessieren Sie sich am meisten? Begründen Sie Ihre Meinung.

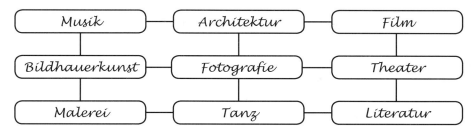

2b. Ergänzen Sie die fehlenden Buchstaben oder Silben und ordnen Sie die Wörter den verschiedenen Kunstrichtungen zu.

1. die Theaterauf.........
2. der Dreh..........autor
3. der Vorab......... eines Romans
4. das Bühnenb..........
5. die Schwarz-.............-Fotografie
6. die Außen.........nahmen beim Film
7. die Fi........szene
8. die Gebäudeeinw...........
9. die Choreo...........
10. das Inst...........ent

11. der Haupt............ller
12. die Ausst............öffnung
13. der Entw.......f eines Architekten
14. die Generalpr............
15. die Skulpt.......
16. der Literaturkri........
17. das Manus.........
18. der Ausstellungsbes............
19. das Theaterst..........
20. die Bestsellerl..............

3. Lesen Sie den folgenden Text.

Moderne Kunst

Bei Ausstellungsbesuchen kann man immer wieder bemerken, dass ein Großteil der Betrachter <u>irritiert</u> vor den Objekten <u>zeitgenössischer</u> Kunstschaffender steht und sich <u>vergeblich</u> bemüht, die Werke zu interpretieren. Das könnte ein dreijähriges Kind, denkt sich da so mancher oder man ruft bei so viel Verworrenheit oder verstecktem Tiefsinn nach psychoanalytischer Hilfe. Doch auch die wortreichen Erläuterungen von Galeristen oder Gelehrten helfen uns oft nicht, Zugang zum Dargestellten zu finden.

W. Kandinsky: Dreißig, 1937.   © VG Bild-Kunst

Befragt man den Künstler/die Künstlerin selbst – allerdings ergibt sich eine solche Gelegenheit nur selten – kommt man unter Umständen zu der Meinung, er oder sie solle dann doch lieber malen als reden, denn das Chaos in unseren Köpfen ist nun perfekt.

Wie wohltuend <u>heben</u> sich da z. B. die Werke van Goghs, Kandinskys oder Paul Klees <u>ab</u>. Da weiß der kunstsinnige Betrachter gleich, in welcher Phase des Künstlers das Werk entstand, was der Meister beim Schöpfungsakt dachte und was das Dargestellte bedeuten soll. Wie elektrisiert bestaunen wir das Kunstwerk, welches wir als Ausdruck der vergangenen Epoche, als Widerspiegelung des Zustandes der Gesellschaft erkennen und nachempfinden.

Schenken wir also der Theorie: „Das Kunstwerk ist das Werk eines einzelnen, Kunst aber ist Äußerung der Gesellschaft und der Epoche, in der sie entstand" Glauben, müssen wir davon ausgehen, dass die für uns unverständlichen Werke heutiger Kunstschaffender Ausdruck unserer Gesellschaft, Repräsentanten unserer Epoche sind. Doch steht diese These nicht im Widerspruch zu unserem Unverständnis?

Wie kommt es, dass von uns heute überaus <u>geschätzte</u> Kunstwerke von damaligen Betrachtern ignoriert oder verachtet wurden? Ist die zeitliche Diskrepanz im Verständnis von Kunst damit zu erklären, dass es immer neue Strömungen und Moden geben muss, damit <u>sich</u> im Gegensatz dazu das alte, „vor kurzem noch so unverständliche, bizarre, ja verrückte Werk plötzlich als klar und verständlich" <u>erweist</u>? Ist „moderne Kunst ebenso unpopulär wie populäre Kunst unmodern ist"?

4. Fassen Sie den Inhalt des Textes mit eigenen Worten zusammen.

5. Beantworten Sie eine der folgenden Fragen.
1. Berichten Sie über moderne Kunst in Ihrem Heimatland.
2. Nehmen Sie zu dem Zitat: „Moderne Kunst ist ebenso unpopulär wie populäre Kunst unmodern ist" Stellung. Begründen Sie Ihre Meinung.

6. Erklären Sie die Wörter nach ihrer Bedeutung im Text mit synonymen Wendungen.
1. <u>irritiert</u> ....
2. <u>zeitgenössischer</u> Kunstschaffender ....
3. <u>vergeblich</u> ....
4. die Werke <u>heben sich ab</u> ....
5. <u>geschätzte</u> Kunstwerke ....
6. <u>sich erweisen</u> ....

7. Ergänzen Sie die fehlenden Präpositionen.
1. Die wortreichen Erläuterungen .... Galeristen helfen uns oft nicht, Zugang .... Dargestellten zu finden.
2. Wie ist es zu erklären, dass .... uns heute geschätzte Kunstwerke .... damaligen Betrachtern ignoriert wurden?
3. Ist die zeitliche Diskrepanz .... Verständnis .... Kunst damit zu erklären, dass es immer neue Strömungen und Moden geben muss, damit sich .... Gegensatz dazu das alte Werk plötzlich als „klar und verständlich" erweist?

8. Ergänzen Sie die fehlenden Verben.

    1. Bei Ausstellungsbesuchen kann man immer wieder ...., dass ein Großteil der Betrachter irritiert vor den Objekten zeitgenössischer Kunstschaffender .... und sich vergeblich ...., die Werke zu ....

    2. Wie wohltuend .... sich da z. B. die Werke van Goghs, Kandinskys oder Paul Klees ab.

    3. Da .... der kunstsinnige Betrachter gleich, in welcher Phase des Künstlers das Werk ...., was der Meister beim Schöpfungsakt .... und was das Dargestellte .... soll.

    4. .... diese These nicht im Widerspruch zu unserem Unverständnis?

9. Lesen Sie den wichtigen Text.

Töpfernde Äffchen

Können Kapuzineraffen Kunstwerke fabrizieren? Ein Versuch zweier amerikanischer Verhaltensforscher nährt diese Vermutung: Die Forscher legten zehn Kapuzineräffchen Tonkugeln, Steine, Temperafarben und Blätter in den Käfig. Daraufhin begannen die Tiere, den Ton zu klobigen Objekten zu formen, ihn zu bemalen und ihn mit Blättern zu verzieren. Ähnlich wie kleine Kinder verloren die Kreativ-Affen nach etwa einer halben Stunde das Interesse an ihrer Bastelarbeit und wandten sich anderen Beschäftigungen zu.

Ob die äffischen Töpfereien als Kunst gelten können, ist unter Verhaltensforschern umstritten. Manche Experten betrachten die Hervorbringungen vielmehr als eine Vorstufe von Kunst – der Neigung entsprungen, spielerisch etwas Neues zu schaffen.

Aus: Der SPIEGEL

10. Sind die Objekte der Äffchen nach den in Aufgabe 1 von Ihnen zusammengestellten Kriterien Kunst?

11. Schreiben Sie mit Hilfe der vorgegebenen Wörter einen kurzen Text.

Wissenschaftler – Kunstgenuss – Immunsystem – Betrachten eines Bildes – Stimulation – Lebensweise ohne Kunst – Leben – Jahre – schwedisch – regelmäßig – geistig – ungesund – einige – beweisen – stärken – bewirken – können – verkürzen

12. Lesen Sie den folgenden wichtigen Hinweis.

Banausen sterben eher!

Die schönen Künste können Schreikrämpfe auslösen, aber auch die Seele erfreuen – so weit nichts Neues. Eine schwedische Studie mit 13 000 Menschen belegt nun, dass das Interesse an Kultur – Lesen, Konzert-, Museen-, Kino- und Theaterbesuche – lebensverlängernd wirkt.

In der Studienlaufzeit von neun Jahren war die Sterbewahrscheinlichkeit der Menschen, die sich nur gelegentlich einem Kulturgenuss hingaben, eineinhalbmal größer als bei denen, die regelmäßigem Kunstgenuss frönten.

Vielleicht, so die Forscher, sind die heftigen Emotionen während eines Films oder einer Sinfonie schuld, vielleicht die Inspiration und Kraft, die von Romanen ausgeht. Seelische und geistige Stimulation jedenfalls wirkt sich günstig aufs Hormon- und Immunsystem aus.

Möglich ist aber auch, dass die Kulturbanausen ungesunden Hobbys nachgehen: essen, trinken, rauchen, in der Kneipe palavern, auf der Kirmes Karussell fahren. Laut Studie werden solche netten Zeitgenossen aber leider selten alt.

Aus: Der SPIEGEL

---

13. Erklären Sie die Wörter nach ihrer Bedeutung im Text mit synonymen Wendungen.

   1. die Studie belegt   ....

   2. die dem Kunstgenuss frönen   ....

   3. Kulturbanausen   ....

   4. in der Kneipe palavern   ....

14. Ergänzen Sie die fehlenden Verben.

   1. Die schönen Künste können Schreikrämpfe ...., aber auch die Seele ....

   2. Eine schwedische Studie mit 13 000 Menschen .... nun, dass das Interesse an Kultur lebensverlängernd ....

   3. In der Studienlaufzeit von neun Jahren war die Sterbewahrscheinlichkeit der Menschen, die sich nur gelegentlich einem Kulturgenuss ...., eineinhalbmal größer als bei denen, die regelmäßigem Kunstgenuss ....

   4. Vielleicht ist die Inspiration und Kraft, die von Romanen ...., daran schuld.

   5. Möglich ist aber auch, dass die Kulturbanausen ungesunden Hobbys ....

15. Ordnen Sie den Substantiven die passenden Verben zu.

   1. einen Raum ....

   2. etwas mit den Händen ....

   3. ein Kunstwerk ....

   4. künstlerische Neigungen ....

   5. ein Gemälde ....

   6. sich dem Kunstgenuss ....

   7. sich an Kunst ....

hervorbringen
gestalten
erfreuen
hingeben
formen
schaffen
entwickeln
betrachten

III. Werbung gestern und heute

1.　Lesen Sie den folgenden Text.

Von der Nachkriegsreklame bis zur Werbung der vierten Art

Am Anfang war ein Ei. Ein Ei und ein Käfer. Der Käfer hatte einen Rückspiegel und zwei Rücklichter. „Es gibt Formen, die man nicht vergessen kann", stand unter dem Käfer, der aussah wie ein Ei, aber in Wirklichkeit ein Volkswagen war.

Diese Anzeige war so etwas wie der Urknall der modernen Werbung in Deutschland. Bis dahin gab es nur Anzeigen, die nicht mehr sagten als: Persil! Oder: Es gibt wieder Sunlicht-Seife. Oder: Endlich wieder Nivea-Zahnpasta! Die deutsche Nachkriegswerbung hatte noch einmal begonnen, wo auch die deutsche Wirtschaft begonnen hatte: ungefähr bei der Jahrhundertwende.

Werbung wurde Anfang der Sechziger neu erfunden, als die <u>gröbste</u> Nachfrage befriedigt und der Konkurrenzkampf <u>entbrannt</u> war. Das war die Zeit, als die Amerikaner nach ihren Soldaten und nach dem Kaugummi ihre Werbestrategen an die Konsumfront nach Deutschland schickten. Die großen amerikanischen Agenturen gründeten Niederlassungen oder kauften deutsche Firmen auf. Schlagzeilen wie: „Verdienen Sie zu viel, um sich einen Volkswagen leisten zu können?" widersprachen der bis dahin üblichen <u>Aufschneiderei</u> der Reklame, bei der immer nur das Größte, Beste und Schönste <u>angesagt war</u>. Die harte Konkurrenz auf den US-Märkten hatte intelligente Anzeigen produziert. Überraschende Fotos, humorvolle Überschriften und inhaltsvollere Texte ergaben einen neuen Reklamestil: diskreter Charme und hintergründiger Spaß sollten die Waren verkaufen helfen. „Bei 100 Stundenkilometern ist das lauteste Geräusch im Rolls-Royce das Ticken der elektrischen Uhr", so überschrieb David Ogilvy, einer der wichtigsten Männer dieser

Denkrichtung, eine Anzeige. Vielleicht sei, vom Jazz einmal abgesehen, die moderne Werbung die einzige Kunstform amerikanischen Ursprungs, <u>lästerte</u> ein kritischer Kopf unter den amerikanischen Werbern.

Tatsächlich war jedoch die Werbung, die von den US-Agenturen exportiert wurde, ein Mischprodukt europäisch-amerikanischer Traditionen, aus der Plakatkunst in den Metropolen und aus der Überredungskunst der Versandhauskataloge.

So gab es neben einem Tiger bei Esso, absurden Dialogen mit einem Bären, der für Puschkin-Wodka warb, auch den Krieg der Wasch- und Putzmittel, bei dem der Grauschleier über die Wäsche der Hausfrauen <u>herfiel</u>. Intelligente, witzige Werbung war doch eher die Ausnahme.

In den späten sechziger Jahren kam eine werbefeindliche Stimmung auf. Das Buch „Die geheimen Verführer" über die Werbung als Manipulation, als Kommerz und das Gegenteil von Kultur lag auf vielen Nachttischen.

Die Werbestrategen reagierten darauf, indem sie nicht mehr nur Produkte anboten, sondern Leitbilder verkauften. Man begann, glückliche Menschen um die Waren zu gruppieren, Produkte als Ausdruck von Persönlichkeit darzustellen, die Marken mit Images aufzuwerten: Stuyvesant hatte fortan den Duft der großen weiten

Welt, Puschkin den Charme des harten Mannes, Coca-Cola den Geschmack von ewiger Jugend. Geboren war das, was die Branche „Werbung der dritten Art" nennt. Geschichten aus dem Leben vorbildlicher Konsumenten werden gezeigt, dem Durchschnittsmann wird klar gemacht, dass er zu wenig Geld für Unterwäsche ausgibt, keine Hüte und nur ungern Krawatten trägt.

Die Werbung <u>entblößte</u> den Verbraucher, um ihn anzuziehen. Die lila Kuh kommt zur Welt und die Propheten der Reduktion in der Werbung lassen sich die erste Anzei-

ge der Welt mit nur einem Wort einfallen „schreIBMaschinen".

Der im Reklamefeuer aufgewachsene Konsument der heutigen Zeit will von Werbung unterhalten werden. Wer tolle Werbung macht, macht auch gute Produkte – das ist das einzige Verkaufsargument, was ihn noch erreicht. Und die Werbeleute müssen sich Mühe geben – denn, einer Umfrage zufolge, ist durch die übermäßige Werbepräsenz in allen Medien die messbare Markenerinnerung seit 1979 um 80 Prozent gefallen, nur drei von hundert Spots hinterlassen noch Produktbotschaften im Gedächtnis des Zuschauers.

Unter diesem Druck entsteht die Werbung der vierten Art – Plakate, Spots und Anzeigen, die für sich selbst werben, zum Teil gedreht von namhaften Filmregisseuren. Die Werbung ist selbst zum Produkt geworden, das konsumiert wird wie ein Comic-Heft oder ein Videoclip.

Aus: Der SPIEGEL

2.   Fassen Sie den Text mit eigenen Worten zusammen.

3.   Erklären Sie die Wörter nach ihrer Bedeutung im Text mit synonymen Wendungen.

    1.   <u>gröbste</u> Nachfrage   ....

    2.   Konkurrenzkampf ist <u>entbrannt</u>   ....

    3.   <u>Aufschneiderei</u>   ....

4. etwas <u>ist angesagt</u> ....

5. <u>lästern</u> ....

6. über etwas/jmdn. <u>herfallen</u> ....

7. den Verbraucher <u>entblößen</u> ....

4. Erklären Sie die folgenden Begriffe mit eigenen Worten:

1. Werbeträger ....

2. Werbebotschaft ....

3. Werbeetat ....

4. Werbemittel ....

5. Werbekampagne ....

6. Werbespot ....

5. Beantworten Sie eine der folgenden Fragen.

1. Berichten Sie über Werbung in Ihrem Heimatland. Wofür wird geworben, wofür nicht? In welchen Medien wird am meisten geworben? Wie hat sich die Werbung in den letzten Jahren verändert?

2. Lassen Sie sich selbst von Werbung zum Kauf animieren oder vom Kauf abhalten?

3. Welche Werbung gefällt Ihnen, welche lehnen Sie ab? Beschreiben Sie einen Werbe-spot und erklären Sie, warum Sie ihn gut oder schlecht finden.

6. Ergänzen Sie die fehlenden Verben.

1. Werbung wurde Anfang der Sechziger neu erfunden, als die gröbste Nachfrage .... und der Konkurrenzkampf .... war.

2. Die großen amerikanischen Agenturen .... Niederlassungen oder .... deutsche Firmen auf.

3. Die harte Konkurrenz auf den US-Märkten hatte intelligente Anzeigen ....

4. In den späten sechziger Jahren .... eine werbefeindliche Stimmung auf.

5. Die Werbestrategen .... darauf, indem sie nicht mehr nur Produkte ...., sondern Leitbilder verkauften.

6. Man begann, glückliche Menschen um die Waren zu ...., Produkte als Ausdruck von Persönlichkeit darzustellen, die Marken mit Images ....

7. Dem Durchschnittsmann wird klar ...., dass er zu wenig Geld für Unterwäsche ....

8. Nur drei von hundert Spots .... im Gedächtnis des Zuschauers Produktbot-schaften.

7. Ordnen Sie dem Substantiv ein passendes Adjektiv zu.

namhaft – werbefeindlich – übermäßig – hart – messbar – modern – diskret – inhalts-voll – hintergründig – vorbildlich

0. *vorbildliche*   Konsumenten

1. .... Stimmung   3. .... Filmregisseure

2. .... Werbung   4. .... Werbepräsenz

5. .... Markenerinnerung   8. .... Charme
6. .... Konkurrenz   9. .... Spaß
7. .... Texte

8. Finden Sie Übertreibungen. Lassen Sie Ihrer Fantasie freien Lauf.

0.	dunkler Raum	*finsterer/stockdunkler*	Raum
1.	großes Ausmaß	....	Ausmaß
2.	kleiner Fehler	....	Fehler
3.	sehr gute Arbeit	....	Arbeit
4.	schlechte Arbeitsbedingungen	....	Arbeitsbedingungen
5.	schönes Wetter	....	Wetter
6.	eindrucksvolle Aufführung	....	Aufführung
7.	kühle Atmosphäre	....	Atmosphäre
8.	freigiebiger Mensch	....	Mensch

9. Bilden Sie aus den vorgegebenen Wörtern Sätze.

1. fünfziger Jahre – Werbung – Sehnsucht – Wohlstand – vermitteln
   ....
   ....

2. sechziger Jahre – Humor – Werbung – Einzug halten
   ....
   ....

3. gut, Werbung – Kunst – werden
   ....
   ....

4. übermäßig, Werbepräsenz – immer weniger – Produkte – Produktbotschaften – Gedächtnis – Zuschauer – hinterlassen
   ....
   ....

5. häufig, Werbeunterbrechungen – Spielfilme – viele Fernsehzuschauer – Werbung –
   sich belästigt fühlen
   ....
   ....

6. Werbeaufträge – hart, Konkurrenzkampf – entbrennen
   ....
   ....

7. hervorragend, Werbung – Kunden – Kauf – animieren – können
   ....
   ....

IV. Keine Zeit

1.   Lesen Sie den folgenden Text.

Keine Zeit

Alles begann mit einem Mönch, der im Jahre 320 nach Christus eine feste Zeiteinteilung mit fünf Gebetsstunden für den Tag einführte und damit die geistigen Grundlagen für das Klosterleben legte. Auf dieser Einteilung basierend entwickelte 200 Jahre später ein Benediktiner die erste von <u>strikter Zeitdisziplin</u> bestimmte Sozialordnung in Europa, indem er im Kloster durch ein automatisches Läutwerk die Mönche an ihre Gebetseinheiten erinnerte. Außerhalb der Klostermauern allerdings richteten sich die Menschen noch bis ins 13. Jahrhundert nach dem Hahnenschrei und dem Sonnenstand, bevor sie einen eigenartigen Wunsch <u>verspürten</u>: Sie wollten wissen, wie spät es ist. „Aus der Zeit Gottes wurde die Zeit der Händler", so beschrieb der Historiker Adolf Holl diese Wende.

Bis heute arbeitet die Masse der Menschen <u>nach dem Diktat der Uhr</u>. Aus der 7-Tage-Woche mit ca. 70 Arbeitsstunden von vor hundert Jahren ist eine 5-Tage-Woche mit ca. 38 Arbeitsstunden geworden. Und dennoch hat niemand mehr Zeit. „Zeit ist Geld" ist das Motto unserer Tage und <u>Zeitvergeudung</u> die schwerste Sünde in unserer Gesellschaft.

Um seine Zeit noch besser organisieren zu können, liest der erfolgreiche Manager Bücher wie „Ganzheitliches Zeitmanagement", „Die Neunzig-Minuten-Stunde" oder „Der Zeitplaner". Diese Zeitplanungsspiele haben aber nicht etwa zum Ziel, Zeit übrig zu haben, um zum Beispiel zum Nachdenken zu kommen, sondern sie dienen dazu, die „gewonnene" Zeit mit anderen Terminen bis in den letzten Winkel wieder zu füllen. Das gilt nicht nur für Manager, auch Schüler und Rentner haben übervolle Terminkalender.

Nichts ist heute <u>peinlicher</u>, als Zeit zu haben, und Sätze wie „In der nächsten Woche sieht's bei mir ganz schlecht aus" <u>bescheinigen</u> uns den Erfolgsmenschen. Zeit zu haben ist nicht gut für das Image.

Es scheint, als führe sich die fortwährende Industrialisierung und Automatisierung selbst ad absurdum, denn jede neue Maschine, jeder Computer soll dem Menschen Arbeit abnehmen, ihm Zeit verschaffen, die er dann sinnvoll nutzen könnte. Doch mit dieser Zeit <u>kann</u> der Mensch nach rund 1500 Jahren Drill zur Zeitdisziplin <u>nichts mehr anfangen</u>, denn wenn er keine Termine hat, vernichtet er seine Zeit vor dem Fernseher oder lässt sie vernichten, von professionellen Zeitkillern wie Animateuren am Strand oder sonst wo.

Ein paar global denkende Wissenschaftler fordern jetzt ein radikales Umdenken, einen neuen Umgang mit der Zeit, denn sie haben erkannt, dass „<u>sich</u> das Tempo der Wirtschaftstätigkeit" wieder mit den „Zeitplänen der Natur" <u>vertragen</u> muss, um einen Ausweg aus Wirtschafts- und Umweltkrisen zu finden. Es muss wieder erlaubt sein, Zeit zu haben und sich Zeit zu lassen. Es muss wieder erlaubt sein, länger als bisher über Dinge nachzudenken, sonst lassen sich viele Probleme, die durch Schnelligkeit und zu hohes Tempo entstanden sind, nicht mehr lösen.

2.   Fassen Sie den Inhalt des Textes mit eigenen Worten zusammen.

3. Erklären Sie die Wörter nach ihrer Bedeutung im Text mit synonymen Wendungen.

1. <u>strikte</u> Zeitdisziplin ....

2. einen Wunsch <u>verspüren</u> ....

3. nach <u>dem Diktat der Uhr</u> ....

4. <u>Zeitvergeudung</u> ....

5. <u>peinlich</u> sein ....

6. etwas <u>bescheinigt</u> uns ....

7. <u>nichts anfangen können</u> mit der Zeit ....

8. <u>sich vertragen</u> müssen ....

4. Ergänzen Sie die fehlenden Präpositionen.

1. Alles begann .... einem Mönch, der .... Jahre 320 .... Christus eine feste Zeiteinteilung .... fünf Gebetsstunden .... den Tag einführte und da......... die geistigen Grundlagen .... das Klosterleben legte.

2. .... dieser Einteilung basierend entwickelte ein Benediktiner die erste .... strikter Zeitdisziplin bestimmte Sozialordnung .... Europa, indem er .... Kloster .... ein automatisches Läutwerk die Mönche .... ihre Gebetseinheiten erinnerte.

3. .... der Klostermauern allerdings richteten sich die Menschen noch .... 13. Jahrhundert .... dem Hahnenschrei und dem Sonnenstand.

5. Bilden Sie jeweils einen Beispielsatz mit:

1. seine Zeit verbringen

   ....

   ....

2. Zeit sparen

   ....

   ....

3. Zeit vertrödeln

   ....

   ....

4. sich seine Zeit vertreiben

   ....

   ....

6. Finden Sie zusammengesetzte Wörter mit dem Wort *Zeit-/zeit-*.

Zeitabschnitt, ...

....

....

7.   Beantworten Sie die folgenden Fragen.

1.   Gibt es in Ihrem normalen Tagesablauf Dinge, die Sie überflüssig oder zeitraubend finden?

2.   Haben Sie das Gefühl, dass Ihnen zu wenig Zeit für Dinge bleibt, die Sie gern tun würden?

3.   Haben Sie einen genauen Zeitplan für Ihren Tages- oder Wochenablauf? Wenn ja, gibt es in diesem Zeitplan leere Stellen?

4.   Wenn Sie viel Zeit zur Verfügung hätten, was würden Sie garantiert nicht tun?

5.   Könnten Sie ohne Uhr leben?

8.   Erklären Sie die Wendungen mit anderen Worten.

1.   <u>Es ist an der Zeit</u>, etwas zu tun. ....

2.   Soldat <u>auf Zeit</u>   ....

3.   <u>Alles zu seiner Zeit!</u>   ....

4.   Ich habe <u>für alle Zeiten</u> genug davon. ....

5.   <u>Von Zeit zu Zeit</u> kommt er uns besuchen. ....

6.   <u>die Zeit totschlagen</u>   ....

7.   <u>jemandem die Zeit stehlen</u>   ....

8.   <u>Das hat Zeit.</u>   ....

9.   <u>jemandem Zeit lassen</u>   ....

10. <u>Zeit schinden</u>   ....

11. <u>Das ist reine Zeitverschwendung!</u> ....

9.   Bilden Sie aus den vorgegebenen Wörtern Sätze.

1.   heutig, Zeit – Menschen – groß, Zeitdruck – stehen

....

2.   Zeitforscher – Thema „Zeitknappheit" – groß, Aufmerksamkeit – schenken

....

3.   man – nur 60 % – sein, Zeit – verplanen – sollten

....

4.   Nachdenken – Probleme – nur – wer – Zeit nehmen – lösen – können

....

10. Berichten Sie.

1.   Was fällt Ihnen zum Thema *Warten* ein?

2.   Sind Sie ein guter Warter? Was tun Sie, wenn Sie warten müssen?

3.   Schildern Sie typische Warte-Situationen in Ihrem Heimatland. Beschreiben Sie die allgemeine Stimmung beim Warten, z. B. im Stau, auf dem Bahnhof oder in einem Amt.

11. Formen Sie den Text so um, dass Sie die auf der rechten Seite angegebenen Wörter in der richtigen Form in den Text einarbeiten.

„Träumen, das ist Glück – Warten ist das Leben", schreibt Victor Hugo. Jeder wartet täglich viele Male auf irgendetwas, doch jeder <u>empfindet</u> das Warten anders. Für die einen ist es eine willkommene Pause, für andere ist es eine Qual. Die dritte Gruppe <u>macht</u> ihre Einstellung vom Grund des Wartens <u>abhängig</u>. Wartet man zum Beispiel auf ein öffentliches Verkehrsmittel, dann hat das Warten ein <u>absehbares</u> Ende. Das <u>erleichtert</u> vieles. Während der Wartezeit kann man beispielsweise <u>Beschäftigungen nachgehen wie</u>: Lesen, Rauchen, Essen oder Autos zählen. <u>Glaubt man</u> den Ergebnissen einer deutsch-amerikanischen Studie, <u>reagieren</u> Männer und Frauen beim Warten unterschiedlich.
<u>Während</u> Frauen Wartezeiten häufig im Sinne von „Luftholen" betrachten, scheint bei Männern <u>eine entscheidende Rolle zu spielen</u>, ob das Warten selbst bestimmt ist oder nicht. Das Warten an der Supermarktkasse oder im Verkehrsstau <u>kam</u> Männern durchweg stressig oder nicht zumutbar <u>vor</u>. Als Grund dafür <u>nennen</u> Wissenschaftler das negative Bild, das wir vom Nichtstun haben. Denn in unserer westlichen Gesellschaft <u>gilt</u> jemand, der ohne erkennbaren Grund herumhängt, als Nichtsnutz, Wartezeit <u>gilt</u> als verlorene Zeit.
Mit dem negativen Bild des Wartens <u>arbeitet</u> auch die Werbung. Marketingexperten <u>versuchen</u> mit den durch das Warten hervorgerufenen Emotionen und Werbesprüchen wie „Warten Sie nicht länger!" oder „Warum warten?" Produkte <u>besser abzusetzen</u>.

Empfindungen
ausschlaggebend
absehen lassen
leichter
beschäftigen
zufolge
Reaktionen
Gegensatz
große Bedeutung
empfinden
anführen
betrachten
halten
zu Nutze machen
bemühen
Absatz erhöhen

„Träumen, das ist Glück – Warten ist das Leben", schreibt Victor Hugo. Jeder wartet täglich viele Male auf irgendetwas, doch jeder <u>hat/hegt beim Warten andere Empfindungen</u>.

....

....

Wirklich, er war unentbehrlich ...

Wirklich, er war unentbehrlich!
Überall, wo was geschah
Zu dem Wohle der Gemeinde,
Er war tätig, er war da.

Schützenfest, Kasinobälle,
Pferderennen, Preisgericht,
Liedertafel, Spitzenprobe,
Ohne ihn, da ging es nicht.

Ohne ihn war nichts zu machen,
Keine Stunde hatt' er frei.
Gestern, als sie ihn begruben,
War er richtig auch dabei.

Wilhelm Busch (1832–1908)

Kapitel 1
Teil B

Vergangenes und Gegenwärtiges
Hinweise zu Grammatik und Prüfungsaufgaben

1. Zeitformen

Präsens	ich laufe	ich arbeite
Präteritum	ich lief	ich arbeitete
Perfekt	ich bin gelaufen	ich habe gearbeitet
Plusquamperfekt	ich war gelaufen	ich hatte gearbeitet
Futur I	ich werde laufen	ich werde arbeiten
Futur II	ich werde gelaufen sein	ich werde gearbeitet haben

2. Einige Verben, die verschiedene Vergangenheitsformen bilden können.

Infinitiv	*Vergangenheitsformen*	*Synonyme*
senden	a) sandte/gesandt *oder* sendete/gesendet	schicken
	b) sendete/gesendet	übertragen (von Rundfunk/Fernsehen)
wenden	a) wandte/gewandt *oder* wendete/gewendet	jmdn. etwas fragen (sich an jmdn. wenden) praktisch umsetzen (anwenden)
	b) wendete/gewendet	umdrehen/die Richtung ändern
bewegen	a) bewog/bewogen	veranlassen
	b) bewegte/bewegt	den Platz/die Lage verändern emotional ergreifen
schaffen	a) schuf/geschaffen	etwas hervorbringen/gestalten
	b) schaffte/geschafft	etwas erreichen/zu Stande bringen (weg)bringen
schleifen	a) schliff/geschliffen	etwas schärfen/glätten
	b) schleifte/geschleift	den Boden berühren/etwas über den Boden ziehen
wiegen	a) wog/gewogen	Gewicht feststellen/schwer sein
	b) wiegte/gewiegt	schaukeln (Baby im Arm) zerkleinern (Kräuter)
Infinitiv	*Vergangenheitsformen*	*Grammatische Umschreibung*
hängen	a) hing/gehangen	Beschreibung eines Zustandes
	b) hängte/gehängt	Beschreibung eines Vorganges
erschrecken	a) erschrak/erschrocken	intransitiv
	b) erschreckte/erschreckt	transitiv

3.   Temporale Präpositionen und Konjunktionen, die Nebensätze einleiten

	Präpositionen	*Konjunktionen (Subjunktionen)*
Gleichzeitigkeit	bei (D) *beim Essen*	während *er isst/aß/gegessen hat*
	während (G) *des Essens*	wenn *du isst/gegessen hast* (bei gegenwärtigem und wiederholtem vergangenen Geschehen)
		als *er aß/gegessen hat* (bei einmaligem vergangenen Geschehen)
Vorzeitigkeit	nach (D) *dem Essen*	nachdem/als *er gegessen hat/hatte*
		sobald *wir gegessen haben*
		immer *wenn wir gegessen haben/ hatten*
Nachzeitigkeit	vor (D) *dem Essen*	bevor/ehe *wir essen*
Beginn	seit (D) *seiner Abfahrt*	seit/seitdem *er abgefahren ist*
Ende	bis zu (D) *deinem Geburtstag*	bis *du Geburtstag hast*
Dauer	während (G) *der Ferien*	solange *wir Ferien hatten*

4.   Weitere temporale Präpositionen

um (A)	*um 14.00 Uhr, um 1900*
an (D)	*am Vormittag*
in (D)	*in den Ferien*
zu (D)	*zu Ostern (regional)*
über (A – nachgestellt)	*den ganzen Sommer über*
für (A – zwischen zwei Angaben)	*Woche für Woche*
von (D) ... zu (D)	*von Jahr zu Jahr*
zwischen (D)	*zwischen Weihnachten und Neujahr*
von (D) ... bis (A)	*von Mai bis Juni*
bis zum (D)	*bis zum 30. Mai*
innerhalb/binnen (G)	*innerhalb/binnen der nächsten Woche*
auf (A)	*einen Termin auf den Dienstag legen*
für (A)	*etwas für den Dienstag planen*
gegen (A)	*gegen Abend*

Achtung! Ohne Präposition werden verwendet:
– Angaben der Jahreszahl: *1999* (allerdings ist *in 1999* immer öfter zu hören)
– oft Kombinationen wie: *(in der) Mitte des 19. Jahrhunderts, (am) Anfang des Monats, (am) Ende der Woche.*
  Aber: *zu/am Beginn der Sitzung.*

Kirchliche Feiertage können mit oder ohne Präposition stehen: *(zu/an) Weihnachten*

5. Schritte für Umformungen von Präpositionalgruppen in Nebensätze

---

Beispiel 1
Umzuformender Satz: *Seit dem letzten Treffen habe ich nichts mehr von ihm gehört.*

1. Suchen Sie die passende Konjunktion, die einen Nebensatz einleitet.

2. Formen Sie das Substanitiv in ein Verb um oder finden Sie ein zum Substantiv passendes Verb. Achten Sie auf die Zeitform.

    3. Sie brauchen noch ein Subjekt: *wir*

Umgeformter Satz: *Seit wir uns das letzte Mal trafen (getroffen haben),*
                      habe ich nichts mehr von ihm gehört.

Beispiel 2
Umzuformender Satz: *Nach der Landung wurde das Flugzeug repariert.*

    1. Konjunktiv   2. Verb

        3. Subjekt: *es/das Flugzeug*

Umgeformter Satz: *Nachdem das Flugzeug gelandet war, wurde es repariert.*

Achten Sie bei Sätzen mit *nachdem* auf die Zeitformen:
Nachdem das Flugzeug <u>gelandet war</u>, <u>wurde</u> es repariert.
Gleich nachdem das Flugzeug <u>gelandet ist</u>, <u>wird</u> es repariert.

---

6. Hinweise zur Verwendung der Zeitformen im Aufsatz

Zeitformen:
Je nach Zeitpunkt des Erläuterten bzw. der Handlung wählt man entweder:
– die <u>Präsensform</u> (es geschieht) oder
– die <u>Form des Präteritums</u> (es geschah).

Ab und zu kann man auch das <u>Perfekt</u> (es ist geschehen) verwenden, doch das Präteritum sollte beim Aufsatz Vorrang haben.

Achtung!
Bei Aufsätzen zur Literatur ist es möglich, auch die <u>Form des historischen Präsens</u> zu verwenden.

Anstatt: *Edgar W. <u>verliebte</u> sich in Charlie, <u>als</u> er sie zum ersten Mal <u>sah</u>.*
kann man schreiben: *Edgar W. <u>verliebt</u> sich in Charlie, <u>als</u> er sie zum ersten Mal <u>sieht</u>.*

Die Konjunktion *als* bleibt allerdings als Merkmal für das vergangene Geschehen erhalten.

Kapitel 1   **Vergangenes und Gegenwärtiges**
Teil C   *Übungen*

1.   Bilden Sie Sätze im Präteritum.

   0.   Schüler – wiederholt, Mal – Hausaufgaben – vergessen
        Der Schüler vergaß zum wiederholten Mal seine Hausaufgaben.

   1.   Vortrag – Konferenz – Schweiz – er – halten

        ....

   2.   Finger – sie – Zwiebelnschälen – sich schneiden

        ....

   3.   die Fabrik – noch ungeklärt, Ursache – bis auf die Grundmauern – abbrennen

        ....

   4.   sie – Mitschüler – erste Klasse – bestehlen

        ....

   5.   Pressesprecher – Journalisten – Fragen – ausweichen

        ....

   6.   Angestellte – sich selbstständig machen – erwägen

        ....

   7.   er – Freund – Hilfe – bitten

        ....

   8.   Geschwister – im Aussehen – sich gleichen

        ....

   9.   er – sein Freund – Feigling – nennen

        ....

   10. Schneiderin – Kundin – Armlänge – messen

        ....

   11. Schnee – manch, Gebiete – erst – Ende Mai – schmelzen

        ....

   12. er – Gelegenheit – ergreifen – Haus – günstig, Preis – kaufen

        ....

   13. Anblick – Höhe – sein Mut – schwinden

        ....

   14. er – Stelle – Abteilungsleiter – sich bewerben

        ....

   15. Forscher – Grabungen – Knochen – Steinzeit – stoßen

        ....

   16. verstorbene Könige – alt, Ägypten – ihr, Schätze – sich begraben lassen

        ....

17. Gericht – Hausmeister – Zeuge – vorladen

    ....

18. er – sein Vermögen – Stiftung – überschreiben

    ....

19. diese Berge – Gebirgsbach – früher – rinnen

    ....

20. Diebe – Museum – Hinterausgang – verlassen

    ....

21. Wein – Essig – vergären

    ....

22. er – ich – 10.000 Euro – leihen

    ....

2. Suchen Sie synonyme Verben, die starke Vergangenheitsformen bilden.

    0. Er erinnerte sich nicht mehr an ihre Telefonnummer. – Er *vergaß* ihre Telefonnummer.

    1. Es passierte mitten in der Nacht. – Es .... mitten in der Nacht.

    2. Er borgte mir sein Fahrrad. – Er .... mir sein Fahrrad.

    3. Er sagte, es wäre besser, das Hemd nicht zu kaufen. – Er .... vom Kauf des Hemdes ....

    4. Sie erreichten den Zielort gegen Mitternacht. – Sie .... gegen Mitternacht am Zielort ....

    5. Die Preise für Kaffee sind niedriger geworden. – Die Preise für Kaffee sind ....

    6. Der Benzinpreis ist höher geworden. – Der Benzinpreis ist ....

    7. Er hat den Ring unter dem Sofa entdeckt. – Er hat den Ring unter dem Sofa ....

    8. Er sagte mir nicht die Wahrheit. – Er .... mich.

    9. Er entwendete dem Taxifahrer die Brieftasche. – Er .... dem Taxifahrer die Brieftasche.

    10. Er sagte, er wolle mir helfen. – Er .... mir seine Hilfe ....

    11. Sie hatte neben ihrem Ehemann noch einen Liebhaber. – Sie .... ihren Ehemann.

    12. Die Sitzung wurde auf Mittwoch verlegt. – Die Sitzung wurde auf Mittwoch ....

3. Ergänzen Sie die Verben im Präteritum bzw. Partizip Perfekt.

    0. Er .... ihr zum Geburtstag Blumen. *(senden)*
        Er *sandte/sendete* ihr zum Geburtstag Blumen.

    1. Sie .... das Kunstwerk im Jahre 1904. *(schaffen)*

    2. Der Mantel war so lang, dass er am Boden .... *(schleifen)*

    3. Sie .... nur noch 46 kg. *(wiegen)*

    4. Das Auto .... sich einfach nicht von der Stelle. *(bewegen)*

    5. Der Koch .... die Kräuter für die Suppe. *(wiegen)*

6. Plötzlich kam eine Hand aus dem Dunkeln und ich .... *(erschrecken)*

7. Die Messer sind stumpf. Sie müssen .... werden. *(schleifen)*

8. Jedes Mal, wenn das Telefon klingelte, ... sie sich. *(erschrecken)*

9. Der Rundfunk .... gestern Abend ein Sonderkonzert. *(senden)*

10. Sie haben trotz aller Bemühungen das Ziel nicht .... *(schaffen)*

11. Das Schicksal des blinden Mannes hat uns tief .... *(bewegen)*

12. Hast du heute die Wäsche zur Reinigung ....? *(schaffen)*

13. Nicht einmal seine Schmerzen .... ihn, zum Arzt zu gehen. *(bewegen)*

14. Sie weiß genau, dass sie die Jacke an die Garderobe .... hat. *(hängen)*

15. Die Frau an der Garderobe behauptet aber, der Mantel habe da nicht .... *(hängen)*

16. Den Ratschlag .... sie gleich in der Praxis an. *(wenden)*

4. Rekonstruieren Sie den folgenden Text. Ergänzen Sie die fehlenden Verben im Präteritum. *(Den Originaltext finden Sie im Lösungsschlüssel.)*

Mein erster Bericht

Fritz Pleitgen, seit 1995 Intendant des Westdeutschen Rundfunks (WDR), berichtet über den Beginn seiner journalistischen Karriere

Es .... mit einem kleinen Schwindel. Der Fall ist verjährt. Man kann also darüber reden. In Bünde, einem kleinen Zigarrenmacherstädtchen, ... die „Freie Presse" für den Sportteil ihrer Lokalredaktion einen freien Mitarbeiter. Honorar: sechs Pfennig pro Zeile. Die Nachricht .... auch in unser Gymnasium.

Einige .... sich interessiert, aber keiner .... sich. Für eine Zeitung zu schreiben, das hatte damals in dem kleinbürgerlichen Städtchen etwas Zwielichtiges an sich. Mich .... die Sache, mich .... das Geld; denn damit war es bei uns zu Hause nicht so gut bestellt[1]. Das Ganze .... nur einen Haken: Der Bewerber .... wenigstens 18 Jahre alt sein und ich .... erst 14. Aber ich hatte den Stimmbruch hinter mir, war einsfünfundsiebzig groß und der Redakteur war klein von Wuchs. Er .... erst gar nicht nach meinem Alter. Ich .... den Job.

Meine Eltern, einfache Leute, ... völlig ahnungslos. Um ihnen nicht den Seelenfrieden zu rauben, ... ich den Presseausweis zu Hause als Geheimdokument. Ich .... ihn versteckt. Am nächsten Morgen .... ich zur allgemeinen Verwunderung den Konfirmationsanzug an, ... zum Sportplatz der SG[2] Bünde 08, ... den Presseausweis und .... gleich mein blaues Wunder[3]. Der Kassierer .... mich zunächst perplex[4] an, dann .... er los: „Du willst mich wohl reinlegen. Beim letzten Spiel bist du noch über den Zaun gestiegen. Jetzt versuchst du's mit einem Presseausweis. Anzeigen sollte man dich!" Die Situation war prekär[5]. .... der Mann Ernst, dann .... bei der Zeitung mein jugendliches Alter heraus. Also .... ich mich zurück, ... am anderen Eingang brav meinen Eintritt und .... als Reporter gewissermaßen incognito die Arena. Schon ein anderer Mensch.

Das Geschehen auf dem Platz .... ich ohne Herzensregung, ... emsig jeden Spielzug und .... mich jeder Sympathiekundgebung. Wer mich ...., ... mich nicht wieder. Nach Spielschluss .... ich in die Redaktion und .... mich mit Feuereifer an die Arbeit. Ganz Gymnasiast, ein dreiteiliger Aufsatz. Zwölf Seiten handgeschrieben. Die erste wahre Analyse der SG Bünde 08 und ihrer Spielweise. Selbstsicher .... ich dem Redakteur das Manuskript.

Am nächsten Morgen .... ich meinen Bericht nicht in der Zeitung. Nur 25 Druckzeilen über das Spiel der SG Bünde 08. Keine einzige .... von mir. Meine größte Enttäuschung .... ich gleich zu Beginn

meiner Laufbahn. Der Redakteur .... mich: das sei ein ganz normaler Anfang. Ein Zeitungsartikel sei kein Schulaufsatz, die Journalistensprache sei knapp, prägnant, griffig. Ich würde das schon lernen.

Beim nächsten Mal .... ich eine alte Ausgabe des damals populären „Sportbeobachters" mit, ... ein Spiel mit dem passenden Resultat aus, ... in dem Artikel die Namen aus und .... den Bericht telefonisch an die Zentrale durch. „Schon besser!" .... mich der Redakteur. Nur die Sprache sei schlechter geworden. Im Übrigen sollte ich erklären, wie in dem ostwestfälischen Bezirksklassenspiel der FC[6] St. Pauli aus Hamburg auftauchen konnte. Seitdem .... ich auf Anleihen.

Aus: Kölnische Rundschau/Rundschau am Sonntag (leicht gekürzt)

1 mit/um etwas ist es nicht so gut bestellt: die Lage ist schlecht
2 SG: Sportgemeinschaft
3 sein blaues Wunder erleben: eine böse Überraschung erleben
4 perplex: erstaunt/verwundert
5 eine prekäre Situation: schwierige/unangenehme Situation
6 FC: Fußballklub

5. Formen Sie die Sätze so um, dass Sie Nebensätze bilden.

0. <u>Seit Beginn der Dürreperiode</u> vertrocknet ein Großteil der Ernte.
    Seit die Dürreperiode eingesetzt hat, vertrocknet ein Großteil der Ernte.

1. <u>Bei Einbruch der Nacht</u> war er noch immer nicht zu Hause.

    ....

2. <u>Während der Sitzung</u> sagte sie kein Wort.

    ....

3. <u>Bis zum Beginn des Studiums</u> solltest du deinen Führerschein machen.

    ....

4. <u>Nach Beendigung des Konzerts</u> sprachen wir noch lange über dieses Ereignis.

    ....

5. <u>Vor seiner Abreise</u> musste er noch verschiedene Dinge erledigen.

    ....

6. <u>Nach dem wiederholten Ausfallen der Elektronik</u> wurde das Flugzeug endlich aus dem Verkehr gezogen.

   ....

7. Sie hat sich <u>seit ihrer Ankunft in New York</u> noch nicht gemeldet.

   ....

8. Er trieb <u>während seines Englandaufenthaltes</u> viel Sport.

   ....

9. <u>Seit seiner Entlassung vor zwei Jahren</u> sucht er eine neue Stelle.

   ....

10. <u>Bei aufkommendem Nebel</u> dürfen Sie nicht schneller als 30 km/h fahren.

    ....

6. Ergänzen Sie die fehlenden Präpositionen, wenn nötig.

1. Tag .... Tag arbeiteten sie auf dem Feld.
2. Das Radio lief den ganzen Tag ....
3. .... Mitte Mai beginnen die Prüfungen.
4. Jedes Jahr .... August fahren wir nach Frankreich.
5. Das Bild dürfte .... 1900 gemalt worden sein.
6. .... dem Essen verabschiedeten wir uns.
7. .... dem 18. Jahrhundert ist das Gemälde in Besitz der königlichen Familie.
8. .... den Ferien arbeitete sie bei der Post.
9. Wir bitten Sie, die Rechnung .... der nächsten vier Wochen zu begleichen.
10. .... 1748 wurde der Dichter in Frankfurt geboren.
11 .... Sonnenuntergang saßen wir oft am Strand.
12. .... Beginn der Tagung stellte sich jeder Teilnehmer kurz vor.
13 .... des Sommers hat es kaum geregnet.
14. Das Virus wurde bereits .... 20 Jahren entdeckt.
15. Wir treffen uns .... 15.00 Uhr.
16. Was macht ihr .... Weihnachten?
17. Könnten Sie mir .... 13. März Bescheid geben, ob das Projekt realisiert werden kann?
18. Das Laufen fällt dem alten Mann .... Jahr .... Jahr schwerer.
19. Die Sitzung wurde .... den 25. Mai verschoben.
20. Das Erscheinen des Buches ist .... den Monat November geplant.

7. Adjektive mit Zeitbedeutung
Formen Sie die Sätze um, indem Sie aus den unterstrichenen Satzteilen Adjektive bilden.

0. Das Ausfüllen der Steuererklärung, <u>die ich jedes Jahr erhalte</u>, kostet mich viel Zeit.
   Das Ausfüllen der <u>jährlichen</u> Steuererklärung kostet mich viel Zeit.

1. Gestern gab es ein großes Treffen mit vielen Mitarbeitern <u>von früher und heute</u>.

   ....

2. Nichts ist langweiliger als die Zeitung <u>von gestern</u>.

   ....

3. <u>Morgen</u> auf der Sitzung werde ich die Ergebnisse bekannt geben.

   ....

4. Die Situation macht es notwendig, dass <u>sofort</u> Maßnahmen ergriffen werden.

   ....

5. Er hört noch immer die Lieder <u>von damals</u>.

   ....

6. Die Konferenz, <u>die den ganzen Tag dauerte</u>, ging gegen 20.00 Uhr zu Ende.

   ....

7. Die Einnahme der Tabletten, <u>die jeden Tag erfolgt</u>, darf nicht unterbrochen werden.

   ....

8. Die Ausbildung, <u>die sich über zehn Monate erstreckt</u>, findet in Miesbach statt.

   ....

9. Auf der Sitzung, <u>die jede Woche stattfindet</u>, werden alle Probleme besprochen.

   ....

10. Die Reise, <u>drei Wochen lang</u>, führt Sie in die schönsten Gegenden Kanadas.

    ....

11. Bei dem Praktikum, <u>das ein Jahr dauert</u>, lernen die Lehrer den Umgang mit den Schülern.

    ....

12. Mein Gehalt, <u>das ich jeden Monat bekomme</u>, reicht immer nur für drei Wochen.

    ....

8. Verben in Verbindung mit einem Zeitpunkt/einer Zeitspanne
Ergänzen Sie die Verben *vormerken – festsetzen – anberaumen – datieren – verschieben – verzögern – vertagen – vorverlegen – vereinbaren*.
Achtung: Manchmal gibt es mehrere Lösungen.

0. Die Vorstandssitzung wurde auf den 12. Juli *festgesetzt/anberaumt*.
1. Könnten wir für nächste Woche einen Termin ....?
2. Wir müssen die Besprechung mit der Firma Köhler um zwei Wochen ....
3. Könnten Sie sich den 12. Mai für unser Gespräch erst mal ....?
4. Leider müssen wir Ihnen mitteilen, dass sich der Liefertermin voraussichtlich um eine Woche ....
5. Die Gerichtsverhandlung wurde von Freitag auf Donnerstag ....
6. Könnten Sie den Scheck auf den 14. dieses Monats ....
7. Wir haben heute noch so viel zu tun, ... wir die geplante Sitzung auf Freitag.
8. Die nächste Betriebsversammlung wurde auf den 13. Oktober ....

Kapitel 1	**Vergangenes und Gegenwärtiges**
Teil D	*Themen für Vortrag und Aufsatz*

Prophezeiungen und Wünsche

1. Was halten Sie von Vorhersagen im Allgemeinen? Welche Art von Prophezeiungen kennen Sie? Welchen Einfluss können Prophezeiungen auf Menschen ausüben?

2. In welcher Zeit würden Sie gerne leben? Begründen Sie Ihre Meinung.

Kunst und Kultur

3. Einige berühmte Kunstwerke, z. B. Bilder, werden von reichen Privatleuten auf Auktionen ersteigert und sind dann für die Öffentlichkeit nicht mehr zugänglich. Sollte man bei bestimmten Kunstwerken den Verkauf an Privatpersonen verbieten? Begründen Sie Ihre Meinung.

4. Berichten Sie anhand ausgewählter Beispiele über die Kunst und Kultur Ihres Heimatlandes. Begründen Sie Ihre Auswahl.

5. Inwieweit sollte der Staat mit finanziellen Mitteln oder mit Beschränkungen ausländischer Kunst und Kultur die eigene unterstützen? Belegen Sie Ihre Ausführungen mit Beispielen und berichten Sie über die Förderung einheimischer Kultur in Ihrem Heimatland.

Werbung

6. Werbung für Kinder nimmt immer mehr zu, Kindersendungen werden immer häufiger durch lange Werbeblöcke unterbrochen. Sind Kinder ein zum Kauf zu animierender Kundenkreis oder sollten der Werbung da Grenzen gesetzt werden? Welche Grenzen sollte es nach Ihrer Meinung für die Werbung überhaupt geben? Begründen Sie Ihre Meinung.

7. Sehr gute und witzige Werbespots werden von einigen Leuten als moderne Kunst betrachtet. Wird dadurch die Werbung überbewertet? Beziehen Sie dazu Stellung und äußern Sie sich darüber, welchen Stellenwert die Werbung in unserem Leben Ihrer Meinung nach haben sollte.

Zeit und Zeitkultur

8. Welchen Einfluss hat Zeit auf die Gesellschaft und das Leben des Einzelnen? Wie sieht Ihrer Meinung nach richtiger Umgang mit Zeit aus? Beschreiben Sie das anhand von Beispielen.

9. Keuschheit, Geduld, Bescheidenheit, Hoffnung – die meisten Tugenden sind entstanden, weil Menschen sich Zeit nehmen, warten. Welche Rolle spielt das Warten in der Gesellschaft und in Ihrem eigenen Leben? Belegen Sie Ihre Ausführungen mit Beispielen.

Kapitel 2
Teil A

Nähe und Ferne
Texte und Textarbeit

I.   Mallorca – das bessere Deutschland

1.   Lesen Sie den folgenden Text.

Das bessere Deutschland

Jahrhundertelang zogen die Deutschen gen Ost- oder Welschland, bis sie endlich merkten, dass man Lebensraum auch mieten kann. Oder noch besser: kaufen. Und nirgendwo hat sich die neue Zivilität dieses getriebenen Volkes so ausgebreitet wie auf 3640 Quadratkilometern Kalk- und Sandsteininsel kurz vor Afrika.

Mallorca. Der einzige Fleck Ausland, den die Deutschen wirklich <u>in ihr Herz geschlossen haben</u> und deshalb liebevoll nach ihrem Bilde prägen: Auf Mallorca gibt es eine deutsche Hundefriseurin, eine deutsche Wochenzeitung und deutsche Inselpastoren beider Konfessionen. Es gibt Klempner, Altersheime, Kartenleger – alles

deutsch – und jede Menge deutsche Prominenz. Man kann sogar bei einem deutschen Fußballstar Fußballkurse belegen. Es ist wie in Deutschland. Nur besser.

Es mag andere Inseln in den Prospekten geben, aber Mallorca ist das erschlossenste und erreichbarste Paradies der Deutschen. Der Bürger rechnet und sieht: Von Lörrach bis Palma sind es nur hundert Kilometer Luftlinie weiter als nach Rügen[1]. Man ist in zweieinhalb Stunden da und es ist billiger. Auf dem Düsseldorfer Flughafen werden Standby-Tickets für unter hundert Euro unters Volk geworfen, für 300 Euro kann man zwei Wochen auf Mallorca leben.

Mehr als 2,5 Millionen Bundesbürger besuchen jährlich die Insel, etwa 50 000 Deutsche leben ständig und gemeldet dort. Dazu kommen <u>schätzungsweise</u> noch einmal ebenso viele Illegale, Ausreißer, <u>Sonnenscheinasylanten</u>.

Dabei <u>bevölkern</u> die Deutschen nicht nur die Strände, sondern kaufen sich auch ins Hinterland ein. Der Umsatz des größten Immobilienmaklers der Insel hat sich um 62 % erhöht. Es gibt sogar Wartelisten für Ein-Millionen-Euro-Objekte. Ähnlich wie einst im Osten Deutschlands <u>durchstreifen</u> Grundstückshändler das Hinterland und überprüfen jeden Ziegenstall auf seine Ausbau- oder Wohnfähigkeit.

Richtig <u>gewahr wurde</u> der Deutsche seiner Liebe zur eigenen Finca, als der Finanzminister anfing, in den Konten <u>herumzuschnüffeln</u> und eine Steuer auf Zinseinkünfte zu erheben. Da beschloss so mancher, sein Geld besser woanders anzulegen.

Die Zeit des Tourismus begann auf Mallorca bereits im 19. Jahrhundert, als prominente Europäer wie der Komponist Frédéric Chopin mit seiner Geliebten, der französischen Schriftstellerin George Sand, der habsburger Erzherzog Ludwig Salvator und die österreichische Kaiserin Sissi auf Mallorca ihre Zeit verbrachten und von der Landschaft <u>schwärmten</u>. Später kam die Insel besonders bei den Briten in Mode, Winston Churchill badete hier, englische Schriftsteller und Künstler siedelten sich an. In Adelskreisen längst bekannt, wurde Mallorca zur Insel der Reichen und Berühmten; es sei so wunderbar ruhig, hieß es damals.

1973 landeten die ersten Condor-Jumbojets aus Düsseldorf und es wurde Ernst mit dem Massentourismus. Heute starten und landen in Palma stündlich 42 Maschinen, mehr als in Paris oder Frankfurt. Ein- und Auschecken dauert nicht länger als eine Viertelstunde und neben den Urlaubern kommen immer mehr Deutsche, die nur ein Wochenende auf der Insel verbringen und Montag früh wieder nach München zur Arbeit fliegen.

Die Briten haben sich in der Zwischenzeit nach Menorca oder Ibiza zurückgezogen, Mallorca ist ihnen zu deutsch.

Aus: Der SPIEGEL (bearb.)

1   Rügen: Ostseeinsel

2.   Fassen Sie den Inhalt des Textes mit eigenen Worten zusammen.

3.   Beantworten Sie eine der folgenden Fragen.

    1.   Welche Folgen könnte der Ansturm aus Deutschland Ihrer Meinung nach für die einheimischen Inselbewohner gehabt haben bzw. noch haben?

    2.   Würden Sie auch auf Mallorca leben wollen? Begründen Sie Ihre Meinung.

4.   Erklären Sie die Wörter nach ihrer Bedeutung im Text mit synonymen Wendungen

    1.   etwas <u>ins Herz schließen</u>   ....

    2.   <u>schätzungsweise</u>   ....

    3.   <u>Sonnenscheinasylanten</u>   ....

    4.   <u>bevölkern</u>   ....

    5.   <u>durchstreifen</u>   ....

    6.   <u>gewahr werden</u>   ....

    7.   <u>herumschnüffeln</u>   ....

    8.   <u>schwärmen</u>   ....

5.   Ergänzen Sie die fehlenden Verben.

Mallorca ist der einzige Fleck Ausland, den die Deutschen wirklich in ihr Herz .... (1) haben und deshalb liebevoll nach ihrem Bilde .... (2). Auf Mallorca ist fast alles möglich, man kann sogar bei einem deutschen Fußballstar Fußballkurse .... (3). Mehr als 2,5 Millionen Bundesbürger .... (4) jährlich die Insel, etwa 50 000 Deutsche .... (5) ständig dort. Dabei .... (6) die Deutschen nicht nur die Sonne an den

Stränden, sondern sie .... (7) sich auch auf die Suche nach geeignetem Wohnraum. Der Umsatz des größten Immobilienmaklers der Insel hat sich um 62 % .... (8). Bereits im 19. Jahrhundert .... (9) prominente Europäer wie der Komponist Frédéric Chopin von der Landschaft. Später .... (10) die Insel besonders bei den Briten in Mode, die aber jetzt ihr Urlaubsglück auf Ibiza .... (11).

6. Bilden Sie aus den vorgegebenen Wörtern Sätze.

1. berühmt, Leute – Landschaft – Winter – Insel – schwärmen – verbringen – und

....

....

2. Folge – Massentourismus – Müllberge – überfüllt, Strände – sein – und

....

....

3. Inselbewohner – steigen, Preise – Häuser – Hinterland – nicht mehr – zahlen – können

....

....

4. Düsseldorf, Flughafen – Billig-Tickets – weniger, 100 Euro – Volk – werfen

....

....

7. Aus welchen Gründen verreisen Sie? Worauf legen Sie bei einer Reise besonderen Wert, worauf können Sie verzichten? Sammeln Sie erst Stichpunkte und berichten Sie anschießend mündlich oder schriftlich.

Reisegründe	wichtig bei der Reise	unwichtig bei der Reise
....	....	....
....	....	....
....	....	....
....	....	....
....	....	....

8. Beschreiben Sie das Reiseverhalten in Ihrem Heimatland.
Welche Reiseländer sind die beliebtesten? Wie oft fahren die Menschen in den Urlaub? Mit welchen Verkehrsmitten? usw.

9. Stellen Sie allein oder in der Gruppe Hypothesen auf: Wohin geht die Entwicklung? Welche Tendenzen und Schwerpunkte wird es in der Reisebranche geben?

10. Vergleichen Sie Ihre Ergebnisse aus Übung 9 mit dem folgenden Text. Ergänzen Sie auch die fehlenden Präpositionen.

Wohin die Reise der Deutschen in Zukunft geht

.... (1) einer Studie eines Hamburger Zukunftsinstituts zeichnet sich .... (2) den nächsten Jahren eine Trendwende .... (3) Massentourismus .... (4) Individualtourismus ab. Dabei erfreuen sich Hotels, die sich .... (5) die Bedürfnisse ihrer Kunden einstellen, immer größerer Beliebtheit, zum Beispiel Spezialhotels .... (6) Rucksackreisende oder Hotels .... (7) Frauen. .... (8) Bereich der Luxusklasse steigen Angebot und Nachfrage ebenfalls. .... (9) allem Frauen haben einen neuen Reisetrend .... (10) Leben gerufen: die Wellnessreisen. Der Wellnessurlaub verspricht einen Ausgleich .... (11) den komplexen Anforderungen .... (12) Beruf und Familie. Manche Touristen werden sich .... (13) Parfüm-, Gourmet- oder Weinreisen dem Kaufrausch hingeben. Sie zählen, wie auch die Reisen zu Olympischen Spielen, ... (14) den .... (15) Trend liegenden Kurz- und Themenreisen. Schon lange .... (16) dem Markt und beliebter denn je sind die Erlebnisreisen. Unberührte Landschaften, Wüsten oder Naturreservate werden .... (17) Zukunft noch mehr Besucher verkraften müssen. Auch Burgen, Schlösser oder so genannte Vergangenheitsparks locken erlebnishungrige Touristen .... (18) Scharen an. Und: .... (19) Krisen .... (20) vielen Teilen der Welt sagt man den Fernreisen voraus, dass sich ihre Anzahl verdoppelt. .... (21) Jahr 2020 soll China das beliebteste Reiseziel der Deutschen sein.

II. Das Europa-Haus

1. Lesen Sie den folgenden Text.

Das Europa-Haus – eine Architektur-Skizze

Von Hans-Magnus Enzensberger

Die Frage, ob es eine europäische Kultur gibt und, falls ja, wie sie zu definieren wäre, ist ein idealer Gegenstand für Tagungen, Podiumsdiskussionen und Symposien, und zwar aus folgendem Grund: Es gibt darauf keine klare Antwort, so dass beliebig viele weitere Veranstaltungen darüber beraten können, weil alle diese Veranstaltungen folgenlos bleiben.

Ähnlich schwerelos stellen sich die Erörterungen darüber dar, ob es nicht an der Zeit wäre, eine gemeinsame europäische Kulturpolitik zu <u>entwerfen</u>. Die europäische Union war von Anfang an als ein reines Wirtschaftskartell konzipiert. Für kulturelle Zwecke sind dementsprechend im Budget der Union höchstens Zehntel-Promille-Anteile vorgesehen und die werden größtenteils für Prestigeprojekte ausgegeben.

<u>Pomp</u> und <u>Schäbigkeit</u> sind allerdings nicht allein der Brüssler Bürokratie <u>anzulasten</u>. Es liegt auch in der Sache selbst. Offenbar gibt es die europäische Kultur nur im Plural und vielleicht ist der Eigensinn, der sich hierin ausdrückt, sogar das Beste an ihr. Jeder Versuch, sie zu <u>vereinheitlichen</u>, wäre

---

von vornherein zum Scheitern verurteilt. Die Lösung, falls es denn eine gibt, kann nur in einer ebenso intensiven wie flexiblen Kooperation zwischen den Teilnehmern am europäischen Spiel liegen.

Auf Dauer ist es ein witzloser Luxus, wenn sich die größten und reichsten Nationalstaaten, jeder für sich, Kulturinstitute in Nairobi, Seoul oder Buenos Aires leisten. Das kostet viel Geld und führt nur zu <u>überflüssigen</u> Rivalitäten. Viel vernünftiger wäre es, in allen wichtigen Hauptstädten so etwas wie ein Europa-Haus einzurichten: die Deutschen, die Franzosen, die Italiener, Spanier, Briten – alle unter einem Dach. Dabei müsste jeder der Beteiligten souverän über sein eigenes Programm entscheiden. Von Fall zu Fall ließe sich, wenn die üblichen <u>Animositäten</u> es erlauben, auch etwas Gemeinsames machen.

Die Infrastrukturkosten für Mieten, Personal und technische Ausrüstung ließen sich teilen. Vielleicht könnte man sich sogar auf eine gemeinsame Bibliothek einigen. In erster Linie wäre damit dem Publikum <u>gedient</u>, das ja nicht nur aus Spezialisten besteht. Die Anziehungskraft der Institute könnte durch eine solche Lösung nur gewinnen und die Kosten würden sinken. Auch kleinere oder ärmere Länder könnten auf diese Weise in vielen Teilen der Welt kulturpolitisch aktiv werden: und wenn es nur zwei Zimmer wären, in denen die Ungarn und die Norweger, die Polen und die Griechen zeigen könnten, was sie zu bieten haben.

Natürlich ist ein solches Projekt viel zu <u>einleuchtend</u>, viel zu vernünftig, als dass es sich ohne weiteres <u>verwirklichen</u> ließe. Was würde die Bundesbaudirektion dazu sagen? Wie sollten die Vorschriften des Quai d'Orsay eingehalten werden? Würde die Abrechnung über die verbrauchten Bleistifte nicht unter solchem Arrangement leiden? Lassen das Haushalts-, das Tarif-, das Beamten-, das Arbeits-, das Verwaltungsrecht überhaupt eine solche Lösung zu? Immobilienfragen und Bestandsgarantien sind zu berücksichtigen, die Botschaften müssen befragt werden, es geht um Zuständigkeiten und um die <u>Federführung</u> – schwer wiegende <u>Bedenken</u>! Ganze Ministerien würden <u>ins Grübeln geraten</u>. Im <u>Hickhack</u> der Institutionen bleibt von einem Vorschlag, gerade dann, wenn er einfach ist, gewöhnlich wenig übrig.

Aus: Die ZEIT (gekürzt)

2. Fassen Sie den Inhalt des Textes mit eigenen Worten zusammen.

3. Beantworten Sie die folgende Frage.

Sollte es Ihrer Meinung nach eine gemeinsame europäische Kulturpolitik geben und wenn ja, wie könnte sie aussehen? Machen Sie Vorschläge und begründen Sie Ihre Meinung.

4. Erklären Sie die Wörter nach ihrer Bedeutung im Text mit synonymen Wendungen.

1. eine Kulturpolitik zu <u>entwerfen</u> ....
2. <u>Pomp</u> ....
3. <u>Schäbigkeit</u> ....
4. jmdm. etwas <u>anlasten</u> ....
5. etwas <u>vereinheitlichen</u> ....
6. <u>überflüssige</u> Rivalitäten ....
7. <u>Animositäten</u> ....
8. dem Publikum wäre <u>gedient</u> ....
9. <u>einleuchtend</u> sein ....

    10. etwas <u>verwirklichen</u>   ....

    11. die <u>Federführung</u>   ....

    12. schwer wiegende <u>Bedenken</u>   ....

    13. <u>ins Grübeln geraten</u>   ....

    14. <u>das Hickhack</u>   ....

5. Ergänzen Sie die fehlenden Präpositionen.

    1. Die europäische Union war .... Anfang .... als ein reines Wirtschaftskartell konzipiert.

    2. .... Fall .... Fall ließe sich auch etwas Gemeinsames machen.

    3. .... erster Linie wäre damit dem Publikum gedient, das ja nicht nur .... Spezialisten besteht.

    4. Würde die Abrechnung .... die verbrauchten Bleistifte nicht .... solchem Arrangement leiden?

6. Ergänzen Sie die fehlenden Verben.

    1. Pomp und Schäbigkeit sind allerdings nicht allein der Brüssler Bürokratie .... Es .... auch in der Sache selbst.

    2. Jeder Versuch, die Kulturpolitik zu vereinheitlichen, wäre von vornherein zum Scheitern ....

    3. Vielleicht könnte man sich sogar auf eine gemeinsame Bibliothek ....

    4. Die Anziehungskraft der Institute könnte durch eine solche Lösung nur .... und die Kosten würden ....

    5. Was würde die Bundesbaudirektion dazu ....?

    6. Ganze Ministerien würden ins Grübeln ....

7. Bilden Sie aus den vorgegebenen Wörtern Sätze.

    1. Möglichkeit – Zukunft – Kulturpolitik – Einrichtung – Europa-Haus – sein (*Konjunktiv II*)
    ....

    2. man – gemeinsam, Haus – Geld – kulturell, Angebot – und – sparen – erweitern – können (*Konjunktiv II*)
    ....

    3. Verantwortliche – Ministerien – auftretend, Probleme – Lösungen – einfallen lassen – müssen (*Konjunktiv II*)
    ....

8. Wie heißt das Gegenteil?

    1. das Angebot <u>erweitern</u>   ....

    2. Geld <u>sparen</u>   ....

    3. die Kosten <u>steigen</u>   ....

    4. etwas ist <u>einleuchtend</u>   ....

    5. <u>Pomp</u>   ....

    6. die Kosten werden <u>gesteigert</u> ....

III. Die Globalisierung des Kinos

1.   Lesen Sie den folgenden Text.

Der Verlust der Liebe

Von Volker Schlöndorf

Spielfilme, die wir Europäer im Kino oder Fernsehen sehen, kommen zu drei Vierteln aus den USA. Ziehen wir ein paar Außenseiter ab, können wir diese „Mainstream"-Ware *das Globale* nennen. Auf dem amerikanischen Markt dagegen machen ausländische Filme insgesamt etwa zwei Prozent aus. Genauer gesagt sind es jährlich nur zwei bis drei Filme aus dem Rest der Welt, die in den USA überhaupt auf eine nennenswerte Zuschauerzahl kommen. Unbestreitbar können wir also den Rest der Weltproduktion als *das Regionale* betrachten. Dieser Trend scheint nicht umkehrbar, nicht in den USA und nicht im Rest der Welt. Denn überall heißt *ins Kino gehen* einen amerikanischen Film sehen. Das ist kein Werturteil, nur eine Feststellung von Marktanteilen.

Eine Erklärung dafür muss wohl sein, dass man mit der Kinokarte nicht nur einen Film, sondern auch zwei Stunden „American way of life" kauft.

Eine andere Erklärung liegt in den Filmen selbst. Bis in die fünfziger Jahre brachten die Exilanten aus Europa ihre Erzählweise nach Hollywood mit und gaben so dem amerikanischen Kino zusätzlichen Witz und kosmopolitischen Touch. Seit den siebziger Jahren ist der pazifische Einfluss dazugekommen: Japaner, Koreaner und Chinesen zählen heute zu den erfolgreichen Filmemachern von Hollywood. Und weiterhin strömen Regisseure aus aller Welt in die USA. Eine von so vielen geprägte Kultur schleift das allzu Spezifische einer Kultur ab und ist so leicht rückexportierbar.

Die Verführung dieses Globalen, das eine heile Welt vorspiegelt, ist so stark, dass wir darüber unsere Identität vergessen. Die Seele braucht aber immer noch das Vertraute, das Heimische. Deshalb produziert jedes europäische Land noch die Komödien des ihm eigenen Humors und ein paar kleine Dramen. Das meiste davon läuft im Fernsehen. Aber diese nationalen Filme schaffen den Sprung nicht einmal über die Grenze zum nächsten Nachbarn. Das war früher anders. Ungefähr von 1960 bis 1980 folgten wir Europäer einer ausgewogenen Diät, bestehend aus etwa einem Drittel amerikanischer Filme, einem Drittel nationaler Produktionen und einem Drittel Filme aus Nachbarländern. Wir wiegten uns in der Sicherheit, dass Europa weiter zusammenwachsen werde und schließlich ein gemeinsamer Markt bei gleichzeitiger kultureller Vielfalt entstehen würde.

Doch: Während die Märkte sich geöffnet haben, scheinen die Kulturen sich <u>abzukapseln</u>. Dieses Paradox lässt sich auch in Asien und Südamerika, in Mittel- und Osteuropa und in den Ländern der ehemaligen Sowjetunion beobachten, wo die Flut amerikanischer Filme ganze nationale Kinematografien <u>weggeschwemmt</u> hat.

Auch die digitalen Technologien, die zur Vielfalt geradezu einladen, haben diesen Trend zum Globalen nicht aufgehalten, sondern noch verstärkt, nach dem Motto: auf immer mehr Kanälen immer weniger Filme – und zwar immer die gleichen. Heute <u>bummeln</u> wir nicht mehr mit Jeanne Moreau über die Champs-Elysées, dafür kennen wir detailgenau die Ausstattung einer Polizeistation in der Bronx.

Der Druck ist groß, sich dem globalen Entwurf des Menschen anzupassen. Wenn wir uns aber alle einander anpassen, können wir uns nicht mehr verlieben, meint der große ägyptische Filmemacher Youssef Chahine. Am anderen lieben wir gerade jene Fremdheit, Individualität und Besonderheit, die uns mehr und mehr abgeschliffen wird. Der Verlust der Liebe aber wäre ein hoher Preis für die Unterhaltungshegemonie des US-Kinos.

Ein paar Einzelfälle geben uns in letzter Zeit wieder Hoffnung. Briten und Dänen weisen mit ihren Erfolgen den Weg: In kleinen Filmen mit sozialen Inhalten und spezifischem <u>Ambiente</u> kann sich ein weltweites Publikum wieder finden. Es sind wohl kaum mehr als ein Dutzend regional verwurzelter Filme pro Jahr, die mit Hilfe der entsprechenden Marketing-Startrampe in die Umlaufbahn des Globalen geschossen werden, aber sie bieten einen <u>Hoffnungsschimmer</u> für die Zuschauer wie für die Filmemacher. Auch wenn die Rollenverteilung zwischen Globalem und Regionalem endgültig ist, sollten wir uns nicht für immer mit dem Regionalen <u>bescheiden</u>. Schließlich kamen auch die meisten Autos eine Zeit lang aus Detroit.

Volker Schlöndorf ist einer der international anerkanntesten deutschen Regisseure.

Aus: Der SPIEGEL (bearb.)

2.   Fassen Sie den Inhalt des Textes mit eigenen Worten zusammen.

3.   Sagen Sie etwas über die folgenden Themen.

    1.   Berichten Sie über Filme aus Ihrem Heimatland, berühmte Regisseure und Schauspieler.

    2.   Berichten Sie über den Anteil amerikanischer Filme im Kino- und Fernsehangebot Ihres Landes und stellen Sie Ihre eigene Meinung dazu dar.

    3.   Unterbreiten Sie Vorschläge, wie die Regierung Ihres Heimatlandes die nationale Filmproduktion unterstützen könnte.

4. Erklären Sie die Wörter nach ihrer Bedeutung im Text mit synonymen Wendungen.

1. von vielen geprägte Kultur ....

2. heile Welt vorspiegelt ....

3. schließlich ....

4. sich abkapseln ....

5. ganze Kinematografien weggeschwemmt ....

6. über eine Straße bummeln ....

7. spezifisches Ambiente ....

8. Hoffnungsschimmer ....

9. sich bescheiden ....

5. Ergänzen Sie die fehlenden Verben.

Drei Viertel aller Spielfilme, die die europäischen Kinos .... (1), ... (2) aus den USA. Auf dem amerikanischen Markt dagegen sind ausländische Filme nur mit etwa zwei Prozent .... (3). Genauer gesagt sind es jährlich zwei bis drei Filme aus dem Rest der Welt, die in den USA überhaupt eine nennenswerte Zuschauerzahl .... (4) können. Dieser Trend .... (5) nicht umkehrbar, weder in den USA noch im Rest der Welt. Denn überall .... (6) ins Kino gehen, sich einen amerikanischen Film .... (7). Eine Erklärung dafür .... (8) sein, dass man mit der Kinokarte nicht nur einen Film, sondern auch zwei Stunden „American way of life" .... (9). Das war früher anders. Ungefähr von 1960 bis 1980 .... (10) das Filmangebot in Europa aus etwa einem Drittel amerikanischer Filme, einem Drittel nationaler Produktionen und einem Drittel Filme aus Nachbarländern. Wir .... (11) uns in der Sicherheit, dass Europa weiter zusammen................ (12) werde und schließlich ein gemeinsamer Markt, bei gleichzeitiger kultureller Vielfalt .... (13) würde. Doch das Gegenteil .... (14). Während sich die ökonomischen Märkte geöffnet haben, scheinen die Kulturen sich .... (15). Dieses Paradox lässt sich auch in Asien und Südamerika, in Mittel- und Osteuropa und in den Ländern der ehemaligen Sowjetunion .... (16).

6. Ordnen Sie den Substantiven ein passendes Adjektiv in der richtigen Form zu.
national – ausgewogen – digital – nennenswert – sozial – erfolgreich – heil – hoch

1. Koreaner und Chinesen zählen heute zu den .... Filmemachern.

2. Die .... Filme schaffen den Sprung nicht einmal über die Grenze.

3. die .... Technologien, die zur Vielfalt geradezu einladen

4. kleine Filme mit .... Inhalten

5. einen .... Preis für etwas zahlen

6. Von 1960 bis 1980 folgten wir Europäer einer .... Diät.

7. Nur zwei bis drei Filme kommen überhaupt auf eine .... Zuschauerzahl.

8. die Verführung dieses Globalen, das eine .... Welt vorspiegelt

7. Bilden Sie aus den vorgegebenen Wörtern Sätze.

1. letzte Zeit – Filme – Großbritannien – Dänemark – Interesse – weltweit, Publikum – erwecken

     ....

2. digital, Technologien – Trend – das Globale – verstärken

     ....

3. europäisch, Regisseure – Einfluss – amerikanisch, Kino – Vergangenheit – ausüben

     ....

8. Beantworten Sie eine der folgenden Fragen.

1. Interessieren Sie sich für Filmfestivals? Wenn ja, welches halten Sie für das bedeutendste? Begründen Sie Ihre Meinung.

2. Gibt es in Ihrem Heimatland ein Filmfestival? Wenn ja, können Sie etwas über das Festival berichten? (Welche Filme werden gezeigt? Wie viele Zuschauer hat das Festival? Kommen viele Stars? Waren Sie schon einmal dabei?)

9. Ergänzen Sie die fehlenden Substantive in der richtigen Form.

Programm – Eröffnungsfilm – Überreichung – Filmfestival – Vorgang – Präsenz – Preise – Jurymitglieder – Sicht – Überraschung – Beitrag – Regie – Absage – Wettbewerb – Premiere – Start – Darstellerin

Mit der .... (1) des Goldenen und der Silbernen Bären ging gestern die diesjährige Berlinale in Berlin zu Ende. Bei dem .... (2) wurden insgesamt 343 Filme aus 52 Ländern gezeigt. Im .... (3) um die begehrten .... (4) liefen 22 Filme, darunter drei deutsche. Zu den .... (5) zählten unter anderem der in den USA lebende deutsche Regisseur Roland Emmerich und der Modeschöpfer Nino Cerruti.

Doch trotz einiger bemerkenswerter Filme konnte das .... (6) nicht wirklich überzeugen. Vor allem der schwache .... (7) „Man to Man" hatte für Kopfschütteln und einen misslungenen .... (8) gesorgt. Wie erfreulich ist dann aus deutscher .... (9), dass zwei Silberne Bären an den deutschen .... (10) „Sophie Scholl –3 die letzten Tage" gingen: Julia Jentsch erhielt ihn als beste .... (11), Lars Rothemund für die beste .... (12). Der Goldene Bär für den besten Film ging zur .... (13) vieler an einen südafrikanischen Film, eine Adaption der Oper Carmen.

Für etwas Verstimmung hatte die .... (14) der Schauspielerin Glenn Close gesorgt, die zur .... (15) ihres Films „Heights" erwartet wurde. Berlinale-Chef Dieter Kosslick nahm den Film daraufhin aus dem Wettbewerb. Dieser einzigartige .... (16) wurde als bracheninterner Warnschuss gewertet. In dem immer härter werdenden Wettbewerb mit den Festivals in Cannes und Venedig ist die Berlinale auf die .... (17) von Stars angewiesen.

IV. Nachtgedanken

1. Lesen Sie das folgende Gedicht von *Heinrich Heine (1797–1856).*

Nachtgedanken

Denk ich an Deutschland in der Nacht,
Dann bin ich um den Schlaf gebracht,
Ich kann nicht mehr die Augen schließen,
Und meine heißen Tränen fließen.

　　　Die Jahre kommen und vergehn!
　　　Seit ich die Mutter nicht gesehn,
　　　Zwölf Jahre sind schon hingegangen;
　　　Es wächst mein Sehnen und Verlangen.

Mein Sehnen und Verlangen wächst.
Die alte Frau hat mich behext,
Ich denke immer an die alte,
Die alte Frau, die Gott erhalte.

　　　Die alte Frau hat mich so lieb,
　　　Und in den Briefen, die sie schrieb,
　　　Seh ich, wie ihre Hand gezittert,
　　　Wie tief das Mutterherz erschüttert.

Die Mutter liegt mir stets im Sinn.
Zwölf lange Jahre flossen hin,
Zwölf lange Jahre sind verflossen,
Seit ich sie nicht ans Herz geschlossen.

　　　Deutschland hat ewigen Bestand,
　　　Es ist ein kerngesundes Land,
　　　Mit seinen Eichen, seinen Linden,
　　　Werd ich es immer wieder finden.

Nach Deutschland lechzt ich nicht so sehr,
Wenn nicht die Mutter dorten wär;
Das Vaterland wird nie verderben,
Jedoch die alte Frau kann sterben.

　　　Seit ich das Land verlassen hab,
　　　So viele sanken dort ins Grab,
　　　Die ich geliebt – wenn ich sie zähle,
　　　So will verbluten meine Seele.

Und zählen muss ich – Mit der Zahl
Schwillt immer höher meine Qual,
Mir ist, als wälzen sich die Leichen
Auf meine Brust – Gottlob! sie weichen!

　　　Gottlob! durch meine Fenster bricht
　　　Französisch heitres Tageslicht;
　　　Es kommt mein Weib, schön wie der Morgen,
　　　Und lächelt fort die deutschen Sorgen.

2.   Erklären Sie mit anderen Worten.

     1.   Die alte Frau, die Gott erhalte. ....

     2.   Seit ich sie nicht ans Herz geschlossen. ....

     3.   Nach Deutschland lechzt ich nicht so sehr. ....

3.   Beantworten Sie eine der folgenden Fragen.

     1.   Was bedeutet für Sie das Wort *Heimweh*?

     2.   Würden Sie für längere Zeit ins Ausland gehen und wenn ja, in welches Land? Begründen Sie Ihre Meinung.

     3.   Welche Empfehlungen geben Sie jemandem, der für längere Zeit in Ihr Heimatland kommt?

4.   Finden Sie Wörter/Wendungen mit antonymer Bedeutung.

     1.   <u>Heimweh</u>   ....

     2.   sich <u>einsam</u> fühlen   ....

     3.   jmd. ist <u>erschüttert</u>   ....

     4.   ein <u>trauriges</u> Gemüt haben   ....

     5.   sich nach etwas <u>sehnen</u>   ....

     6.   sich seiner Umgebung <u>verschließen</u>   ....

5.   Finden Sie die passende zweite Hälfte der Redewendungen und erklären Sie diese mit Ihren eigenen Worten.

1.	Ob Osten oder Westen	a)	mit Wasser gekocht.
2.	Hinter den Bergen	b)	führen nach Rom.
3.	Andere Länder	c)	zu Hause geht's am besten.
4.	Ein guter Nachbar in der Not	d)	nirgends weniger als in seinem Vaterland.
5.	Der Prophet gilt	e)	wohnen auch Menschen.
6.	Reiche Leute	f)	ist Goldes wert.
7.	Wenn einer eine Reise tut	g)	sieh das Gute liegt so nah.
8.	Andere Städtchen	h)	– andere Sitten.
9.	Viele Wege	i)	ist besser als ein ferner Freund.
10.	Warum in die Ferne schweifen	j)	sind überall daheim.
11.	Überall wird nur	k)	dann kann er viel erzählen.
12.	Eigener Herd	l)	– andere Mädchen.

Kapitel 2   **Nähe und Ferne**
Teil B   *Hinweise zu Grammatik und Prüfungsaufgaben*

1. Präpositionen zu Orts- und Richtungsangaben

Richtungsangaben (wohin?/woher?)	Ortsangaben (wo?)
an (A) *Wir fahren ans Meer.*	**an (D)** *Wien liegt an der Donau.*
auf (A) *Er stellte das Glas auf den Tisch.*	**auf (D)** *Das Glas steht auf dem Tisch.*
hinter (A) *Der Ball flog hinter das Tor.*	**hinter (D)** *Der Ball liegt hinter dem Tor.*
in (A) *Wir fahren in die Schweiz.*	**in (D)** *In der Suppe schwimmt eine Fliege.*
neben (A) *Er setzte sich neben mich.*	**neben (D)** *Er saß nicht neben seiner Frau.*
über (A) *Hänge nicht noch ein Bild über das Sofa!*	**über (D)** *Über dem Eingang hängt eine Fahne.*
unter (A) *Ich kroch unter die Abdeckung.*	**unter (D)** *Der Hund lag unter dem Tisch.*
vor (A) *Immer drängelt sich einer vor mich.*	**vor (D)** *Diesmal steht niemand vor mir.*
zwischen (A) *Er schob sich zwischen die Menschen.*	**zwischen (D)** *Er versteckte den Brief zwischen zwei Büchern.*
um (A) *Der Hund lief um den Baum.*	**um (A)** *Wir saßen um das Feuer (herum).*
entlang (G/D/A) 1. neben/parallel/längs *Entlang dem Weg/des Weges stehen schöne Villen.* (D/G) *Der Weg führt den Bach entlang.* (A) 2. auf/auf und ab/parallel (bei Bewegungsverben) *Die Kinder liefen den Weg entlang.* (A) 3. entlang + am *Der Dieb schlich an der Mauer entlang.* (D)	**bei (D)** *Sie ist bei ihrer Mutter.* *Der Baum steht bei dem alten Feuerturm.* **gegenüber (D)** (vor- und nachgestellt) *Das Haus ist dem Bahnhof gegenüber/ gegenüber dem Bahnhof.* **oberhalb/unterhalb (G)** *Unterhalb der 1000-Meter-Grenze liegt kein Schnee.*

Richtungsangaben (wohin?/woher?)	Ortsangaben (wo?)
gegen (A) *Er fuhr gegen den Baum.* **durch (A)** *Der Weg führte durch den Wald.* **aus (D)** *Er trat aus dem Haus.* **von (D)** *Etwas fällt vom Dach.* **nach (D)** (ohne nachfolgenden Artikel) *Wir fahren nach Italien.* **zu (D)** *Sie fährt zu ihrer Mutter.*	**innerhalb/außerhalb (G)** *Innerhalb des Landes gibt es scharfe Kontrollen.* **abseits/jenseits (G)** *Abseits der Touristengebiete gibt es eine blühende Vegetation.* **längs/längsseits (G)** *Längsseits der Autobahn entstehen große Einkaufszentren.*

2.   Unterscheidung zwischen Präposition – Adverb – Adjektiv

Präposition	Adverb	Adjektiv
über	oben	ober- *(die obere Schublade)*
unter	unten	unter-
hinter	hinten	hinter-
vor	vorn	vorder-
in/innerhalb *Das Bild hängt über dem Sofa.* *Ich hänge das Bild über das Sofa.*	innen/drinnen *Er ist oben, in der ersten Etage.* *Er geht nach oben (hinauf), in die erste Etage.*	inner- *Der Brief liegt in der oberen Schublade.* *Ich habe den Brief in die obere Schublade gelegt.*

Kapitel 2   Nähe und Ferne
Teil C   *Übungen*

1. Rekonstruieren Sie den folgenden Text von *Franz Hohler*. Ergänzen Sie die Präpositionen und die Endungen der bestimmten und unbestimmten Artikel. *(Den Originaltext finden Sie im Lösungsschlüssel.)*

Made .... Hongkong

Von Franz Hohler

„Made .... Hongkong" – das habt ihr sicher schon .... ein..... eu.... Spielzeuge gelesen. Aber wisst ihr auch, was es heißt? Also, ich will es euch erklären.

Was Maden sind, wisst ihr, so nennt man Käfer, wenn sie noch so klein sind, dass sie wie winzige Würmer aussehen.

.... ein..... Garten lebte einmal eine ganze Schar solcher Maden. Eine davon war besonders klein und wurde .... den anderen ständig ausgelacht. „Du bringst es nie zu etwas!" sagten sie immer wieder, bis die kleine Made so wütend wurde, dass sie sagte: „Ich bringe es weiter als ihr alle. Ich komme .... Hongkong!" und schnell davonkroch.

„Viele Grüße!" riefen ihr die anderen nach, „und lass es uns wissen, wenn du .... Hongkong angekommen bist!"

Die Made kroch .... Flughafen und konnte sich dort .... Spalt ein..... großen Kiste verstecken. Der Zufall wollte es, dass diese Kiste .... Hongkong geflogen wurde, aber das war noch nicht alles. Die Kiste war nämlich voll Gold und deshalb wurde sie .... Hongkong .... d..... Flughafen .... Räubern gestohlen, die damit davonfuhren und sie .... ein..... Keller versteckten. Nachher wollten sie eine zweite solche Kiste rauben, wurden aber dabei .... d..... Polizei erschossen.

Jetzt wusste niemand mehr, wo die Kiste .... d..... Gold war, ... unser..... Made. Die überlegte sich, wie sie ihren Maden .... Hause mitteilen konnte, dass sie .... Hongkong angekommen war. Dabei kam ihr .... d..... Sinn, dass .... Garten, wo sie lebten, ein großer Sandhaufen war, ... d..... viele Kinder spielten. Deshalb kaufte sie .... ihr..... Gold alle Spielzeugfabriken .... ganz Hongkong und befahl sofort, dass man .... jed..... Spielzeug, das .... Europa verkauft wurde, die Nachricht draufdrucken musste: „Made in Hongkong."

Ich kann euch sagen, die Maden machten große Augen, als sich die Kinder .... Sandhaufen laut vorlasen, was .... ihr..... Spielzeug stand. „Habt ihr das gehört?" flüsterten sich die Maden untereinander zu, „die ist tatsächlich angekommen."

Viele .... ihnen versuchten daraufhin auch, die Reise zu machen, aber keiner gelang es, die eine flog .... ein..... Penduluhr .... Amsterdam, die andere versteckte sich .... ein..... Sandwich und wurde unterwegs aufgegessen und die meisten kamen nicht einmal .... Flughafen, weil sie ihn entweder nicht fanden oder vorher .... einem Vogel aufgepickt wurden.

Klein sein allein genügt eben nicht, es gehört auch noch etwas Glück dazu.

2. Ergänzen Sie die fehlenden Präpositionen und, wenn angegeben, die Artikelendungen.

   1. Wir fuhren diese prachtvolle Allee ....

   2. Die Kinder liefen immer .... das Schwimmbecken ....

   3. Er kam gestern .... d..... Münchner Flughafen an.

   4. Ich fliege nicht .... d..... Schweiz, sondern .... d..... Antillen.

   5. Die Kneipe befand sich seinem Wohnhaus ....

   6. .... der großen Städte liegen idyllische kleine Dörfer .... grünen Hängen.

   7. .... des Zentrums schließen die meisten Lokale vor 24.00 Uhr.

   8. Alle sahen, wie die Rakete .... d..... Wolken verschwand.

   9. Könnten Sie mir das Frühstück .... Zimmer bringen?

  10. Wenn man das Diapositiv .... d..... Licht hält, kann man etwas erkennen.

  11. Er fährt .... d..... Urlaub.

  12. Er ist schon seit zwei Wochen .... Urlaub.

  13. Ich bin ihm erst kürzlich .... d..... Automobilmesse begegnet.

  14. Wir waren heute .... Strand.

  15. Der Dieb ist .... d..... Grenze festgenommen worden.

  16. Tut mir Leid. Herr Meier ist nicht .... Hause. Er ist .... ein..... Kongress.

  17. Ich komme gerade .... Augenarzt und muss jetzt noch .... Zahnarzt.

  18. Das Bild hängt .... d..... Fernseher nicht gut. Lass es uns lieber .... d..... Sofa hängen.

  19. Wann kommt er .... d..... Urlaub zurück?

  20. Der Präsident mischte sich .... d..... Volk. Er nahm sozusagen ein Bad .... d..... Menge.

  21. .... des Sees liegt eine wunderbare Insel.

  22. Die Katze verkroch sich .... d..... Bett.

3. Bilden Sie Sätze im Präteritum.

   0. Jugendliche – Lagerfeuer – herumsitzen
    Die Jugendlichen saßen um das Lagerfeuer herum.

   1. Sturm – Ziegel – Dach – herunterwehen

    ....

   2. Katze – Zaun – kriechen

    ....

   3. Hund – Fahrradfahrer – herlaufen

    ....

   4. wir – Post – vorbeikommen – nicht

    ....

   5. er – Fluss – jeden Morgen – entlanglaufen

    ....

6. sie – Strand – täglich – zwei Stunden – sich sonnen

    ....

7. Ausstellung – alte Kirche – stattfinden

    ....

8. Weg – Wald – alt, Pfarrhaus – führen

    ....

4. Ergänzen Sie *her* oder *hin*, wenn nötig.

0. Wo kommst du denn plötzlich *her*?

1. Setzen Sie sich zu mir, hier......... .

2. Warst du in der Ausstellung? – Nein, ich bin nicht ....gegangen.

3. Als wir vor 30 Jahren hier......... gekommen sind, gab es noch nicht so viele chinesische Restaurants.

4. Wo hast du das Buch ....gelegt?

5. Uns gefällt es hier......... wirklich gut.

6. Was für ein wunderschönes Bild. Wo hast du das ....?

7. Warum stellst du den Tisch nicht dort........., wo er immer stand?

8. Wo nimmt die Frau diese Kraft ....?

5. Ergänzen Sie *her-* oder *hin-* in Zusammensetzung mit einer Präposition oder die entsprechende Kurzform.

0. Könntest du mit dem Hund ein bisschen *hinaus-/raus*gehen?

1. Sie schaute zum Fenster ....

2. Meine Nachbarin wollte ein bisschen Zucker von mir. Ich bringe ihn mal schnell ....

3. Wenn du noch mal .... in den Keller gehst, bring bitte noch eine Flasche Wein mit.

4. Was für eine tolle Aussicht! Komm mal ....!

5. Guten Tag, Herr Meier. Bitte kommen Sie ....

6. Ich weiß nicht, warum die Vase kaputtgegangen ist. Ich habe Sie sehr vorsichtig aus der Kiste ....genommen.

7. Das Tier lugte vorsichtig unter dem Bett ....

8. Du musst noch näher ....gehen, sonst siehst du nichts.

6. Bilden Sie Sätze.

0. Brief – ober-, Schublade – liegen
    Der Brief liegt in der oberen Schublade.

1. Verkaufsabteilung – erste Etage – sich befinden – oben

    ....

2. Sarg – Grabkammer – Wissenschaftler – fanden – innerst-

    ....

3. Kopierapparat – Keller – Ecke – stehen – unten – hinterst-

    ....

4.   Kind – Bett – sich verstecken – unter

      ....

5.   Zimmer, Sekretärin – Zimmer, Chef – liegen – hinter

      ....

6.   er – Wettkämpfe – Plätze – belegen – immer – vorder-

      ....

7.   Dokument – Schreibtisch – möglicherweise – rutschen – hinter

      ....

8.   Portier – Eingangstür – stehen – vor

      ....

7.   Nennen Sie die Einwohner (maskulin/feminin/Plural) der folgenden Länder.

0.	Spanien	*der Spanier*	*die Spanierin*	*die Spanier*
1.	Portugal	....	....	....
2.	Argentinien	....	....	....
3.	China	....	....	....
4.	der Sudan	....	....	....
5.	Deutschland	....	....	....
6.	Irland	....	....	....
7.	Israel	....	....	....
8.	Pakistan	....	....	....
9.	Chile	....	....	....
10.	Brasilien	....	....	....

8.   Bilden Sie aus den vorgegebenen Wörtern Sätze.

1.   er – sie – Messe – Schweiz – kennen lernen

      ....

2.   Sudan – langjährig, Bürgerkrieg – herrschen

      ....

3   er – Wintermonate – Kanarische Inseln – verbringen

      ....

4.   Autor – Niederlande – geboren – und jetzt – Antillen – leben

      ....

5.   er – 18 – USA – auswandern

      ....

6.   wir – Auto – französisch, Küste – Spanien *(Ziel)* – fahren

      ....

9. Rekonstruieren Sie den folgenden Textausschnitt aus *Christoph Heins Erzählung „Von allem Anfang an"*. Ergänzen Sie die Präpositionen und die fehlenden Artikelendungen. *(Den Originaltext finden Sie im Lösungsschlüssel.)*

Christoph Hein

Von allem Anfang an (Auszug)

Tante Magdalena wohnte über d..... Bäckerei Theuring .... d..... Mühlenstraße, wo wir unser Brot kauften und die Brötchen und manchmal auch ein paar Plunderstücke[1]. Der Eingang .... ihrer Wohnung war aber nicht .... d..... Mühlenstraße, man musste .... die Ecke gehen, ... d..... Molkengasse, zu d..... großen Holztor, das im Unterschied zu allen anderen Toren .... d..... Stadt nie offen stand und .... das eine Tür hineingeschnitten war. Wenn man diese öffnete, bewegten sich die beiden mächtigen Torflügel .... den Angeln und man musste einen Moment warten, bis sie wieder stillstanden und man .... den Fußteil des eisernen Türrahmens treten konnte. .... einen breiten Torgang gelangte man .... d..... Hof, dort waren die Karnickelställe des Bäckers und ein Drahtverschlag für die Hühner. Es gab auch einen winzigen, mit Draht geschützten Garten, ... d..... Tante Magdalena Kräuter anbaute.

Links schloss sich ein Hofgang an, ... dem man .... den Hintertüren der anderen Häuser in der Molkengasse gelangte und der .... Anger[2] reichte, wo die Garagen standen. Am Ende des Torgangs rechter Hand führten drei Steinstufen .... einer Tür,

.... der sich ein Treppenhaus und der Eingang .... Backstube von Herrn Theuring befanden.

.... eine gewundene, sehr schmale Treppe gelangte man .... d..... ersten Stock .... Wohnung von Tante Magdalena. Wenn man die Tür öffnete, war man .... ihr..... Wohnküche, in der .... dem Eingang ein Gaskocher .... ein..... mit bunten Stoffgardinen verhängten Regal stand. .... dem Fenster und der nächsten Tür waren der Eisschrank, ein Schränkchen, ein ausziehbarer Tisch .... d..... Küchensofa und zwei Stühle.

.... die Küche schloss sich das gute Zimmer an. .... d..... runden Tisch mit den Intarsien lag stets eine feine, durchbrochene Decke. Sie war so fein, dass sie eher wie ein kostbares Netz wirkte und die Einlegearbeiten der Tischplatte nicht verhüllte, sondern hervorhob. .... den Tisch standen sechs Stühle mit hohen geschnitzten Lehnen und dunklen Samtpolstern. .... d..... Fenster, das .... Hof ging, war eine Vitrine. Der obere Teil hatte Glastüren, ... denen farbige Kelche zu sehen waren und Blumenvasen, ... d..... Tante Magdalena aber nie Blumen stellte.

---

1 Plunderstücke: Gebäck aus Plunderteig
2 Anger: freier Grasplatz in einem Dorf, meist im Dorfzentrum

Kapitel 2
Teil D

Nähe und Ferne
Themen für Vortrag und Aufsatz

Tourismus

1. Beschreiben Sie die Folgen des Massentourismus. Nennen Sie Vor- und Nachteile und äußern Sie Ihre eigene Meinung.

2. Wenn Sie verantwortlich für den Tourismus Ihres Landes wären, wo würden Sie Schwerpunkte setzen und was würden Sie an der derzeitigen Situation verändern? Begründen Sie Ihre Meinung.

Kulturpolitik

3. Welchen Stellenwert hat Ihrer Meinung nach Kulturpolitik im Gesamtrahmen der Politik? Wie viel Geld sollte für Kulturpolitik zur Verfügung gestellt werden? Begründen Sie Ihre Meinung.

4. Wenn Sie Kulturminister Ihres Landes wären, was oder wen würden Sie besonders fördern, welche Projekte würden Sie unterstützen? Begründen Sie Ihre Ausführungen.

Kinofilme

5. „Überall heißt ins Kino gehen: einen amerikanischen Film sehen. Dieser Trend scheint nicht umkehrbar, nicht in den USA und nicht im Rest der Welt." Nehmen Sie zu diesem Ausspruch von Volker Schlöndorf Stellung und berichten Sie über aktuelle Kinotendenzen in Ihrem Heimatland.

Leben im Ausland

6. Welche positiven und welche negativen Erfahrungen kann man Ihrer Meinung nach bei einem jahrelangen Auslandsaufenthalt machen? Belegen Sie Ihre Ausführungen mit Beispielen.

7. Kann ein freiwilliger oder unfreiwilliger langer Auslandsaufenthalt das Verhältnis zum eigenen Land und zur eigenen Sprache verändern?

Kapitel 3   **Vermutungen und Empfehlungen**
Teil A   *Texte und Textarbeit*

I.   Lachen

1.   Lesen Sie den folgenden Text.

Bitte lachen!

Die Bedeutung des Lachens im Leben der Menschen wurde viele Jahre <u>unterschätzt</u>, offensichtlich besonders von den Deutschen. In letzter Zeit aber wird *Lachen und Humor* endlich der notwendige Ernst geschenkt und eine Reihe von Veröffentlichungen <u>widmen sich</u> diesem Thema.

In Frauenzeitschriften, die sich monatlich um das Wohlbefinden der weiblichen Bevölkerung sorgen, kann man z. B. nachlesen, dass Lachen die Durchblutung des Körpers anregt, den Sauerstofftransport verbessert, die Immunabwehr erhöht und das zentrale Nervensystem stärkt. Diese von Wissenschaftlern <u>belegten</u> Erkenntnisse versuchen neuerdings auch Manager zum Wohle ihrer Firma zu nutzen. Denn Mitarbeiter, die körperlich fit sind, sind leistungsfähiger, stressbeständiger, motivierter und zufriedener als andere.

Eine Studie des Instituts für Rationelle Psychologie zeigt, dass in Betrieben, in denen häufig gelacht wird, sich die Innovationsrate durchschnittlich um 86 % steigert, die Mobbing-Rate um 56 % sinkt, sich die Fehlerquote um 47 % reduziert und die Leistungsbereitschaft im ganzen Unternehmen um 14 % ansteigt.

Dass man mit Humor auch bei internationalen Verhandlungspartnern <u>weiterkommt</u>, hat der Kommunikationsexperte Heinz Goldmann festgestellt, der den Deutschen bescheinigte, bei Verhandlungen auf Grund fehlenden Humors höchstens Sachakzeptanz,

aber selten Gefühlsakzeptanz zu erzielen – und das könnte sich negativ auf das Geschäft auswirken.

Ist das Problem einmal erkannt, sind Anbieter von Lösungen nicht weit. Man kann jetzt in „Humaerobics-Seminaren" Humor trainieren, unter anderem mit Hilfe folgender Übungen:

– Lassen Sie mal einen Freudenschrei heraus!
– Machen Sie Fotos von sich und Ihren Kollegen beim Grimassenschneiden und hängen Sie diese auf.
– Machen Sie <u>alberne</u> Geräusche.
– Erstellen Sie eine Liste von komischen Erinnerungen, die Sie zum Lachen bringen.

Ob das wohl hilft?

---

2.   Fassen Sie den Text mit eigenen Worten zusammen.

3.   Beantworten Sie eine der folgenden Fragen.

1.   Welche Bedeutung haben Lachen und Humor im beruflichen Umfeld in Ihrem Hei-matland, zum Beispiel bei Verhandlungen, bei Vorträgen oder kurzen Ansprachen, im Umgang mit Vorgesetzten, im Umgang der Kollegen untereinander usw.?

2.   Welche Rolle spielt der Humor im gesellschaftlichen Leben Ihres Landes, z. B. in der Politik? Schildern Sie das anhand einiger Beispiele.

3.   Glauben Sie an die im Text beschriebenen Folgen des Lachens?

4.   Erklären Sie die Wörter nach ihrer Bedeutung im Text mit synonymen Wendungen.

1.   etwas wird <u>unterschätzt</u>   ....

2.   sich einem Thema <u>widmen</u>   ....

3.   <u>belegte</u> Erkenntnisse   ....

4.   <u>weiterkommen</u>   ....

5.   <u>alberne</u> Geräusche   ....

5.   Ergänzen Sie die fehlenden Verben.

Seit einiger Zeit wird die Bedeutung des Lachens, die die Deutschen vor allem im beruflichen Leben jahrelang .... (1) haben, endlich .... (2)! Wissenschaftler haben in Untersuchungen .... (3), dass Lachen zum Beispiel die Immunabwehr .... (4). In Betrieben, in denen häufig gelacht wird, ... (5) die Leistungsbereitschaft um 14%, die Fehlerquote dagegen .... (6) um 47 %. Auch bei internationalen Verhandlungen kann sich Humor positiv .... (7). Der Kommunikationsexperte Heinz Goldmann hat .... (8), dass die Deutschen bei Verhandlungen auf Grund fehlenden Humors höchstens Sachakzeptanz, aber selten Gefühlsakzeptanz .... (9). Jetzt .... (10) deutsche Manager nach Lösungen und .... (11) ihre Mitarbeiter zu so genannten Humaerobics-Seminaren, in denen man Humor .... (12) kann.

6.   Ergänzen Sie die richtigen Präpositionen.

1. sich ärgern	6. böse sein ..../............
2. sich freuen ..../............	7. sich amüsieren ..../............
3. sich erfreuen	8. sich lustig machen ....
4. wütend sein ..../............	9. beunruhigt sein ..../............
5. erbost sein	10. glücklich sein ....

7.   Bei diesen Wörtern sind die Buchstaben durcheinander geraten. Ordnen Sie sie.

0.	beteisegrt	*begeistert*	täusntchte	*enttäuscht*
1.	eitrhe		trigaur	....
2.	verngtüg		verossendr	....
3.	überügmti		kervollumm	....
4.	frlichöh		misstigmu	....
5.	aufräugemt		becktdrü	....
6.	entckütz		vergertär	....

8. Bilden Sie aus den vorgegebenen Wörtern Sätze.

1. Lachen – spezifisch menschlich, Fähigkeit – gelten

....

2. medizinisch, Kraft – Humor – menschlich, Bewusstsein – immer mehr – rücken

....

....

3. Forscher – positiv, Reaktion – Körper – Lachen – nachweisen

....

4. eine Minute – Lachen – 15 Minuten – Entspannungstraining – genauso gut sein

....

....

5. Wut und Stress – Herz und Immunsystem – negativ, Auswirkungen – haben

....

....

9. Beantworten Sie eine der folgenden Fragen.

1. Welche Bedeutung haben Lachen und Humor für Sie selbst? Worüber lachen Sie gern?

2. Hören und erzählen Sie gern Witze?

10. Ergänzen Sie in dem folgenden Text die fehlenden Präpositionen und Endungen.

Böse Witze: Trinkende Männer – neugierige Frauen

Kennen Sie den schon? Frage: „Was ist das: Zwei Blondinen werfen sich Strohballen zu?" – Antwort: „Gedankenaustausch!" Ganz oben .... (1) d....... Beliebtheitsskala stehen jene Witze, die sich .... (2) stereotypischen Macken und Manieren des jeweils anderen Geschlechts befassen – das sind die Ergebnisse einer wissenschaftlichen Unter- suchung .... (3) Witze. Und wie erwartet rangiert auch der Blondinenwitz, der Frauen .... (4) blonden Haaren einen hohen Grad .... (5) Dummheit unterstellt, ganz weit vorn. Aber nicht nur Blondinen kommen .... (6) Witzen schlecht weg. Allen Frauen wird unterstellt, dass sie Luxus orientierte Geldverschwenderinnen seien, zu viel redeten, dass sie weder Auto fahren noch einparken könnten und sich zu viel .... (7) d....... Kaschieren ihres Aussehens beschäftigen würden. Außerdem gelten sie .... (8) nervig, bösartig, aufgeblasen, neugierig und nachtragend.

Doch Männer sollten sich nicht zu früh freuen. Ihr Bild wird .... (9) Witzen geprägt .... (10) ihren Hang .... (11) Alkohol und ihre schlechten Manieren. Außerdem sagt man ihnen nach, dass sie sich .... (12) d....... Hausarbeit drücken, überheblich, gefühllos, kindisch und faul seien. Die Art und Weise, ... (13) welchen stereoty- pen Klischees das jeweils andere Geschlecht .... (14) Witzen beschrieben wird, ist .... (15) wissenschaftlicher Interpretation eine Ausdrucksform des Geschlechterkampfes .... (16) Männern und Frauen.

Unser Buchtipp: Geschichtsbetrachtung mit Humor

Am kürzeren Ende der Sonnenallee

Micha liebt Miriam. Nur ist er da leider nicht der Einzige. Denn Miriam ist „das Ereignis" schlechthin, was sich vor allem daran zeigt, dass auf der Straße „ein ganz anderer Rhythmus" einsetzt, wenn sie das Haus verlässt: Ehrfürchtig stoppen die Autofahrer, Bauarbeitern fallen die Presslufthammer aus der Hand, und die Grenzsoldaten auf dem Wachtturm im Todesstreifen reißen ihre Ferngläser herum. Thomas Brussigs von Erinnerun- gen an die früheste Jugend inspi- riertes Werk spielt nämlich *Am kürzeren Ende der Sonnenallee;* und damit sind jene sechzig Meter der kilometerlangen Straße ge- meint, die zu Mauer-Zeiten in der DDR-Hauptstadt lagen. Michas Eroberung der „Schulschönsten" vollzieht sich daher unter der de- mütigenden Beobachtung durch westdeutsche Abiturklassen, die von ihrem Aussichtsturm am längeren Straßenende aus auf den Osten herunterspotten.

Von Thomas Brussig. Verlag Volk & Welt Berlin. ISBN 3-353-01168-4.

II. Prima Klima im Betrieb

1. Was verstehen Sie unter „Identifikation" mit einem Arbeitgeber/einem Unternehmen? Sehen Sie in dieser Identifikation mehr Vorteile oder mehr Nachteile? Begründen Sie Ihre Meinung.

2. Lesen Sie den folgenden Text.

Sinn statt Identifikation

Eine Stellungnahme von Fredmund Malik vom Malik Management Zentrum in St. Gallen

Es ist Mode geworden, von den Mitarbeitern eines Unternehmens zu verlangen, dass sie sich identifizieren sollen – mit der Firma, den Produkten, mit ihrer Arbeit, mit der Vision des Unternehmens. Das klingt plausibel. In weiten Kreisen gilt es als Ausdruck einer besonders modernen, progressiven und humanen Unternehmenskultur.

Ich halte das für falsch und bin der Mei- nung, dass Identifikation, womit auch immer, weder nötig noch wünschenswert ist.

In vielen Fällen kommt man bei gründ- licher Diskussion dieses Themas zum Er- gebnis, dass zum Glück Identifikation nicht im Sinne des psychologischen Fachbegriffs gemeint ist. Man meint mit diesem Ausdruck eher, dass die Leute das Unternehmen, seine Tätigkeit, seine Produkte akzeptieren und sich dafür engagieren sollen. Damit bin ich einverstanden.

In der Tat muss man das erwarten kön- nen – und dann muss folgerichtig auch viel dafür getan werden, dass die Mitarbeiter dies auch leisten können. Hier haben wir also kein wirkliches Problem, sondern lediglich einen schlampigen und unüberlegten Umgang

---

mit der Sprache. Solange das keinen Schaden anrichtet, kann man damit leben. Meint man aber mit „Identifikation" wirklich etwas, was zumindest in die Nähe des psychologischen Fachausdrucks kommt, dann bewegt man sich auf einem gefährlichen Pfad. Im strengen Sinne bedeutet Identifikation: „Sich gleichsetzen mit einer anderen Person oder Gruppe; die Übernahme von Motiven und Idealen".

Will man das? Darf und soll man das? Was wird da wirklich verlangt, wenn zum Beispiel gefordert wird, man soll sich mit den Produkten eines Unternehmens identifizieren? Neunzig Prozent unseres Sozialprodukts besteht aus banalen Dingen: Nahrungsmittel, Getränke, Bekleidung, Unterhaltungselektronik, industrielle Rohstoffe. Wie krank muss ein Mensch eigentlich sein, um sich im strengen Sinne mit Mineralwasser, Streichkäse, Leberwurst oder CD-Playern identifizieren zu können? Genügt es nicht, dass er das akzeptiert und sich dafür engagiert? Die Mitarbeiter müssen vom Produkt überzeugt sein, sonst können sie es nicht glaubhaft verkaufen. Überzeugt sein von etwas ist aber etwas ganz anderes, als sich damit zu identifizieren.

Ich finde es auch völlig überflüssig, an Führungskräfte den Anspruch zu stellen, dass sie ihre Mitarbeiter begeistern können. Führungskräfte sollen Menschen zu einer für das Unternehmen wichtigen Leistung befähigen und sie dann diese Leistung möglichst ungestört erbringen lassen. Mehr ist nicht nötig. Selbst der interessanteste Beruf kann nicht ein Leben lang mit Begeisterung verbunden sein. Viel wichtiger und in ihrer Wirkung auch nachhaltiger als die beiden arg strapazierten Begriffe „Identifikation" und „Begeisterung" sind Dinge wie Pflichtbewusstsein, Verantwortung, Engagement, Gewissenhaftigkeit und Sorgfalt. Und am allerwichtigsten ist es, dem Menschen die Möglichkeit zu geben, in dem, was sie tun, einen Sinn zu sehen.

Und schließlich ein letzter und im Zusammenhang mit Führung der wichtigste Gedanke: Identifikation im Sinne der Psychologie ist in der Regel verbunden mit dem Verlust der Fähigkeit, kritisch zu denken und überlegt zu urteilen. Wer sich mit etwas oder mit jemandem identifiziert, verliert die Distanz dazu – und damit die wichtigste Voraussetzung für so etwas Ähnliches wie objektives Urteilsvermögen. Gerade das sollten wir aber von Führungskräften erwarten: genügend Abstand, um klar zu denken und überlegt urteilen zu können.

Aus: Die WELT

3. Beantworten Sie die Fragen zum Text mit eigenen Worten in ganzen Sätzen.

    1. Was sind Maliks Kritikpunkte an der „Identifikation" der Mitarbeiter mit der Firma?

       ....

       ....

       ....

    2. Was sind nach Meinung des Autors für die Mitarbeiter wichtige Aspekte und Verhaltensweisen bei der Arbeit?

       ....

       ....

       ....

    3. Welche Ansprüche stellt er an Führungskräfte?

       ....

       ....

       ....

4. Umschreiben Sie die Modalverben mit synonymen Ausdrücken und formen Sie die Sätze entsprechend um.

    0. Die Mitarbeiter eines Unternehmens <u>sollen</u> sich mit ihm identifizieren.
        Das Unternehmen fordert/verlangt von seinen Mitarbeitern, dass sie sich mit ihm identifizieren.

    1. Für die Firma und die Produkte <u>muss</u> viel getan werden.

        ....

        ....

    2. <u>Will</u> man sich mit der Firma identifizieren? <u>Darf</u> man oder <u>soll</u> man das sogar?

        ....

        ....

    3. Die Mitarbeiter <u>müssen</u> vom Produkt überzeugt sein, sonst <u>können</u> sie es nicht glaubhaft verkaufen.

        ....

        ....

    4. Führungskräfte <u>sollen</u> Menschen zu einer für das Unternehmen wichtigen Leistung befähigen.

        ....

        ....

    5. Führungskräfte <u>sollten</u> ein gutes Urteilsvermögen besitzen.

        ....

        ....

5. Erklären Sie die unterstrichenen Teile mit anderen Worten und nehmen Sie eventuell notwendige Umformungen vor.

    1. Es ist <u>Mode geworden</u>, von den Mitarbeitern eines Unternehmens zu <u>verlangen</u>, dass sie sich mit der Firma identifizieren.

        ....

        ....

    2. In weiten Kreisen <u>gilt</u> die Identifikation der Mitarbeiter <u>als Ausdruck</u> einer besonders progressiven Unternehmenskultur.

        ....

        ....

    3. Es muss viel dafür <u>getan werden</u>, dass sich die Mitarbeiter für das Produkt engagieren.

        ....

        ....

4.   Ich finde es auch völlig überflüssig, dass Führungskräfte ihre Mitarbeiter begeistern können.

....

....

5.   Selbst der interessanteste Beruf kann nicht ein Leben lang mit Begeisterung verbunden sein.

....

....

6.   Wer sich mit etwas identifiziert, verliert sein objektives Urteilsvermögen.

....

....

6.   Was bedeutet für Sie das Wort *Betriebsklima*?

Erarbeiten Sie eine Gedankenkarte (Mind-Map). Berichten Sie anschließend anhand Ihrer Gedankensammlung über das Thema.

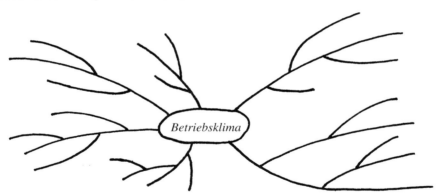

Zur Erinnerung: Erstellung von Gedankenkarten (Mind-Maps)

–   Schreiben Sie das Thema in die Mitte. Sie brauchen ein großes Stück Papier. Gedankenkarten kosten Platz.

–   Von der Mitte aus wachsen wie an einem Baumstamm in alle Richtungen Äste, die die Hauptpunkte darstellen.

–   Von den Ästen aus gehen Zweige ab, die für die Einzelheiten stehen, von denen wiederum Äste abgehen können für Beispiele oder weitere Einzelheiten.

–   Die Schlüsselwörter werden auf die Äste und Zweige geschrieben. Sie können aber auch Bilder und Symbole benutzen.

Bei der Gedankenkarte steht der Ideenfluss im Vordergrund, nicht so sehr die lineare Struktur.

Sollte Ihnen die Gedankenkarte zu „chaotisch" vorkommen, dann lassen Sie es und strukturieren Ihre Ideen, wie Sie es gewöhnt sind.

7. Nehmen Sie zu der folgenden Mitteilung Stellung.

„Knapp sechs Millionen Menschen, also ein Fünftel aller Beschäftigten, gaben an, sie müssten im Job bis an die Grenze ihrer Leistungsfähigkeit gehen. Im Bereich der technischen und verwaltenden Berufe fühlen sich sogar 60 Prozent der Mitarbeiter ständig überbeansprucht."

Was, vermuten Sie, könnten die Ursachen dieses Umfrageresultats sein, was die Folgen? Nennen Sie auch Beispiele.

8. Lesen Sie den folgenden Text und ergänzen Sie die fehlenden Präpositionen. Vergleichen Sie anschließend den Inhalt des Textes mit Ihren eigenen Vermutungen in Übung 7.

Eine Umfrage des Instituts .... (1) Arbeitsmarkt- und Berufsforschung ergab, dass

.... (2) Beginn der neunziger Jahre eine auffällige Zunahme psychomentaler und

sozialer Belastungen .... (3) der Arbeitswelt zu verzeichnen ist. Knapp sechs Milli-

onen Menschen, also ein Fünftel aller Beschäftigten, gaben an, sie müssten .... (4)

Job bis .... (5) die Grenze ihrer Leistungsfähigkeit gehen. .... (6) Bereich der

technischen und verwaltenden Berufe fühlen sich sogar 60 Prozent der Mitarbeiter ständig

überbeansprucht. Wenn die Ökonomie .... (7) Umbruch ist und die Unternehmen überall

zigfach Stellen streichen, verschärft sich der Konkurrenzdruck .... (8) Arbeitsmarkt und

.... (9) jedem einzelnen. Der Sparzwang, der überall anzutreffen ist, zieht Beschleu-

nigung und Arbeitsverdichtung nach sich. Das gilt nicht nur .... (10) Deutschland.

Französische Arbeitsmediziner beobachteten

.... (11) dauergestressten leitenden Ange-

stellten einen „pathologischen Anwesenheits-

drang". Sechs .... (12) zehn Europäern

klagten .... (13) einer europaweiten

Befragung .... (14) knappe Fristen und

rasendes Arbeitstempo. Doch wer dauerhaft

.... (15) Stress steht, wird .... (16)

hoher Wahrscheinlichkeit krank. Arbeitsme-

diziner haben eine Zunahme .... (17)

Verspannungen, Schlaflosigkeit und Konzent-

rationsstörungen festgestellt. Schon 30-jährige

Computerspezialisten leiden .... (18) Ohrpfeifen oder dem Burn-Out-Syndrom. Der

Druck, der .... (19) die neue Flexibilität .... (20) der Lebens- und Arbeitswelt

entsteht, strapaziert genau das, was man am meisten braucht: die Nerven. .... (21)

den schlimmsten Druckmachern gehören übrigens die modernen Kommunikationssysteme:

Wachsende Kundenkontakte .... (22) alle Zeitzonen hinweg und ständige Bereit-

schaft .... (23) Laptop und Handy – der kommunikative Ansturm ist oft nur schwer

zu bewältigen. In die Kritik geraten ist aber auch das Klima .... (24) den Betrieben.

Ändern sich zum Bespiel .... (25) Betrieben, die umstrukturieren, die Überlebens- und Aufstiegschancen der Mitarbeiter, nimmt auch das Mobbing zu. Beleidigungen, Gerüchte oder Isolation gehören dann .... (26) Arbeitsalltag. Auch die moderne Arbeitsform .... (27) Projektteams gerät .... (28) die Kritik. Die .... (29) den Projektgruppen entstehenden sozialen Strukturen ähneln denen einer Wohngemeinschaft, inklusive gegenseitiger Kontrolle, Misstrauen und Hass. Ein einziger nicht gut „funktionierender" Mitarbeiter kann .... (30) Erfolgshindernis .... (31) das ganze Projekt werden. So wird der Mensch .... (32) Störfaktor.

9. Bilden Sie aus den vorgegebenen Wörtern Sätze.

1. Firma – Kommunikationstechnik – Mitarbeiteranzahl – Hälfte – reduzieren *(Passiv)* – Anzahl, Kunden – aber – gleich bleiben

   ....

   ....

2. Untersuchungen – IBM – Projektarbeit – spannungsgeladen, Arbeitsform – erweisen

   ....

   ....

3. zwei Drittel – alle, Beschäftigte – Klima – Betrieb – beschweren

   ....

4. simpel, Ratschläge – Problem – nicht – lösen lassen

   ....

III. Teure Langeweile

1. Lesen Sie den folgenden Text.

Teure Langeweile

Teambesprechungen und Konferenzen kosten bereits über die Hälfte der Arbeitszeit – doch nur selten sind die Zusammenkünfte effektiv.

Während in der Produktion um Minuten <u>gefeilscht</u> wird und in der Logistik Lagerbestände und Materialfluss peinlich genau <u>ausgeklügelt</u> werden, gelten für Besprechungen offenbar andere Maßstäbe. Bei einer Befragung von rund 200 Führungskräften in Deutschland, der Schweiz und Österreich stellte sich heraus, dass rund 80 % der Führungskräfte rund 60 % ihrer Zeit auf Sitzungen und Konferenzen verbringen. 65 % der Befragten gaben zu, sich während der Besprechungen nicht richtig zu konzentrieren, 60 % bekannten, sich auf ihre Sitzungen kaum vorzubereiten. „Teuer bezahlte Langeweile", so ließe sich das Befragungsresultat beschreiben, dabei könnten Effizienz und Nutzen der Sitzungen durch das <u>Beherzigen</u> einiger schlichter Regeln ohne große Anstrengung <u>erheblich</u> gesteigert werden.

Hier ein paar klassische Sitzungsfehler und wie man sie vermeidet:

FALSCH	**RICHTIG**
Zu viele Sitzungen	Überlegen Sie, ob die Sitzung tatsächlich erforderlich ist und welche Resultate Sie erwarten.
Gar keine oder mangelnde Vorbereitung	Besprechungen sind eine gute Gelegenheit, Führungsqualitäten unter Beweis zu stellen – aber auch, um sich zu blamieren. Bereiten Sie Ihre Sitzungen deshalb gründlich vor und planen Sie genügend Zeit dafür ein. Überlegen Sie sich Regieanweisungen zu den einzelnen Tagesordnungspunkten und halten Sie die <u>erforderlichen</u> Unterlagen für jedes Thema wohlgeordnet bereit.
Unvollständige oder zu lange Tagesordnungen; Themen, die nicht zusammengehören	Lassen Sie sich von den Teilnehmern im <u>Vorfeld</u> Vorschläge zur Tagesordnung machen – mit Begründung. Nehmen Sie nur Punkte auf, die sinnvoll zusammenpassen. Halten Sie unterschiedliche Themen auseinander. Ordnen Sie die Tagesordnungspunkte nach Wichtigkeit.
Zu viele Teilnehmer	Denken Sie darüber nach, für wen die Themen der Sitzung tatsächlich von <u>Belang sind</u> und wer die Diskussion vorantreiben kann – sonst droht unnötiger Zeitverlust.
Keine effiziente Zeitplanung; Anfangs- und Endzeiten, die lediglich als Orientierungspunkte gelten. Ebenfalls riskant: Tagesordnungspunkte ohne Zeitlimits.	Beginnen Sie die Sitzung pünktlich – und zwar auch, wenn noch nicht alle Teilnehmer da sind. Stellen Sie entschuldigt und unentschuldigt Abwesende fest, prüfen Sie Beschlussfähigkeit. Achten Sie auf den Zeitplan Ihrer Tagesordnung. Beenden Sie die Sitzung möglichst pünktlich.
Keine Pausen	Planen Sie für Sitzungen über eine Stunde immer Pausen ein. Legen Sie die Dauer der Unterbrechungen vorher fest.
Sitzungen, wo die Sachprobleme in den Hintergrund gedrängt werden	Leiten Sie die Sitzungen <u>straff</u>, machen Sie die Ziele deutlich. Unterbrechen Sie, wenn die Diskussion vom Thema wegführt. Wirksame Sitzungen sind harte Arbeit und kein Profilierungsforum.
Übertriebenes Harmoniebestreben	<u>Konsens</u> ist wichtig – bloßes Harmoniebestreben bringt aber nicht weiter. Einen tragfähigen Konsens erreichen Sie nur durch offen ausgetragenen Dissens.
Sitzungen ohne Folgen; Besprechungen, deren Beschlüsse nicht umgesetzt werden.	Fassen Sie den Stand der Diskussion zusammen. Legen Sie Ziele direkt auf der Sitzung fest. Verpflichten Sie, wenn möglich, einen persönlich Verantwortlichen und vereinbaren Sie einen Zieltermin.
Unzureichende oder unvollständige Protokolle.	Schaffen Sie Verbindlichkeit mit Hilfe von Protokollen. Besonders wichtige Angelegenheiten sollten noch während der Diskussion sofort und <u>ausdrücklich</u> ins Protokoll aufgenommen werden.

Aus: Manager-Magazin

2.   Berichten Sie über Ihre Erfahrungen in Besprechungen oder Konferenzen.

3.   Erklären Sie die Wörter nach ihrer Bedeutung im Text mit synonymen Wendungen.

1. um Minuten <u>feilschen</u>   ....
2. etwas <u>ausklügeln</u>   ....
3. das <u>Beherzigen</u> der Regeln   ....
4. <u>erheblich</u> gesteigert   ....
5. <u>erforderliche</u> Unterlagen   ....
6. im <u>Vorfeld</u> der Sitzung   ....
7. <u>von Belang</u> sein   ....
8. <u>straff</u> leiten   ....
9. <u>Konsens</u>   ....
10. etwas <u>ausdrücklich</u> aufnehmen   ....

4.   Ergänzen Sie die fehlenden Verben.

1. Teambesprechungen .... bereits über die Hälfte der Arbeitszeit.
2. Für Besprechungen .... offenbar andere Maßstäbe als für die Produktion.
3. Bei einer Umfrage .... 65 % der Befragten zu, sich während der Besprechungen nicht richtig zu konzentrieren, 60 % ...., sich auf ihre Sitzungen kaum vorzubereiten.
4. Um Sitzungen effektiver zu ...., sollte man einige schlichte Regeln ....
5. Bei Besprechungen kann man Führungsqualitäten unter Beweis ....
6. .... Sie Ziele fest und .... Sie einen Zieltermin.
7. Unterbrechen Sie, wenn die Diskussion vom Thema ....
8. Beschlüsse und Maßnahmen müssen ins Protokoll .... werden.

5.   Ergänzen Sie die fehlenden Präpositionen.

1. Während .... der Produktion .... Minuten gefeilscht und in der Logistik Lagerbestände und Materialfluss peinlich genau ausgeklügelt werden, gelten .... Besprechungen offenbar andere Maßstäbe.

2. .... einer Befragung von rund 200 Führungskräften .... Deutschland, der Schweiz und Österreich stellte sich heraus, dass rund 80 % der Führungskräfte rund 60 % ihrer Zeit .... Sitzungen und Konferenzen verbringen.
3. 65 % der Befragten gaben zu, sich .... der Besprechungen nicht richtig zu konzentrieren, 60 % bekannten, sich .... ihre Sitzungen kaum vorzubereiten.
4. Effizienz und Nutzen der Sitzungen könnten .... das Beherzigen einiger schlichter Regeln .... große Anstrengung erheblich gesteigert werden.

5. Lassen Sie sich .... den Teilnehmern .... Vorfeld Vorschläge .... Tagesordnung machen.

6. Ordnen Sie die Tagesordnungspunkte .... Wichtigkeit.

7. Denken Sie darüber nach, ... wen die Themen der Sitzung tatsächlich .... Belang sind.

8. Achten Sie .... den Zeitplan Ihrer Tagesordnung.

9. Planen Sie .... Sitzungen .... eine Stunde immer Pausen ein.

10. Unterbrechen Sie, wenn die Diskussion .... Thema wegführt.

6. Ergänzen Sie *Sie* oder *Ihnen*.

0. Könnten <u>*Sie*</u> mir das bitte genauer erklären?

1. Ich möchte mich .... kurz vorstellen, ...

2. Darf ich .... mal kurz unterbrechen?

3. Da gebe ich .... vollkommen Recht.

4. Da haben .... möglicherweise Unrecht.

5. Herr Dr. Grünkern, darf ich .... jetzt das Wort erteilen?

6. Ich heiße .... zu unserer heutigen Sitzung recht herzlich willkommen.

7. Entschuldigen ...., dass ich .... ins Wort falle, aber ich muss .... an dieser Stelle widersprechen.

8. Was halten .... von diesem Vorschlag?

9. Dürfte ich .... daran erinnern, dass wir das Thema schon abgeschlossen haben.

10. Erinnern .... mich bitte daran, dass ich .... nach der Sitzung das Protokoll zusende.

7. Ergänzen Sie das zum Substantiv gehörende Verb und formulieren Sie Sätze.
Beginnen Sie mit: *Meines Erachtens/Meiner Meinung nach ...*

0. sofort – Maßnahmen – müssen – treffen
Meiner Meinung nach müssen sofort Maßnahmen getroffen werden.

1. Betriebsrat – Vorschlag – Vorstand – Stellung – sollten – ....
....

2. heutige Sitzung – Thema – untergeordnete Rolle – sollten – ....
....

3. Wir – Erhöhung, Werbeetat – Erwägung – sollten – ....
....

4. Transportprobleme – nächste Besprechung – Diskussion – müssen – unbedingt –
....
....

5. Wir – Firma Simpex – neues Angebot – sollten – ....
....

6. Kosten – gesamter Schaden – Versicherung – müssen – ....
....

IV. Sollen

1. Lesen Sie den folgenden Text mindestens zweimal. Der Text ist ziemlich schwer, geben Sie nicht gleich auf.

2. Beantworten Sie die folgenden Fragen.

   1. Über welche Bedeutung des Verbs *sollen* macht sich der Autor lustig?

   2. Beschreiben Sie den Bedeutungsunterschied zwischen *sollen* und *müssen*.

   3. Beschreiben Sie den Bedeutungsunterschied zwischen *sollen* und *wollen*.

   4. Beschreiben Sie die Bedeutungen von *nicht sollen* und *nicht dürfen*.

   5. Beschreiben sie den Bedeutungsunterschied zwischen *sollen* und *sollten*.

   6. Was bedeutet: „Das Paradies war *sollfrei.*"?

   7. Was bedeutet: „Das Soll hatte in Ostdeutschland einst Heimat."?

   8. Können Sie den Satz von Karl Valentin mit anderen Worten erklären?

3. Formen Sie die Sätze so um, dass Sie kein Modalverb mehr verwenden.

   1. Wenn man etwas lernen <u>will</u>, <u>muss</u> man viel üben.

      ....

      ....

   2. Man <u>darf</u> auch Fehler machen.

      ....

      ....

   3. Man <u>sollte</u> wichtige Dinge nicht auf Morgen verschieben.

      ....

      ....

   4. Er <u>soll</u> der beste Schüler seines Jahrgangs gewesen sein.

      ....

      ....

Sollen

Heute habe ich noch nicht *sollen* müssen. Es ist noch zu früh am Samstag. Nicht einmal aufstehen habe ich *sollen*. Das Paradies muss vor dem *Sollen* gelegen haben. Das Paradies war *sollfrei*. Halt! Nicht ganz. Da war doch noch etwas mit einem Apfel und der Eva. Wen von den beiden hat man(n) denn nun nicht *sollen* dürfen? Richtig: Der Apfel war's. Kein unschuldiges Obst aus biologischem Anbau, sondern eine Frucht vom Baum der Erkenntnis. Was lehrt uns das über die Erkenntnis? Sie ist gefährlich.

„Kein Mensch muss müssen", sagt der Jude Nathan. Aber vielleicht „*sollen*" und „nicht dürfen"?

In der Schule beispielsweise müssen die Schüler immer *sollen*, nicht nur in Ostdeutschland, wo das *Soll* einst Heimat hatte. In der Schule *sollen* die Schülerinnen und Schüler erkennen, sie *sollen* schlussfolgern, *sollen* problematisieren, *sollen* ... Egal. Jedenfalls *sollen* sie *sollen*, ob sie wollen oder nicht. Eigentlich *sollen* sie natürlich wollen, sozusagen fast freiwillig *sollen*. Das wäre optimal. Karl Valentin hätte allerdings eingewandt: „Wollen hätten wir schon mögen, aber trauen haben wir uns nicht dürfen."

Angehende Lehrerinnen und Lehrer *sollen* in ihren Stundenentwürfen[1] immer schreiben: Die Schülerinnen und Schüler *sollen* ... immerhin müssen sie ja nicht. Vielleicht aber **sollte** man es mal mit „*sollten*" versuchen. Da bliebe Spielraum für ein bisschen Wollen.

Aus: Grafschafter Nachrichten (gekürzt)

1 Stundenentwürfe: Pläne für die didaktische, inhaltliche und zeitliche Einteilung von Unterrichtsstunden

Kapitel 3
Teil B

Vermutungen und Empfehlungen
Hinweise zu Grammatik und Prüfungsaufgaben

1. Modalverben und *werden* in sprecherbezogener (subjektiver) Bedeutung und ihre Synonyme

Der Sprecher weiß etwas nicht hundertprozentig:		
Das **mag** stimmen. Da **mögen** Sie Recht haben.	Vermutung	eventuell/möglicherweise/vielleicht
Er **kann/könnte** noch auf dem Sportplatz sein.	Vermutung	möglicherweise/vielleicht/vermutlich/ es ist denkbar/es ist möglich
Das Ereignis **dürfte/wird** 10 Jahre zurückliegen.	Vermutung	wahrscheinlich/es sieht danach aus/ einiges spricht dafür
Die Angaben **müssten** stimmen.	Vermutung	höchstwahrscheinlich/ich bin mir ziemlich sicher
Er **muss** an der Besprechung teilgenommen haben.	Schlussfolgerung	sicher/zweifellos/ganz bestimmt/für mich steht fest
Er **kann** das **nicht** gewusst haben.	Schlussfolgerung	sicher nicht/mir scheint unmöglich/es ist unvorstellbar
Der Sprecher gibt mit einer gewissen Distanz wieder, was er gehört/gelesen oder eine andere Person gesagt hat:		
Die Steuern **sollen** erhöht werden.	Weitergabe einer Information	ich habe gehört/gelesen/in der Zeitung stand/nach einer Meldung
Der Schauspieler **soll** sehr krank sein.	Weitergabe eines Gerüchts	man sagt/behauptet/jemand hat mir erzählt/angeblich/Gerüchten zufolge
Er **will** den Überfall nicht begangen haben.	Weitergabe einer Behauptung	er sagt über sich selbst/er gibt vor/angeblich hat er
Der Sprecher hält etwas für ratsam, empfehlenswert oder ein anderes Verhalten für angebracht:		
Du **solltest** einen Arzt konsultieren.	Empfehlung	es wäre empfehlenswert/ratsam/besser, wenn du .../ich an deiner Stelle würde ...

2. Zeitformen

Vermutungen und Schlussfolgerungen		
Aktiv	*Gegenwart* Wo ist sie? Sie **müsste** noch im Büro **sein**.	*Vergangenheit* Wo war sie gestern gegen 15.00 Uhr? Sie **müsste** im Büro **gewesen sein**.
Passiv	*Gegenwart* Achte auf deine Brieftasche, sonst **könnte** sie **gestohlen werden**.	*Vergangenheit* Die Brieftasche ist weg. Sie **könnte gestohlen worden sein**.

Weitergabe einer Information/Meinung/Behauptung

Aktiv   *Gegenwart*   *Vergangenheit*
         Ich habe gehört:
         Der Schauspieler **soll** schwer   Der Schauspieler **soll** sehr **krank**
         krank sein.   **gewesen sein.**

Passiv   *Gegenwart*   *Vergangenheit*
         Das Bild **soll** für eine Million Euro   Das Bild **soll** für eine Million Euro
         verkauft werden.   **verkauft worden sein.**

Empfehlung

Aktiv   *Gegenwart*   *Vergangenheit*
         Du **solltest** einen Arzt **konsultieren.**   Du **hättest** einen Arzt **konsultieren**
                                                 sollen.

Passiv   *Gegenwart*   *Vergangenheit*
         Die Ware **sollte** vor dem Transport   Die Wäre **hätte** vor dem Transport
         kontrolliert werden.   **kontrolliert werden sollen/müssen.**

---

3.   Umformungen von Sätzen mit modalen Wendungen in Sätze mit Modalverben

Umzuformende Sätze:
a) Wahrscheinlich kommt er heute nicht mehr.
b) Es würde sich lohnen, diese Gelegenheit zu nutzen.
c) Ich habe gelesen, dass der Bundesrat den Vertrag noch diese Woche ratifizieren will.

1. Suchen Sie das Schlüsselwort/die Schlüsselwörter:

   a) wahrscheinlich; b) es würde sich lohnen; c) Ich habe gelesen, dass

2. Suchen Sie zu den Schlüsselwörtern das passende Modalverb:
   a) wahrscheinlich = *dürfte/wird*
   b) es würde sich lohnen = ?
   Finden Sie kein Modalverb, versuchen Sie, die Schlüsselwörter durch eine synonyme Wendung zu ersetzen:
   es würde sich lohnen = es wäre positiv, es wäre gut, ich würde empfehlen = *sollten*
   c) Ich habe gelesen, dass = *sollen*

3. Streichen Sie die Schlüsselwörter und fügen Sie in den Rest des Satzes das Modalverb ein. Achten Sie darauf, dass
   – das bisherige finite Verb dann in den Infinitiv kommt,
   – das *zu* des „Infinitivs mit zu" entfällt,
   – bei Sätzen, die eine Absicht, einen Willen wiedergeben, eine Passivstruktur günstiger ist.

Umgeformte Sätze:
a) Er *dürfte* heute nicht mehr *kommen.*
b) Man *sollte* diese Gelegenheit *nutzen.*
c) Der Vertrag *soll* (vom Bundesrat) noch diese Woche *ratifiziert werden.*

Kapitel 3   **Vermutungen und Empfehlungen**
Teil C   *Übungen*

1. Suchen Sie für die angegebene Wendung das entsprechende Modalverb bzw. die entsprechenden Modalverben.

  0. Es ist unvorstellbar, dass er den Termin einfach vergessen hat.
     Er kann den Termin nicht vergessen haben.

  1. Ich bin mir sicher, dass er krank ist, sonst wäre er gekommen.
     Er .... krank sein, sonst wäre er gekommen.

  2. Ich habe in der Zeitung gelesen, dass deutsche Schüler im internationalen Vergleich nur mittelmäßig abgeschnitten haben.
     Deutsche Schüler .... im internationalen Vergleich nur mittelmäßig abgeschnitten haben.

  3. Ich empfehle dir, diesen Sommer nach Portugal zu fahren.
     Du .... diesen Sommer nach Portugal fahren.

  4. Es ist denkbar, dass sie sich noch verbessert.
     Sie .... sich noch verbessern.

  5. Angeblich hat er mit dem Rauchen aufgehört.
     Er .... mit dem Rauchen aufgehört haben.

  6. Um diese Zeit ist höchstwahrscheinlich Stau auf der Autobahn.
     Um diese Zeit .... Stau auf der Autobahn sein.

  7. Vermutlich hat er sein Urlaubsgeld schon ausgegeben.
     Er .... sein Urlaubsgeld schon ausgegeben haben.

  8. Es wäre besser gewesen, wenn wir eher mit der Arbeit angefangen hätten.
     Wir .... eher mit der Arbeit anfangen ....

  9. Wahrscheinlich bekommt Herr Sommer die Stelle.
     Herr Sommer .... die Stelle bekommen.

  10. Jemand hat mir erzählt, dass sich Udo schon wieder ein neues Auto gekauft hat.
     Udo .... sich schon wieder ein neues Auto gekauft haben.

2. Bilden Sie Sätze mit Vermutungsbedeutung.

  0. Gefäß – ca. 2000 Jahre
     Das Gefäß dürfte ca. 2000 Jahre alt sein.

  1. Fahrrad – ist entwendet worden
     ....

  2. er – gleich kommen
     ....

  3. 2100 – erste Häuser – Mars – gebaut werden
     ....

  4. Klaus – Unterlagen verloren haben
     ....

5. Kunstwerk – ist noch nicht verkauft worden

   ....

6. sie – Andreas – sich verliebt haben

   ....

7. alte Möbel – sind schon abgeholt worden

   ....

8. er – Geld – gestohlen haben

   ....

9. sie – Vorsitzende – gewählt werden

   ....

10. Tür – Nachschlüssel – ist geöffnet worden

    ....

3. Geben Sie folgende Informationen, Gerüchte und Behauptungen mit Hilfe eines Modalverbs weiter.

   0. Meine Nachbarin hat erzählt, dass der Stadtrat in diesem Sommer das Freibad schließen will.
   Das Freibad soll in diesem Sommer vom Stadtrat geschlossen werden.

   1. Ich habe gehört, dass Frau Meier ihren Mann verlassen hat.

      ....

   2. Der Wetterbericht teilte mit, dass es morgen regnen wird.

      ....

   3. Er behauptet, die Rechnung schon lange bezahlt zu haben.

      ....

   4. Sie sagt, sie sei nie in Rom gewesen.

      ....

   5. Presseberichten zufolge wurde der Ex-Terrorist wegen guter Führung vorzeitig aus dem Gefängnis entlassen.

      ....

   6. Mir ist zu Ohren gekommen, dass die Konkurrenz bereits an einem ähnlichen Projekt arbeitet.

      ....

   7. Angeblich hat er uns vor eventuell auftretenden Schwierigkeiten gewarnt.

      ....

   8. Im Supermarkt habe ich gehört, dass diese Bank schon dreimal ausgeraubt wurde.

      ....

4. Geben Sie nachträgliche Empfehlungen.

   0. Er sieht müde und abgespannt aus. (er – weniger arbeiten)
      a) Es wäre besser gewesen, wenn er weniger gearbeitet hätte.
      b) Er hätte weniger arbeiten sollen.

   1. Er hat seine Arbeit mal wieder nicht geschafft. (er – Arbeit – effektiver organisieren)
      a) ....
      b) ....

2. Sie fühlte sich im Krankenhaus einsam. (Du – öfter besuchen)

   a) ....

   b) ....

3. Er baute mit dem neuen Wagen einen Unfall. (er – vorsichtiger fahren)

   a) ....

   b) ....

4. Die Preise sind zu schnell angehoben worden. (man – Preise – langsamer anheben)

   a) ....

   b) ....

5. Die Untersuchungsergebnisse wurden verheimlicht. (sie – veröffentlicht werden)

   a) ....

   b) ....

6. Die Subventionen für das Projekt wurden gestrichen. (sie – ein Jahr – verlängert werden)

   a) ....

   b) ....

7. Das selbst zusammengebaute Regal brach wieder zusammen. (du – Anleitung – genauer lesen)

   a) ....

   b) ....

8. Sie ist mal wieder pleite. (sie – Geld – vorsichtiger umgehen)

   a) ....

   b) ....

5. Formen Sie die Sätze so um, dass Sie ein Modalverb verwenden.

   0. <u>Wahrscheinlich</u> kommt er heute nicht mehr.
      Er dürfte heute nicht mehr kommen.

   1. Er hat den Termin <u>ganz bestimmt</u> vergessen.

      ....

   2. <u>Jeder behauptet von sich,</u> <u>er</u> sei es nicht gewesen.

      Keiner ....

   3. <u>Es ist damit zu rechnen,</u> dass er jeden Moment erscheint.

      ....

   4. An wen denkt er jetzt <u>wohl</u>?

      ....

   5. Ich habe mich <u>möglicherweise</u> geirrt.

      ....

   6. <u>Es wäre besser gewesen, wenn</u> du den Brief gleich beantwortet hättest.

      ....

   7. <u>Es heißt</u>, die Diamanten wurden gestohlen.

      ....

8.   <u>Sicher</u> hat er davon gewusst.

....

9.   <u>Es ist ausgeschlossen, dass</u> er der Täter war.

....

10.   Es <u>hätte nicht geschadet</u>, wenn du den Rasen gemäht hättest.

....

11.   Die Außenminister haben wegen der Krise <u>höchstwahrscheinlich</u> schon Kontakt aufgenommen.

....

12.   <u>Er meint, er</u> sei der beste Torwart der Bundesliga.

....

13.   <u>Vielleicht</u> hat sie das Buch noch gar nicht gelesen.

....

14.   Bei seinem Wissen besteht er die Prüfung <u>ohne Zweifel</u>.

....

15.   <u>Angeblich</u> hat sich die berühmte Sängerin von ihrem Ehemann getrennt.

....

16.   <u>Ich empfehle dir</u>, in Zukunft auf eine gesündere Ernährung zu achten.

....

6.   Suchen Sie für die angegebene Wendung das entsprechende Modalverb (Grundbedeutung der Modalverben).

0.   ich bin leider nicht in der Lage   *ich kann nicht*

1.   es ist für uns notwendig   ....

2.   Peter hat den Auftrag   ....

3.   mir wurde verboten   ....

4.   ich habe heute die Gelegenheit   ....

5.   Sie beherrscht die englische Sprache perfekt. ....

6.   die Regierung hat die Absicht   ....

7.   würden Sie mir erlauben   ....

8.   jemand hat keine Sympathie für mich ....

9.   Eigene Schlittschuhe sind nicht erforderlich. ....

10.   man hat die Pflicht   ....

7.   Erklären Sie die Bedeutung der Sätze und setzen Sie sie in die Vergangenheit.

0.   Du sollst unbedingt Frau Schneeweis zurückrufen.   *(Auftrag)*
    *Du **solltest** unbedingt Frau Schneeweis **zurückrufen**.*

    Er soll die Firma um viel Geld betrügen.   *(Weitergabe eines Gerüchts)*
    *Er **soll** die Firma um viel Geld **betrogen haben**.*

1.   Fritzchen darf jeden Abend bis 22.00 Uhr fernsehen.   ....

....

2. Diese Angaben dürften nicht stimmen.   ....

....

3. Er muss noch viel lernen.   ....

....

4. Er muss sich irren.   ....

....

5. Sie will diesen Fehler nicht noch einmal machen.   ....

....

6. Sie will eine schlechte Lügnerin sein.   ....

....

7. Sie kann diese schwierigen Aufgaben ohne Probleme lösen.   ....

....

8. In diesem Fall können Sie Recht haben.   ....

....

8. Formen Sie die Sätze so um, dass Sie ein Modalverb verwenden.

0. <u>Es ist uns nicht gestattet</u>, vertrauliche Informationen weiterzugeben.
   Wir dürfen keine vertraulichen Informationen weitergeben.

1. <u>Es war notwendig</u>, dass der Betrieb umstrukturiert wurde.

....

2. Die Stadt <u>beabsichtigt</u>, die alte Kirche abzureißen.

....

3. Es ist <u>sehr wahrscheinlich</u>, dass der Beschluss Proteste hervorruft.

....

4. Eine Wiederholung der Aufgaben <u>ist nicht notwendig</u>.

....

5. <u>Wahrscheinlich</u> wurde das Bild gestohlen.

....

6. Die Leuchtkraft der Farben des Originals <u>ist nicht zu</u> beschreiben.

....

7. <u>Es wird empfohlen</u>, in den Räumen eine Schutzkleidung zu tragen.

....

8. <u>Er hatte den Auftrag</u>, die neuen Produkte vorzustellen.

....

9. <u>Es wäre besser gewesen</u>, wenn du auf seinen Rat gehört hättest.

....

10. Sie hat es <u>zweifellos</u> mal wieder verschlafen.

....

11. <u>Würden Sie mir erlauben</u> Ihr Telefon zu benutzen?

....

12. <u>Angeblich hat er</u> den Kunden rechtzeitig benachrichtigt.

....

13. <u>In der Zeitung stand</u>, dass die Benzinpreise im nächsten Monat wieder erhöht werden.

....

14. <u>Es ist nicht unwahrscheinlich</u>, dass es zwischen den zerstrittenen Parteien doch noch zu einer gütlichen Einigung kommt.

....

9. Formen Sie die Sätze um, indem Sie das Modalverb durch ein synonymes Verb ersetzen: *erlauben, berechtigt sein, bedürfen, übrig bleiben, raten, schätzen, benötigen, bitten, ausgeschlossen sein*

  0. Er fährt schon so gut, er <u>kann nicht</u> durch die Fahrprüfung fallen.
     Es *ist ausgeschlossen*, dass er durch die Fahrprüfung fällt.

  1. Der Mann <u>wird</u> 50 Jahre <u>alt sein</u>.
     Ich .... des Mannes .... 50 Jahre.

  2. Ich <u>brauche</u> deine Hilfe nicht mehr.
     Ich .... deine Hilfe nicht mehr.

  3. Wenn er seine Noten verbessern will, <u>muss</u> er sich viel mehr <u>anstrengen</u>.
     Eine Verbesserung seiner Noten .... größerer ....

  4. Wir <u>dürfen</u> pro Jahr zehn Stipendien <u>vergeben</u>.
     Wir sind pro Jahr zur .... von zehn Stipendien ....

  5. <u>Dürfte</u> ich mich setzen?
     .... Sie, dass ich mich setze?

  6. Sie <u>sollen</u> noch heute Herrn Schneeweiß <u>zurückrufen</u>.
     Herr Schneeweiß .... Sie, ihn noch heute ....

  7. Du <u>solltest</u> mit den gefährlichen Chemikalien viel <u>vorsichtiger umgehen</u>!
     Ich .... dir zur .... beim .... mit den gefährlichen Chemikalien.

  8. Du <u>musst</u> die Strafe für das Falschparken bezahlen.
     Es .... dir nichts anderes ...., als die Strafe für das Falschparken zu bezahlen.

10. Formen Sie die Sätze so um, dass Sie kein Modalverb mehr verwenden.

  0. Er <u>will</u> mich nicht gesehen haben.
     Er behauptet, dass er mich nicht gesehen hätte.

  1. Er <u>will</u> dieses Jahr noch befördert werden.

....

  2. Sie <u>muss</u> die Tiere täglich mit Wasser und Nahrung versorgen.

....

  3. Diese Abrechnung <u>kann nicht</u> stimmen.

....

  4. Es <u>soll</u> morgen schon wieder regnen.

....

5. Er <u>dürfte</u> diese Nachricht noch nicht erhalten haben.

   ....

6. Der Chef <u>sollte</u> über den Vorfall informiert werden.

   ....

7. <u>Können</u> Sie den gesamten Betrag sofort und bar zahlen?

   ....

8. Nach langer Wartezeit <u>durften</u> sie endlich das Land verlassen.

   ....

Anmerkung:

Erkennen Sie einen stilistischen Unterschied zwischen den folgenden Sätzen?

a)   *Wir wollen dieses Jahr nach Spanien fahren.*
b)   *Wir beabsichtigen, dieses Jahr nach Spanien zu fahren.*
a)   *Hier darf man nicht rauchen.*
b)   *Hier ist Rauchen nicht gestattet.*

Wenn man Modalverben <u>in der Grundbedeutung</u> durch synonyme Ausdrücke ersetzt, bekommt der Satz einen formalen, offiziellen Stil. Im privaten Sprachgebrauch würde man deshalb die Verwendung der Modalverben bevorzugen.

Im zweiten Beispiel würde man, wenn man jemanden persönlich anspricht, Satz a) verwenden. Auf einem Schild allerdings, das z. B. in einem Krankenhaus hängt, wäre *Rauchen nicht gestattet* oder *Rauchen verboten* zu lesen.

11. Bilden Sie Adjektive, die Möglichkeiten bzw. Nichtmöglichkeiten ausdrücken.

11a. 0. Material, das leicht brennt   *leicht brennbares* Material

1. Altstoffe, die wieder verwendet werden können   .... Altstoffe
2. Ziele, die erreicht werden können   .... Ziele
3. Gedanken, die man nachvollziehen kann   .... Gedanken
4. Kinder, die schwer zu erziehen sind   .... Kinder
5. ein Risiko, das vermieden werden kann   .... Risiko
6. Schwierigkeiten, die man vorhersehen kann   .... Schwierigkeiten
7. Zeichen, die der Computer erkennen kann   .... Zeichen
8. ein Auto, was ich nicht bezahlen kann   .... Auto
9. ein Vorschlag, den man nicht umsetzen kann   .... Vorschlag
10. ein Ton, den man kaum hören kann   .... Ton

11b. 0. Ich kann mir diesen Vorgang nicht erklären. Er ist mir *unerklärlich*.

1. Diese Schrift kann kein Mensch lesen. Sie ist ....
2. Sie war so schön, das kann man nicht beschreiben. Sie war .... schön.
3. Er dachte, er würde niemals sterben. Er hielt sich für ....
4. Das Bild verkaufe ich unter gar keinen Umständen. Es ist ....
5. Dieser Beamte ließ sich für Gefälligkeiten Geld geben. Er war ....

6. Die getroffene Entscheidung kann ich nicht verstehen. Sie ist mir ....

7. Bei dem Geschäft kann man viel Geld verdienen. Es ist ein *ein*.....................
Geschäft.

8. Diesen Krach jede Nacht kann ich nicht mehr ertragen. Er ist mir ....

12. Ergänzen Sie alles, was Ihnen einfällt.

Ich soll ....

Ich muss...

Ich kann ....

Ich will ....

Ich darf ....

Ich mag ....

13. Lesen Sie zum Abschluss dieses Kapitels das folgende Gedicht von Friedrich Rückert.

Aus der Weisheit des Brahmanen

Sechs Wörter nehmen mich in Anspruch jeden Tag:
Ich soll, ich muss, ich kann, ich will, ich darf, ich mag.

Ich soll, ist das Gesetz, von Gott ins Herz geschrieben,
das Ziel, nach welchem ich bin von mir selbst getrieben.

Ich muss, das ist die Schranke, in welcher mich die Welt
Von einer, die Natur von andrer Seite hält.

Ich kann, das ist das Maß der mir verliehnen Kraft,
Der Tat, der Fertigkeit, der Kunst und Wissenschaft.

Ich will, die höchste Kron ist dieses, die mich schmückt,
Der Freiheit Siegel, das mein Geist sich aufgedrückt.

Ich darf, das ist zugleich die Inschrift bei dem Siegel,
Beim aufgetanen Tor der Freiheit auch ein Riegel.

Ich mag, das endlich ist, was zwischen allen schwimmt,
Ein Unbestimmtes, das der Augenblick bestimmt.

Ich soll, ich muss, ich kann, ich will, ich darf, ich mag,
Die sechse nehmen mich in Anspruch jeden Tag.

Nur wenn du stets mich lehrst, weiß ich, was jeden Tag
Ich soll, ich muss, ich kann, ich will, ich mag.

Friedrich Rückert (1788–1866)

Brahmane: indischer Priester
Kron = Krone

Kapitel 3   Vermutungen und Empfehlungen
Teil D   *Themen für Vortrag und Aufsatz*

Positive Kommunikation

1. „Positive Kommunikation und Interaktion" werden in letzter Zeit immer häufiger als Wundermittel für Problemlösungen aller Art ins Gespräch gebracht. Erläutern Sie, was Sie darunter verstehen und in welchen Bereichen man damit Probleme lösen könnte.

Besprechungen

2. Berichten Sie über Besprechungen in Ihrem Betrieb/Ihrer Institution und machen Sie Vorschläge, wie man diese noch effektiver gestalten könnte.

Sollen und Leistung

3. Welche Rolle spielt das „Sollen" im Sinne von Auftrag in Ihrem Leben? Wollen Sie auch immer das tun, was Sie tun sollen? Erläutern Sie das anhand von Beispielen.

4. Welche Rolle spielt nach Ihrer Meinung das „Sollen" in der Erziehung? Sollte es bestimmte Dinge geben, die einfach angeordnet werden, oder sollte man auf das „Wollen" des Einzelnen mehr Rücksicht nehmen?

5. Sollten Ihrer Meinung nach bereits in der Grundschule Leistungen benotet werden? Auf welche Weise werden Leistungen in ihrem Land beurteilt? Haben Sie selbst Vorschläge für ein Beurteilungssystem?

Kapitel 4   **Gründe und Folgen**
Teil A   *Texte und Textarbeit*

I. Lob der Lüge

1. Was fällt Ihnen ein, wenn Sie das Wort *Lüge* hören?

2. Berichten Sie.

1. Schätzen Sie einmal, wie oft Menschen lügen und auf welchem Kommunikationsweg am meisten gelogen wird.

2. Gibt es Ihrer Meinung nach auch einen positiven Aspekt beim Lügen?

3. Gibt es eine besondere Beziehung zwischen Lügen und Politik/Politikern? Begründen Sie Ihren Standpunkt.

3. Lesen Sie den folgenden Text.

Lob der Lüge

Die Wahrheit – viele halten sie für das oberste moralische Gebot. Philosophen fordern sie bedingungslos, Eltern und Lebenspartner ebenfalls. Die Wahrheit versorgt den Menschen mit verlässlichen Informationen, gibt psychischen Halt, wenn alles andere ungewiss erscheint. Fragt man einen Menschen, welche Eigenschaften er am anderen besonders schätzt, stehen Aufrichtigkeit und Wahrheitsliebe fast immer an erster Stelle. Selbst die Bibel verlangt im achten Gebot: „Du sollst nicht falsch Zeugnis reden".

Wenn die Wahrheit aber das „höchste Gut" ist – warum belügt man dann die gerade eben vom Friseur gekommene Nachbarin und sagt ihr, wie gut ihr die Frisur steht? Warum sagt der Arzt dem krebskranken Patienten nicht die Wahrheit?

Die Gründe, warum Menschen lügen, sind

---

sehr vielfältig. Angst vor der Wahrheit oder deren Konsequenzen gibt uns sicherlich die meisten Anlässe, die Wahrheit zu frisieren. „Täuschung gibt es in allen Kulturen, wahrscheinlich auch, weil sie die Möglichkeit eröffnet, Konfrontationen kampflos auszuweichen" erläutert der amerikanische Philosoph David Nyberg.

Häufig lügen Menschen jedoch, wie im Fall des Arztes und der netten Nachbarin, um ihrem Gegenüber Kummer zu ersparen. Solche Lügen sind wichtig für die soziale Stabilität einer Gesellschaft. Wer immer die Wahrheit sagt, steht nach kurzer Zeit ziemlich alleine da, denn schonungslose Offenheit schafft kein Vertrauen, sondern Feinde.

Problematisch wird es, wenn diese sozialen Gründe – bewusst oder unbewusst– nur vorgeschoben sind. Etwa in der Liebe. Wer seinem Partner den Seitensprung verschweigt, erklärt dies meistens damit, er habe dem Betrogenen nicht wehtun wollen. Erfährt der dann doch durch Zufall die Wahrheit, ist er doppelt verletzt: Zum einen, weil der Partner sein Vertrauen missbraucht hat. Zum anderen, weil der Partner ihm nicht zutraut, mit der Wahrheit umgehen zu können.

Die am meisten verwendete Lüge richten wir freilich gegen uns selbst. Es ist die Selbsttäuschung. „Es geht uns einfach besser, wenn wir uns nicht allzu kritisch betrachten. Selbsttäuschung hilft uns, die Person zu sein, die wir sein wollen", schreibt David Nyberg. Andere sollen erkennen, dass man ein intelligenter, zuverlässiger und liebenswerter Mensch ist. Um das zu erreichen, bauen wir

unser Selbstwertgefühl wenigstens in Teilen auf Illusionen auf.

Lüge und Täuschung sind aber keine Erfindung des Menschen. Auch im Tierreich wird gelogen und betrogen – was Leben retten kann. So spiegeln Tiere falsche Tatsachen vor, indem sie Verhalten oder Aussehen ihrer Fressfeinde imitieren. Und im Kampf ums Weibchen betätigt sich manches Männchen als Hochstapler. Evolutionsbiologen begreifen deshalb die Lüge als eine Art Motor der Evolution, da Mogeleien und Täuschungen langfristig Schwindler begünstigen – wenn diese sich nur raffiniert genug dabei anstellen.

Bewusstes Lügen erfordert Intelligenz. Der Lügner muss nicht nur kreativ sein, sondern sich auch in den Adressaten der Lüge hineinversetzen können. Nur so kann er abschätzen, wie viel der andere weiß und wie er auf die Geschichte, die man ihm auftischt, reagieren wird. Stimme, Mimik und Sprache muss der Lügner geschickt einsetzen, um den fehlenden Wahrheitsgehalt zu verschleiern.

Bleibt es nun dabei, ist die Lüge zu verurteilen? Ungelogen: Es gibt keine eindeutige Antwort. Lügen, die darauf abzielen, sich selbst zu bereichern und anderen zu schaden, gehören ohne Zweifel in die Kategorie „verboten". Insgesamt aber gesehen, sagt der Soziologe Peter Stiegnitz, seien Lügen „das Salz des Lebens". Eine Prise davon hebt das Selbstwertgefühl und macht das Miteinander leichter, zu viel davon macht das Leben ungenießbar.

Aus: Rheinische Post

4. Fassen Sie den Inhalt des Textes mit eigenen Worten zusammen.

5. Wussten Sie das schon?
Lesen Sie den folgenden Text und ergänzen Sie die fehlenden Präpositionen. Vergleichen Sie die Aussage des Textes mit Ihren Ergebnissen aus Aufgabe 2.

.... (1) einer Studie zum Thema Lügen stellte sich heraus, dass jeder Testteilnehmer durchschnittlich 1,6-mal .... (2) Tag die Unwahrheit sagte. Der Anteil der .... (3) Lügen genutzten Medien fiel sehr unterschiedlich aus: Unangefochtener Spitzenreiter war das Telefon, was 37 Prozent aller Lügen verbuchen konnte, gefolgt .... (4) persönlichen

Gespräch .... (5) 27 Prozent. .... (6) Ende rangierte das offensichtlich ehrlichste Medium: die elektronische Post.

Den Grund .... (7) die hohe Lügenrate .... (8) Telefon sehen Psychologen darin, dass der Gesprächspartner die Mimik des Lügners nicht deuten kann. Mails dagegen können wie normale Briefe beliebig oft gelesen und .... (9) Dritte weitergeleitet werden. Das erschwert offensichtlich das Lügen.

6.   Wortschatz rund um die Lüge

6a.   Suchen Sie aus den beiden Texten Wörter und Wendungen zum Thema *Lüge und Wahrheit* und ergänzen Sie die Liste durch Wörter, die Sie noch kennen.

Lüge	**Wahrheit**
jemanden belügen	*verlässliche Informationen*
....	....
....	....
....	....
....	....
....	....
....	....

6b.   Idiomatische Wendungen/Sprichwörter zum Thema *Lüge*. Erklären Sie sie.

–   jemandem Märchen erzählen
–   jemandem einen Bären aufbinden
–   jemand lügt, dass sich die Balken biegen
–   jemand lügt das Blaue vom Himmel herunter
–   jemanden in den April schicken

–   Lügen haben kurze Beine.
–   Wer einmal lügt, dem glaubt man nicht.
–   Ehrlich währt am längsten.
–   Die Welt will betrogen werden.
–   Die Wahrheit zu sagen, ist oft schwer, die Wahrheit zu ertragen noch mehr.

7.   Ergänzen Sie die fehlenden Konjunktionen, die Nebensätze oder Hauptsätze einleiten können (z. B.: *weil, wenn* usw.). Siehe Übersicht Seite 95f.

Viele halten die Wahrheit für das oberste moralische Gebot. Eltern und Lebenspartner fordern sie bedingungslos, ... (1) sie versorgt den Menschen mit verlässlichen Informationen und bietet psychischen Halt, ... (2) alles andere ungewiss erscheint. Doch .... (3) die Wahrheit das „höchste Gut" ist, belügt man die gerade vom Friseur gekommene Nachbarin und sagt ihr, wie gut ihr die Frisur stehe.

Die Gründe, warum Menschen lügen, sind sehr vielfältig. Einige lügen, ... (4) sie
Angst vor der Wahrheit oder deren Konsequenzen haben. Andere lügen, ... (5) sie
ihrem Gegenüber Kummer ersparen.

Die am meisten verwendete Lüge richten wir freilich gegen uns selbst. „Es geht uns einfach
besser, ... (6) wir uns nicht allzu kritisch betrachten", schreibt David Nyberg. Andere
sollen erkennen, dass man ein intelligenter und liebenswerter Mensch ist, ... (7) bauen
wir unser Selbstwertgefühl auf Illusionen auf.

Lüge und Täuschung sind aber keine Erfindung des Menschen, denn auch im Tierreich wird
gelogen und betrogen. So spiegeln Tiere falsche Tatsachen vor, ... (8) sie Verhalten
oder Aussehen ihrer Fressfeinde imitieren.

Bewusstes Lügen erfordert Intelligenz. Der Lügner muss nicht nur kreativ sein, ... (9)
sich auch in den Adressaten der Lüge hineinversetzen können. Den fehlenden Wahrheitsgehalt seiner Aussagen kann er unter anderem .... verschleiern, ... (10) er Stimme,
Mimik und Sprache geschickt einsetzt.

8.   Bilden Sie aus den vorgegebenen Wörtern Sätze.

1.   bestimmt, Situationen – Menschen – Notlügen – greifen

   ....

2.   Anzahl, Lügen – Medium – abhängen – wir – gerade benutzen

   ....

3.   Telefon – Gesprächspartner – unmöglich sein – unser, Mimik – deuten

   ....

   ....

4.   Hilfe – misstrauisch, Telefonpartner – Neuentwicklung – Computermarkt – kom-
     men

   ....

   ....

5.   Computerprogramm – Analysetechnik – basieren – und – Lügendetektor – funktio-
     nieren

   ....

   ....

6.   Es – Stimme + Sprechverhalten, Anrufer – Zeichen – Stress – absuchen

   ....

   ....

7.   Programm – genügend, Stressmerkmale – finden – Computerbildschirm – grün,
     Licht – erscheinen

   ....

   ....

Unser Buchtipp:

Jakob der Lügner

Das Buch erzählt eine Geschichte, die in einem Ghetto in Polen während des II. Weltkrieges spielt. Die Situation ist hoffnungslos. Die Ghettobewohner sind von der Außenwelt vollständig isoliert. Durch einen Zufall erfährt Jakob aus einem Radio der Gestapo, dass sich die Russen zwanzig Kilometer vor Bezanika befinden. Diese Nachricht könnte vielen neuen Lebensmut geben, aber die Umstände, unter denen Jakob sie erfahren hat, sind so unwahrscheinlich, dass ihm niemand glaubt. Damit ihm die Wahrheit aber geglaubt wird, erfindet Jakob eine Lüge. Es sagt, er besitze ein Radio und gerät so in den Mittelpunkt der Aufmerksamkeit ... Von Jurek Becker. Suhrkamp-Verlag. ISBN 3-518-37274-2.

II. Kriminalität in Deutschland

1. Lesen Sie den folgenden Text.

In den ersten Jahren nach der deutschen Einigung war die Bundesrepublik einer Welle wachsender Kriminalität ausgesetzt. Ab 1996 ging die Zahl der kriminellen Delikte, soweit sie sich in der polizeilichen Kriminalstatistik niederschlagen, allmählich wieder zurück, ehe sie 2001 und 2002 erneut zunahm.

Die Statistik verzeichnet alle Straftaten, die der Polizei im Laufe eines Jahres bekannt geworden sind, mit Ausnahme der Verkehrs- und Staatsschutzdelikte. Sie erfasst damit allerdings nur einen Ausschnitt des tatsächlichen kriminellen Geschehens – je nach dem Anzeigeverhalten der Bevölkerung und nach Intensität und Schwerpunkt der polizeilichen Ermittlungen. Als Straftaten gelten Verbrechen, die mit wenigstens einjähriger Freiheitsstrafe bedroht sind, und Vergehen, für die kürzere Freiheitsstrafen oder Geldstrafen ausgesprochen werden können.

Im Jahr 2002 wurden in Deutschland rund 6,51 Millionen kriminelle Handlungen registriert. Bundesweit ereigneten sich damit im Durchschnitt fast 7 900 Straftaten je 100 000 Einwohner. Am höchsten war die Kriminalitätsbelastung in den Stadtstaaten Berlin (17 236 Fälle je 100 000 Einwohner) und Hamburg (15 589), am niedrigsten in Baden-Württemberg (5 643) und Bayern (5 630).

Die in der Gesellschaft geltenden Leitwerte – Besitz, Verbrauch und Mobilität – prägen seit jeher auch das Erscheinungsbild der Kriminalität. So lag der Schwerpunkt des kriminellen Geschehens bei den Eigentums- und Vermögensdelikten. Allein fast 48 % aller

Anzeigen bezogen sich auf einen Diebstahl. Die Häufigkeit dieser Delikte ist allerdings nicht mehr so hoch wie in den neunziger Jahren. Eine deutlich steigende Tendenz zeigen demgegenüber die Vermögens- und Fälschungsdelikte (wie Betrug, Veruntreuung, Unterschlagung), auf die 2002 mehr als 15 % aller Straftaten entfielen. Sprunghaft zugenommen hat zuletzt insbesondere der Betrug mit Bank- und Kreditkarten.

Übergriffe auf Leib und Leben machen einen weiteren Schwerpunkt kriminellen Handelns aus. So wurden 2002 fast 200 000 Gewaltdelikte registriert: 127 140 Fälle von schwerer Körperverletzung, 58 900 Raubdelikte, 8 615 Vergewaltigungen und 2 664 Fälle von Mord oder Totschlag.

Die Ermittlungen der Polizei richteten sich gegen 2,29 Millionen Tatverdächtige, darunter 687 900 Kinder, Jugendliche und Heranwachsende.

Aufgeklärt wurden 3,34 Millionen Fälle. Die Aufklärungsquote verbesserte sich dadurch auf 53 % der registrierten Straftaten. Tötungsdelikte konnten fast vollständig aufgeklärt werden; beim Taschendiebstahl kam die Polizei den Tätern dagegen nur in 5 % aller Fälle auf die Spur.

Aus: Zahlenbilder, Erich Schmidt Verlag

2. Wortschatz
Suchen Sie aus dem Text alle Wörter und Wendungen, die mit Straftaten zu tun haben.

Welle wachsender Kriminalität, ...

....

....

3. Ergänzen Sie die fehlenden Verben.
1. Die Statistik .... alle Straftaten, die der Polizei bekannt geworden sind.
2. Bundesweit .... im Durchschnitt fast 7 900 Straftaten je 100 000 Einwohner.
3. Die in der Gesellschaft geltenden Leitwerte .... auch das Erscheinungsbild der Kriminalität.
4. Deutlich steigende Tendenz .... Vermögens- und Fälschungsdelikte.
5. Die Aufklärungsquote .... auf 53 Prozent der registrierten Straftaten.
6. Beim Taschendiebstahl .... die Polizei den Tätern aber nur in 5 Prozent aller Fälle auf die Spur.

4. Beantworten Sie (wenn Sie möchten) eine der folgenden Fragen?
Wie hoch ist die Kriminalitätsbelastung in Ihrem Heimatland?
Waren Sie schon einmal Opfer einer kriminellen Handlung?

5. Ergänzen Sie die Verben: *entwenden – überführen – verhören – verdächtigen – gestehen – erheben – anzeigen* in der richtigen Form.
1. Der Verdächtige Peter M. wurde von der Polizei stundenlang ....
2. Seine Nachbarin hatte ihn bei der Polizei ...., weil sie ihn ...., bei ihr nachts eingebrochen und ihren wertvollen Schmuck .... zu haben.
3. Während des Verhörs .... Peter M. die Tat und konnte so des Einbruchs und Diebstahls .... werden.
4. Die Staatsanwaltschaft .... gegen Peter M. Anklage.

6. Aus dem Gerichtssaal
Ergänzen Sie die Verben: *einlegen – bezeugen – ausräumen – verkünden – tagen – über-führen – stehlen – anklagen – nennen – verweigern – haben – erhärten – treten – aussagen – stehen* in der richtigen Form.

0. Gestern *stand* der 35-jährige Buchhalter August M. vor Gericht.

1. August M. wurde des schweren Betrugs ....

2. Verhandlungsgegenstand waren unter anderem zwei Millionen Euro, die der Angeklagte aus der Firmenkasse .... haben soll.

3. Das Gericht bat den 35-Jährigen, den Aufbewahrungsort des Geldes zu ....

4. August M. sagte dazu nichts. Er .... die Aussage.

5. Kollegen .... in dem Prozess als Zeugen auf. Sie ...., dass August M. Abrechnungen gefälscht habe.

6. Dadurch .... sich der Verdacht.

7. Die Verteidigung konnte mit ihrer Strategie die Verdachtsmomente nicht ....

8. Sie .... am Ende der Verhandlung aufgrund der erdrückenden Beweislast keine Einwände mehr.

9. Nachdem insgesamt zehn Mitarbeiter vor Gericht ...., konnte der Beschuldigte des schweren Betruges .... werden.

10. Das Gericht .... nach Abschluss der Verhandlung ca. eine Stunde und .... anschließend ein mildes Urteil: zehn Monate auf Bewährung und die Rückerstattung der zwei Millionen Euro.

11. Die Staatsanwaltschaft wird gegen dieses Urteil Berufung ....

7. Suchen Sie Wörter/Wendungen mit antonymer Bedeutung.

1. <u>Täter</u>   ....

2. Der Angeklagte <u>leugnet</u> die Tat.   ....

3. Verbrechen <u>bekämpfen</u>   ....

4. Der Angeklagte wurde <u>verurteilt</u>.   ....

5. Der Täter <u>ging</u> der Polizei <u>ins Netz</u>. ....

Unser Krimi-Buchtipp:

Kalt ist der Abendrauch

Die dreiundachtzigjährige Charlotte erwartet Besuch: Hugo, ihren Schwager, für den sie Zeit ihres Lebens eine Schwäche hatte.

Sollten sie doch noch einen romantischen Lebensabend miteinander verbringen können? Wird, was lange währt, endlich gut?

Voller Sehnsucht schmiedet Charlotte Pläne, doch vor allem steigen Erinnerungen an ihre bewegte Vergangenheit und die eigenwillige Lösung so mancher Familienprobleme in ihr auf ...

Von Ingrid Noll. Diogenes-Verlag Zürich. ISBN 3-257-23023-0.

Ingrid Noll
Kalt ist der Abend-hauch
Roman · Diogenes

8. Ordnen Sie die Adjektive und Partizipien: *schwer – mild – erdrückend – erbeutet – sich erhärtend – aufgeklärt – siegreich – mutmaßlich – überführt – hoch – gepeinigt* den passenden Substantiven zu.

0. Opfer (Pl)   *gepeinigte Opfer*

1. Täter   ....

2. Verteidigung   ....

3. Kriminalitätsrate   ....

4. Betrug   ....

5. Beweislast   ....

6. Verdachtsmomente   ....

7. Urteil   ....

8. Bankräuber   ....

9. Geld   ....

10. Verbrechen   ....

9. Erläutern Sie die Statistik.

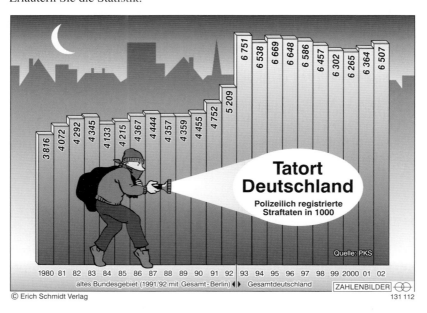

10. Nehmen Sie zu der folgenden in der „Hannoverschen Allgemeinen Zeitung" erschienenen Meldung Stellung.

„Wie in vielen Städten hat auch in Berlin die Kriminalität dramatisch zugenommen. Politik und Polizei reagieren darauf mit der Strategie „Null Toleranz", die seit einigen Jahren in New York erfolgreich praktiziert wird. Das heißt, in Zukunft werden auch geringfügige Verstöße wie z. B. das Sprühen von Graffitis oder Schwarzfahren nicht mehr geduldet. Außerdem soll eine stärkere Polizeipräsenz für mehr Ordnung sorgen."

III. Unternehmenserfolg

1. Lesen Sie den folgenden Text.

Aldi: Vom Billigladen zum Kultobjekt

<u>Klappern gehört zum Handwerk</u>, sagen sich viele Essener Unternehmen und zeigen dies auch gerne im öffentlichen Telefonbuch. Großformatige Einträge sind die Regel. Anders die *Aldi GmbH & Co. KG*. Der Zentrale des wohl umsatzstärksten Lebensmittel-Discounters der Welt genügt wie jedem x-beliebigen Bürger eine einzige Zeile in unauffälliger Normalschrift. Fett gedruckt kostet extra und dafür gibt *Aldi* kein Geld aus.

Eine Randnotiz, die beispielhaft steht für die Sparphilosophie eines Unternehmens, von dem man bislang nicht viel wusste: keine Bilanzen, keine Pressekonferenzen, keine Image-Anzeigen und erst recht keine medienwirksamen Auftritte der Chefs. Dieser *Aldi*-typische Minimalismus, der Versuch, sich auf Preis und Qualität zu konzentrieren, scheint <u>anzukommen</u>. Neben den treuen Stammkunden, die sparen müssen, kommen durchaus auch solche, die sparen wollen. Einkaufen bei Aldi scheint sogar regelrecht „trendy" geworden zu sein, denn so mancher, der früher um die Läden mit der <u>kargen</u> Einrichtung <u>einen Bogen machte</u>, serviert heute auf seiner Party selbstbewusst *Aldi*-Champagner (<u>knapp</u> zwölf Euro die Flasche). Inzwischen trägt man T-Shirts mit dem *Aldi*-Logo, es gibt *Aldi*-Fanklubs und ein *Aldi*-Kochbuch („Aldidente"). Und dass *Aldi* trotz vergleichsweise niedriger Preise gute Qualität bietet, ist mehr als eine geschickte Werbelegende. Immer wieder schneiden *Aldi*-Produkte bei den Tests der „Stiftung Warentest" gut bis sehr gut ab.

Was ist nun – neben den Preisen – das Erfolgsrezept der *Aldi*-Gründer Theo und Karl Albrecht, die 2001 mit einem Jahresumsatz von geschätzt über 20 Milliarden Euro andere weit hinter sich ließen und einen in der Branche geradezu sensationell hohen Gewinn von über drei Prozent des Umsatzes erzielten?

Das Geheimnis, so schreibt Dieter Brandes in seinem Buch „Konsequent einfach" über den Erfolg des Unternehmens, ist die Orientierung an den Wünschen des Kunden. Staunend stellte vor Jahren ein unerkannt recherchierender „Stern"-Reporter fest, dass Aldi nicht nur <u>anstandslos</u> einen Beutel Orangen zurücknahm, obwohl nur eine einzige Frucht Schimmelbefall zeigte. Es gab noch eine Packung Kaffee im fünffachen Wert der Orangen als Entschuldigung dazu.

Eine weitere Stärke ist die konsequent einfache Organisation: Klare Verantwortlichkeiten statt Managementstellen-Inflation; delegieren und dezentralisieren statt Geld für teure <u>Wasserkopf-Verwaltungen</u>; Neues einfach ausprobieren statt endlose Strategie-

Debatten führen; simple Lösungen finden statt Kreativität mit Zahlen-Kolonnen ersticken; Bescheidenheit auch in der Chefetage statt Skandale und Wichtigtuerei.

Wenn *Aldi* all dies weiter beherzigt, braucht das Unternehmen sich auch in Zukunft vor ehrgeizigen Konkurrenten nicht zu fürchten.

Nach: Neue Ruhr Zeitung (NRZ)

2. Fassen Sie den Text mit eigenen Worten zusammen.

3. Beantworten Sie die folgende Frage.

Gibt es in Ihrem Heimatland ein Unternehmen, das auf ähnliche Weise wie Aldi erfolgreich ist? Berichten Sie darüber.

4. Erklären Sie die Wörter nach ihrer Bedeutung im Text mit synonymen Wendungen.

1. Klappern gehört zum Handwerk ....

2. (beim Kunden) ankommen ....

3. karge Einrichtungen ....

4. einen Bogen um (die Läden) machen ....

5. knapp zehn Euro ....

6. anstandslos zurücknehmen ....

7. Wasserkopf-Verwaltungen ....

8. beherzigt ....

9. ehrgeizige Konkurrenten ....

5. Ergänzen Sie die fehlenden Präpositionen.

1. Eine Randnotiz, die beispielhaft steht .... die Sparphilosophie eines Unternehmens, ... dem man bislang nicht viel wusste.

2. Einkaufen .... Aldi scheint sogar regelrecht „trendy" geworden zu sein, denn so mancher, der früher .... die Läden .... der kargen Einrichtung einen Bogen machte, serviert heute .... seiner Party selbstbewusst *Aldi*-Champagner.

6. Ergänzen Sie die fehlenden Verben.

1. Klappern .... zum Handwerk

2. Der Zentrale des Lebensmittel-Discounters .... eine einzige Zeile in unauffälliger Normalschrift.

3. Dass *Aldi* trotz vergleichsweise niedriger Preise gute Qualität ...., ist mehr als eine geschickte Werbelegende.

4. Immer wieder .... *Aldi*-Produkte bei Tests gut bis sehr gut ab.

5. Was ist nun das Erfolgsrezept der *Aldi*-Gründer, die mit einem Jahresumsatz von geschätzt über 20 Milliarden Euro andere weit hinter sich .... und einen sensationell hohen Gewinn von über drei Prozent des Umsatzes ....?

6. Wenn *Aldi* all dies weiter ...., braucht das Unternehmen sich auch in Zukunft vor ehrgeizigen Konkurrenten nicht zu ....

7. Finden Sie Antonyme.

   1. <u>knapp</u> zehn Euro　　　　　..

   2. ein <u>ehrgeiziger</u> Mensch　　..

   3. <u>selbstbewusste</u> Kunden　　..

   4. ein hoher <u>Gewinn</u>　　　　..

   5. Geld <u>sparen</u>　　　　　　..

   6. einen Rat <u>beherzigen</u>　　..

   7. ein <u>karg</u> eingerichtetes Geschäft　..

8. Bilden Sie aus den vorgegebenen Wörtern Sätze.

   1. Qualität und Preis – Produkte – Konzentration – Publikum – Management – ankommen – scheinen

      ....

      ....

   2. Erfolg – Grund – Orientierung – Wünsche – Kunde – sein

      ....

      ....

   3. Jahresumsatz – 20 Milliarden Euro – Unternehmen – Branche – Gewinne – hoch – erzielen – sehr

      ....

      ....

   4. *Aldi*-Produkte – Tests, „Stiftung Warentest" – gut, Resultate – immer wieder – erzielen

      ....

      ....

IV. Koedukation

1. Was spricht für, was gegen den gemeinsamen Unterricht von Jungen und Mädchen (Koedukation)? Sammeln Sie Argumente.

Vorteile der Koedukation	Nachteile der Koedukation
....	....
....	....
....	....
....	....
....	....
....	....
....	....

2.   Lesen Sie den folgenden Text.

Ende der Koedukation?

Nachdem sich in den 70er Jahren der gemeinsame Unterricht von Jungen und Mädchen (Koedukation) an den deutschen Schulen durchgesetzt hat, ist die Koedukation jetzt, ein Viertel Jahrhundert später, in die Kritik geraten.

Untersuchungen an den Schulen haben ergeben, dass die Mädchen unterm Strich die Verliererinnen des gemeinsamen Unterrichts sind. Weil sie z. B. in den naturwissenschaftlichen Fächern seltener zu Wort kommen oder häufiger unterbrochen werden als ihre männlichen Mitschüler, verlieren Mädchen früh das Interesse und das Selbstbewusstsein. Die Folgen liegen auf der Hand: nur wenige Mädchen ergreifen später einen der zukunftsträchtigen Berufe in Bereichen der Informatik, Mathematik oder Physik.

In der Zwischenzeit geben einige Schulen in einzelnen Fächern aus pädagogischen Gründen nach Geschlechtern getrennten Unterricht. Schleswig-Holstein war 1990 das erste Bundesland, das diese Geschlechtertrennung gesetzlich ermöglichte, andere Bundesländer folgten diesem Beispiel. Die Ergebnisse des zeitweise getrennten Unterrichts sind erstaunlich: Die Mädchen wurden selbstbewusster und beteiligten sich stärker am Unterricht, die Jungen arbeiteten sachorientierter und ruhiger. Außerdem kam es zu deutlich weniger Gewalttätigkeiten. Eine Ursache der Probleme des gemeinsamen Unterrichts ist das klassische Rollenverhalten, bei dem zu beobachten ist, dass sich Jungen öfter in den Mittelpunkt spielen und in Imponiergebärden verfallen, während die Mädchen sich eher zurücknehmen.

Die Debatte über getrennten oder gemeinsamen Unterricht wird nicht nur in Deutschland und nicht nur an Schulen geführt.

In Norwegen und Schweden z. B. laufen ähnliche Diskussionen, ebenfalls an den Hochschulen. Nach dem Vorbild der amerikanischen *Women's Colleges* wird in Bonn die erste Frauenuniversität geplant. Ayla Neusel, Professorin für Hochschulforschung an der Gesamthochschule Kassel, hat ihr Fazit bereits gezogen: „Die Frauenuniversität ist ein unbescheidenes Resümee aus den Erfahrungen mit unzähligen Reparaturversuchen an der bestehenden Hochschule."

---

3.   Fassen Sie den Text mit eigenen Worten zusammen.

4.   Beantworten Sie eine der folgenden Fragen.

    1.   Wie beurteilen Sie die im Text beschriebenen Erfahrungen in Deutschland?

    2.   Welche Vorschläge würden Sie unterbreiten, wenn Sie ein Unterrichtskonzept vorlegen müssten, das beiden Geschlechtern gerecht wird. Begründen Sie Ihre Vorschläge.

5. Erklären Sie die unterstrichenen Teile mit anderen Worten und nehmen Sie eventuell notwendige Umformungen vor.

   1. Untersuchungen an den Schulen haben ergeben, dass die Mädchen <u>unterm Strich</u> die Verliererinnen des gemeinsamen Unterrichts sind.

     ....

   2. Die Koedukation ist jetzt <u>in die Kritik geraten</u>.

     ....

   3. Die Folgen <u>liegen auf der Hand</u>: nur wenige Mädchen <u>ergreifen</u> später einen der zukunftsträchtigen Berufe.

     ....

     ....

6. Ergänzen Sie die fehlenden Präpositionen.

   1. Untersuchungen .... den Schulen haben ergeben, dass die Mädchen .... Strich die Verliererinnen des gemeinsamen Unterrichts sind.

   2. Weil sie z. B. .... den naturwissenschaftlichen Fächern seltener .... Wort kommen als ihre männlichen Mitschüler, verlieren Mädchen früh das Interesse .... Fach.

   3. .... der Zwischenzeit geben einige Schulen .... einzelnen Fächern .... pädagogischen Gründen .... Geschlechtern getrennten Unterricht.

   4. Die Debatte .... getrennten oder gemeinsamen Unterricht wird nicht nur .... Deutschland und nicht nur .... Schulen geführt.

   5. .... Norwegen und Schweden z. B. laufen ähnliche Diskussionen, ebenfalls .... den Hochschulen.

   6. .... dem Vorbild der amerikanischen *Women's Colleges* wird .... Bonn die erste Frauenuniversität geplant.

7. Ergänzen Sie die fehlenden Verben.

   1. Nachdem sich in den 70er Jahren der gemeinsame Unterricht von Jungen und Mädchen an den deutschen Schulen .... hat, ist die Koedukation jetzt in die Kritik ....

   2. Die Folgen .... auf der Hand: nur wenige Mädchen .... später einen der zukunftsträchtigen Berufe in Bereichen der Informatik, Mathematik oder Physik.

   3. Schleswig-Holstein war 1990 das erste Bundesland, das diese Geschlechtertrennung gesetzlich ...., andere Bundesländer .... diesem Beispiel.

   4. Eine Ursache der Probleme des gemeinsamen Unterrichts ist das klassische Rollenverhalten, bei dem zu .... ist, dass sich Jungen deutlicher in den Mittelpunkt .... und in Imponiergebärden ....

> **Aus der PISA-Studie 2003**
>
> In ihrer Lesekompetenz übertreffen die Mädchen die Jungen mit einem beträchtlichen Abstand (34 Punkte international, 42 Punkte in Deutschland).
> In Mathematik wie in den Naturwissenschaften zeigt der internationale Vergleich hingegen, dass es in einigen Staaten (Finnland, Niederlande, Australien, Schweden, Island) gelungen ist, Kompetenzunterschiede zwischen Mädchen und Jungen sehr klein zu halten. In Deutschland allerdings schneiden die Jungen in der Mathematik signifikant besser ab als die Mädchen.

8. Ergänzen Sie die fehlenden Verben (frei).

1. Ende der 60er Jahre wurden auch Mädchen in Jungenschulen ....
2. Man sollte die Klassen nicht nach Geschlechtern ....
3. Früher wurden Mädchen zur höheren Töchterschule ....
4. Die Koedukation hat sich als Bumerang ....
5. Eine Säule der Erziehung ist ins Wanken ....
6. Die Menschheit .... nun einmal aus zwei Geschlechtern. Sollten sie daher nicht gemeinsam .... werden?
7. Das .... jedoch großes pädagogisches Geschick.

9. Finden Sie Antonyme.

1. Sie unterrichten Jungen und Mädchen nicht <u>gemeinsam</u>, sondern ....
2. Das hat <u>Nachteile</u>, aber auch ....
3. Die Koedukation sollte nicht <u>abgeschafft</u>, sondern .... werden.
4. Das wäre kein <u>Fortschritt</u>, sondern ein ....
5. Er ist kein <u>Gegner</u>, sondern ein .... dieser Forderung.
6. Das Selbstbewusstsein soll nicht <u>geschwächt</u> werden, sondern ....

10. Wortschatz rund um Schule und Ausbildung
Finden Sie die passenden Verben.

1. zur Schule/aufs Gymnasium ....
2. eine Schule/weiterführende Schule ....
3. mit guten Noten in die nächste Klasse .... werden
4. jemand, der anstatt in die Schule ins Kino geht, der .... die Schule
5. eine Prüfung/die mittlere Reife/das Abitur ..../...........................
6. sich auf eine Prüfung ....; für eine Prüfung ....
7. an einer Universität ....
8. ein Praktikum ....
9. am Unterricht/an einer Vorlesung/an einem Seminar/an einem Sprachkurs ....
10. ein Seminar/eine Vorlesung/einen Sprachkurs ....

11. Bilden Sie aus den vorgegebenen Wörtern Sätze.

1. Mädchen – Erziehung – nicht – benachteiligen – sollten
   ....
2. Frauenuniversitäten – größer, Beliebtheit – immer – erfreuen
   ....
3. Geschlechtertrennung – Fächer – Leistung – Schüler – einige – können – stimulieren
   ....
   ....

Kapitel 4
Teil B

Gründe und Folgen
Hinweise zu Grammatik und Prüfungsaufgaben

1. Präpositionen und Konjunktionen/Konjunktionaladverbien

Präpositionen	*Konjunktionen/Konjunktionaladverbien*
Angaben des Grundes (Kausalangaben)	
wegen (G) *seines Fleißes* aufgrund (G) *hoher Schulden* infolge (G) *verheerender Stürme* dank (G) *seiner Hilfe* aus (D) *Mitleid* vor (D) *Freude* anlässlich (G)/zu (D) *unserer Hochzeit*	Konjunktionen, die **Nebensätze** einleiten: weil/da *Weil er fleißig **war**, ...* *,... da plötzliche Veränderungen **auftraten*** Konjunktionen, die **Hauptsätze** einleiten: denn *..., denn er **war** fleißig.* (Typ 1: Finites Verb steht an 2. Stelle nach der Konjunktion.)
Angaben der Folge (Konsekutivangaben)	
	Konjunktionen, die **Nebensätze** einleiten: weshalb/weswegen/so dass *..., weshalb er die Prüfung **bestand*** Konjunktionen, die **Hauptsätze** einleiten: deswegen/deshalb/darum/folglich/infolgedessen *..., deshalb **bestand** er die Prüfung.* (Typ 2: Finites Verb steht an 2. Stelle nach dem Komma.)
Angaben einer Bedingung (Konditionalangaben)	
bei/unter (D) *diesen Bedingungen* nur bei/mit (D) *eiserner Disziplin* im Falle (G) *einer Verspätung* ohne (A) *deine Hilfe*	Konjunktionen, die **Nebensätze** einleiten: wenn/falls/sofern *Wenn das schlechte Wetter so **bleibt**, ...* *Wenn du uns nicht geholfen **hättest**, ...*
Angaben der Einschränkung (Konzessivangaben)	
trotz (G) *aller Schwierigkeiten* ungeachtet (G) *seiner Fehler*	Konjunktionen, die **Nebensätze** einleiten: obwohl/obgleich/obschon *Obwohl es große Schwierigkeiten **gab**, ...* Konjunktionen, die **Hauptsätze** einleiten: trotzdem (Typ 2)/zwar ... aber (Typ 1) *Es gab viele Schwierigkeiten, trotzdem **wurden** die Arbeiten rechtzeitig fertig.* *Es gab zwar viele Schwierigkeiten, aber die Arbeiten **wurden** trotzdem rechtzeitig fertig.*
Gegensätze: im Unterschied zu (D) *ihrer Schwester*	Konjunktionen, die **Nebensätze** einleiten: während *Während ihre Schwester sehr musikalisch **ist**, kann Marie überhaupt nicht singen.*

Angaben der Absicht/des Ziels (Finalangaben)

zu (D) *(zum) Öffnen des Fensters*	Konjunktionen, die **Nebensätze** einleiten:
für (A) *ein besseres Verständnis*	damit/um ... zu (Infinitivkonstruktion)
	Damit man das Fenster öffnen **kann**, ...
	Um das Fenster **zu öffnen**, ...

Angaben der Art und Weise (Modalangaben)

nach (D) *Aussage des Ministers*	Konjunktionen, die **Nebensätze** einleiten:
laut (G) *den Bestimmungen*	wie/so weit/so viel
	Wie der Minister heute **mitteilte**, ...
Mittel/Weg:	
durch (A) *Austausch der Teile*	indem/dadurch, dass ...
mit (D) *einem Schraubenzieher*	*Indem man die Teile* **austauscht**, ...
Fehlender Umstand:	
statt/anstatt (G) *ihres Koffers*	statt (anstatt) dass .../statt (anstatt) ... zu (Infinitiv-
ohne (A) *gültige Dokumente*	konstruktion)/ohne ... zu (Infinitivkonstruktion)
	... statt ihren neuen Koffer **mitzunehmen**, ...
	... ohne gültige Dokumente bei sich **zu haben**, ...

2. Schritte für Umformungen von Präpositionalgruppen in Nebensätze
(wie in Kapitel 1)

Umzuformende Sätze:

a) *Wegen des schlechten Wetters* kam es zu mehreren Verkehrsunfällen.
b) *Trotz mangelnden Fleißes* bestand sie die Prüfung.
c) *Durch ständiges Wiederholen der Vokabeln* festigt sich der Wortschatz.

1. Suchen Sie für die präpositionalen Wendungen die entsprechenden Konjunktionen, die einen Nebensatz einleiten:

   wegen – *weil;* trotz – *obwohl;* durch – *indem*

2. Finden Sie ein Verb, das zu dem Substantiv passt, oder formen Sie das Substantiv in ein Verb um: *Wetter – Wetter sein (war)*
                                         Fleiß – fleißig sein (war)
                                           das Wiederholen – wiederholen

3. Finden Sie ein Subjekt: a)   *Wetter*
                                  b)   *sie (aus dem Hauptsatz)*
                                  c)   *das unpersönliche* **man**

4. Formen Sie aus Konjunktion, Verb und Subjekt den Nebensatz. Passen Sie die anderen Wörter der Satzstruktur an.

Umgeformte Sätze:

a) *Weil schlechtes Wetter war,* kam es zu mehreren Verkehrsunfällen.
b) *Obwohl sie nicht fleißig war,* bestand sie die Prüfung.
c) *Indem man Vokabeln ständig wiederholt,* festigt sich der Wortschatz.

Kapitel 4   **Gründe und Folgen**
Teil C   *Übungen*

1.   Verbinden Sie die Sätze miteinander und verwenden Sie dabei Konjunktionen, die Nebensätze einleiten.

0.   Die japanische Delegation verspätete sich. Der Beginn der Konferenz wurde um zwei Stunden verschoben.
Die japanische Delegation verspätete sich, weshalb der Beginn der Konferenz um zwei Stunden verschoben wurde.

1.   Sie war sehr warm angezogen. Sie fror.
....

2.   Bei dem Unfall gab es mehrere Verletzte. Das teilte die Polizei mit.
....

3.   Man muss auf die grüne Taste drücken. Dann lässt sich das Gerät anschalten.
....

4.   Die Ladenöffnungszeiten wurden verlängert. Jetzt kann man auch abends noch einkaufen.
....

5.   Er hatte die besten Abschlussnoten. Er ist noch immer arbeitslos.
....

6.   Sie hat zwei Töchter. Die eine ist klein und zierlich. Die andere ist groß und kräftig.
....

7.   Wir übernachteten im Auto. Wir wollten Geld sparen.
....

8.   Die Familie hat jahrelang keine Miete bezahlt. Die Wohnung wird jetzt zwangsgeräumt.
....

9.   Sie sollte Hausaufgaben machen. Sie hat die ganze Zeit ferngesehen.
....

10.   Wir haben die hohen Produktionskosten verringert. Jetzt geht es dem Betrieb wirtschaftlich wieder besser.
....

11.   Sie hatte die Prüfung mit „sehr gut" bestanden. Sie war mit sich selbst unzufrieden.
....

12.   Auf der Autobahn gab es einen schweren Unfall. Sie wurde für mehrere Stunden gesperrt.
....

2.   Ergänzen Sie die fehlenden koordinierenden oder subordinierenden Konjunktionen.

1.   Sie lernt Deutsch, ... sie in Deutschland studieren will.
2.   Sie lernt Deutsch, ... sie es schon perfekt beherrscht.

3. Sie lernt Deutsch, ... ihre Sprechfertigkeit .... verbessern.

4. Sie lernt Deutsch, ... sie braucht es für ihren Beruf.

5. Sie lernt Deutsch, ... ihre Briefe fehlerfreier werden.

6. Sie will .... in Berlin .... in München studieren.

7. Sie will nicht schreiben, ... sprechen lernen.

8. Er will .... schreiben .... sprechen lernen.

9. Sie spricht .... Spanisch .... Französisch, nur Englisch und Deutsch.

10. .... sie aus der Schule ist, hat sie nicht mehr Deutsch gesprochen.

11. .... man viel übt, lernt man schneller.

12. .... mehr man übt, ... schneller lernt man.

13. .... Sie sich für die Prüfung anmelden, sollten Sie eine Probeprüfung machen.

14. Wie lange wird es dauern, ... er fehlerfrei spricht?

15. .... sie ihr Abitur bestanden hatte, warf sie alle Schulbücher weg.

3. Formen Sie die unterstrichenen Satzteile so um, dass sie einen Nebensatz bilden.

    0. <u>Wegen aufkommenden Regens</u> wurde der Start verschoben.
    Weil Regen aufkam, wurde der Start verschoben.
    oder: *Der Start wurde verschoben, weil Regen aufkam.*

3a. Kausalangaben

1. <u>Wegen ihrer Verschwendungssucht</u> geriet sie in große Geldprobleme.

    ....

2. Er tat das alles nur <u>aus Liebe zu ihr</u>.

    ....

3. Er bekam <u>zum bestandenen Abitur</u> einen neuen Computer.

    ....

4. <u>Aufgrund sinkender Einschaltquoten</u> wurde die Sendung aus dem Programm genommen.

    ....

5. <u>Wegen seines gebrochenen Fußes</u> konnte er am Waldlauf nicht teilnehmen.

    ....

3b. Konditionalangaben

1. <u>Bei stärkerem Druck</u> wäre die Anlage explodiert.

    ....

2. <u>Im Falle eines Feueralarms</u> muss das gesamte Gebäude sofort geräumt werden.

    ....

3. Diesen Berg sollte man nur <u>mit einer guten Ausrüstung</u> besteigen.

    ....

4. <u>Ohne hartes Training</u> wäre er nicht Olympiasieger geworden.

    ....

5. <u>Nur bei Änderung des Vertrages</u> kommt es zu einer weiteren Zusammenarbeit.

    ....

3c. Konzessivangaben

1. <u>Trotz seiner Abscheu gegen Gewalt</u> sah er mit ihr einen Krimi.

   ....

2. <u>Ungeachtet des Verbots</u> betraten sie das abgesperrte Gelände.

   ....

3. <u>Am Vormittag schien die Sonne</u>, am Nachmittag regnete es in Strömen.
   (adversativ)

   ....

4. <u>Trotz ihrer guten Spanischkenntnisse</u> hatte sie Angst auf Spanisch zu telefonieren.

   ....

5. <u>Trotz guter Kritiken</u> verkaufte sich der Roman nur schlecht.

   ....

3d. Finalangaben

1. <u>Zur Verbesserung seiner Noten</u> lernte er Tag und Nacht.

   ....

2. <u>Mit dem Ziel einer Lohnerhöhung im öffentlichen Dienst um 5 %</u> verhandelten die Gewerkschaftsführer zum dritten Mal mit der Regierung.

   ....

3. Sie fährt <u>zur Erholung</u> nach Griechenland.

   ....

4. <u>Zur besseren Information</u> über ihr Reiseziel kaufte sie sich ein Buch über das alltägliche Leben in China.

   ....

5. <u>Für eine einfachere Bedienung des Geräts</u> wurde die Anleitung neu überarbeitet.

   ....

3e. Modalangaben

1. <u>Nach Angaben der Polizei</u> gibt es keine weiteren Verdächtigen.

   ....

2. <u>Laut den Ergebnissen einer Studie</u> erhöht regelmäßiger Kunstgenuss die Lebensdauer.

   ....

3. <u>Meines Wissens</u> ist die Arbeit an dem Projekt schon beendet.

   ....

4. Die Waren werden <u>mit einer elektronischen Markierung</u> vor Diebstahl geschützt.

   ....

5. <u>Durch Verringerung der Temperatur</u> kann der Vorgang unterbrochen werden.

   ....

6. <u>Mit der Eingabe eines Passwortes</u> kann man die gespeicherten Daten vor fremdem Zugriff sichern.

   ....

7. Er lief <u>ohne einen Gruß</u> an mir vorbei.

   ....

4. Formen Sie die unterstrichenen Satzteile so um, dass Sie einen Nebensatz bilden.

1. <u>Zur Erhöhung der Attraktivität ihrer Fernsehsender</u> setzen Programmmanager in Deutschland immer mehr auf Comedy-Serien.

   ....

2. <u>Wegen seiner tollen Ideen</u> ist Michael Herbig der zur Zeit bestverdienende deutsche Komiker.

   ....

3. Sensationelle Erfolge gelangen ihm <u>durch die Verlagerung des Witzig-Trends ins ertragsstarke Kino.</u>

   ....

4. <u>Trotz der gegenwärtigen Medienkrise</u> erwirtschaften Produktionsfirmen mit Komödien Millionen.

   ....

5. Allein am Freitag und am Samstag bringen die beiden Privatsender SAT1 und RTL 18 Comedy-Sendungen <u>zur Belustigung der Zuschauer.</u>

   ....

6. Vielleicht erfreuen sich <u>bei schlechter Wirtschaftslage</u> gerade Komödien besonderer Beliebtheit.

   ....

7. Sie lenken <u>durch ihre Späße über menschliche Schwächen</u> die Zuschauer von den Alltagssorgen ab.

   ....

8. <u>Doch trotz des Namens Komödie</u> ist nicht immer alles, was man zu sehen bekommt, zum Lachen.

   ....

9. <u>Mit einer erhöhten Nachfrage nach Witz</u> steigt auch die Zahl der Komödienschreiber, die auf ein lukratives Geschäft hoffen.

   ....

10. <u>Laut der Zeitschrift „Der Spiegel"</u> ist eine Tendenz zur Verflachung in der Spaßkultur festzustellen.

    ....

5. Angaben, bei denen etwas Erwartetes nicht eintrifft: *weder – noch; nicht einmal; geschweige denn*

Beispiele:
Er hatte eine Zahnoperation. Jetzt kann er *weder* sprechen *noch* essen.
Er hatte eine Zahnoperation. Jetzt kann er nicht essen, *nicht einmal* sprechen.
Er hatte eine Zahnoperation. Jetzt kann er nicht sprechen, *geschweige denn* essen.

In den beiden letzten Sätzen wird betont, dass „essen" und „sprechen" unterschiedliche Schwierigkeitsgrade haben und dass das Subjekt auch die am ehesten erwartete Tätigkeit „sprechen" nicht bewältigen kann.

Differenzieren Sie die Aussagen durch *nicht einmal* oder *geschweige denn* wie im angegebenen Beispiel.

1. Mit dieser schlechten Vorbereitung kommt der Schwimmer bei den Meisterschaften weder in den Endlauf noch unter die ersten drei.

   ....

2. Sie hinterließ ihren Schreibtisch weder sauber noch aufgeräumt.

   ....

3. Susanne kann Peter weder 1000 Euro noch 10 Euro borgen.

   ....

4. Er hat mit Sicherheit kein großes Auto und auch keine Segeljacht.

   ....

5. Sie kann nach der Operation weder sitzen noch laufen.

   ....

6. Sie hat im Moment weder für mich noch für ihren Freund Zeit.

   ....

6. Angaben mit sich widersprechenden Aussagen: *trotzdem – dennoch – dessen ungeachtet – ungeachtet der Tatsache – nichtsdestoweniger* (selten) – *nichtsdestotrotz* (selten)

Beispiele:
Sie fühlte sich krank, *trotzdem* kam sie mit ins Konzert.
Es regnete in Strömen, *dessen ungeachtet* wurde das Spiel fortgesetzt.
Er hatte keine Chance, *nichtsdestotrotz* versuchte er es erneut.

Formen Sie die Konzessivsätze um und verwenden Sie die oben genannten koordinierenden Konjunktionen. Achten Sie auf den Satzbau.

1. Obwohl die Meteorologen vor einer Lawinengefahr warnten, machte sich eine Gruppe von Bergsteigern früh auf den Weg.

   ....

2. Obwohl sofort Maßnahmen ergriffen wurden, verbesserte sich die Lage nicht.

   ....

3. Obwohl an dem Zaun ein Verbotsschild befestigt war, betraten sie das Militärgelände.

   ....

4. Obwohl die Rettungsmannschaft sofort zur Stelle war, konnte sie keine Lebenden mehr bergen.

   ....

5. Obwohl er den Hauseingang die ganze Nacht überwachen sollte, fuhr er nach Hause, um sich umzuziehen.

   ....

6. Obwohl sie den Film sehr spannend fand, schlief sie ein.

   ....

7.   Angaben einer Gegenbedingung: *es sei denn*

Beispiel:

Wenn wir nicht jeden Abend bis Mitternacht arbeiten, schaffen wir die Arbeit nicht bis zum Wochenende. *(Bedingung)*

Wir schaffen die Arbeit nicht bis zum Wochenende, *es sei denn*, wir arbeiten jeden Abend bis Mitternacht. (Nach *es sei denn* folgt die Bedingung, die die vorher angegebene Aussage widerruft.)

Formen Sie die Sätze um und verwenden Sie *es sei denn*.

1. Wenn du dich nicht ein bisschen beeilst, kommen wir mal wieder zu spät.

   ....

2. Wenn er sich nicht besser vorbereitet, wird er durch die Prüfung fallen.

   ....

3. Wenn sich das Wetter nicht noch ändert, wird das Openair-Konzert verschoben.

   ....

4. Wenn Herr Kunz seine Arbeitseinstellung nicht entscheidend verbessert, wird er entlassen.

   ....

5. Klaus kann uns nicht abholen. Sein Auto ist noch in der Werkstatt.

   ....

6. Wenn kein Wunder geschieht, kann den Opfern im Katastrophengebiet nicht mehr geholfen werden.

   ....

8.   Angaben eines Gegensatzes: *während – wohingegen – jedoch – dagegen – im Gegensatz dazu – demgegenüber*

Beispiele:

Heike ist eine fleißige Schülerin, *während/wohingegen* ihr Bruder Heinz sehr faul ist. *(Nebensatz)*

Heike ist eine fleißige Schülerin, ihr Bruder Heinz *jedoch/dagegen* ist sehr faul. *(Hauptsatz Typ 2)*

Heike ist eine fleißige Schülerin, *im Gegensatz dazu/demgegenüber* ist ihr Bruder Heinz sehr faul. *(Hauptsatz Typ 1)*

Bilden Sie Sätze mit den oben genannten Konjunktionen.

1. Georg ist ein guter Tennisspieler. Sein Freund kann überhaupt nicht Tennis spielen.

   ....

2. Bei Herrn Meier haben die Abrechnungen immer gestimmt. Bei seinem Nachfolger treten immer wieder Fehler auf.

   ....

3. Früher schrieben viele Romanautoren ihre Bücher auf der Schreibmaschine. Heute schreiben sie sie auf dem Computer.

   ....

4. Letztes Jahr war das Konzert der Popgruppe ausverkauft. Dieses Jahr war die Hälfte des Saales leer.

   ....

5. Er achtet auf das Geld und lebt sehr sparsam. Seine Frau kann an keinem Modegeschäft vorbeigehen.

   ....

9. Umformungen
Verkürzen Sie die Sätze so, dass kein Nebensatz mehr verwendet wird.

0. Weil Regen aufkam, wurde der Start verschoben.
   Wegen aufkommenden Regens wurde der Start verschoben.

1. Um den Müll besser wiederzuverwerten, muss er getrennt werden.

   ....

2. Obwohl sich viele besseren Umweltschutz wünschen, wollen sie auf ihr Auto nicht verzichten.

   ....

3. Wenn man die Ökosteuern erhöhen würde, könnte man einen Teil der Unkosten finanzieren.

   ....

4. Die Verteuerung des Benzins wäre eine weitere Möglichkeit, damit die Umweltschutzkosten bezahlt werden können.

   ....

5. Wenn das Verkehrsaufkommen gering ist, sinkt der Schadstoffausstoß.

   ....

6. Weil sich die Erde erwärmt, steigt der Wasserspiegel.

   ....

7. Wenn alle sauberes Trinkwasser hätten, könnte sich die Zahl der Krankheiten weltweit erheblich reduzieren.

   ....

8. Weil die Bevölkerungszahlen steigen, bleibt die Wasserversorgung ein Hauptproblem der Umweltexperten.

   ....

9. Während in den Industrieländern Wasser tonnenweise verschwendet wird, leiden in Afrika viele Länder unter Wassermangel.

   ....

10. Man kann eine gesündere Ernährung dadurch erzielen, dass man Fertigprodukte meidet.

    ....

Kapitel 4   Gründe und Folgen
Teil D   *Themen für Vortrag und Aufsatz*

Wahrheit und Lüge

1. Nehmen Sie zu der folgenden Aussage Stellung und begründen Sie Ihre Meinung:

   „In Detroit ist die Selbstmordrate plötzlich ganz brüsk abgesunken, für sechs Wochen unten geblieben und nach sechs Wochen ebenso plötzlich wieder angestiegen. Während dieser sechs Wochen war ein kompletter Zeitungsstreik in Detroit. Jetzt werden Sie verstehen, was es heißt zu behaupten, es sei das Recht oder die Pflicht, um jeden Preis alles zu sagen." (V. E. Frankl)

2. Viele Menschen unterstellen Politikern, dass sie öfter lügen als andere. Ist das nur ein Vorurteil oder stimmen Sie dieser Behauptung zu? Gibt es Ihrer Meinung nach einen Zusammenhang zwischen Lügen und Politik? Belegen Sie Ihre Ausführungen mit Beispielen.

Gewalt und Kriminalität

3. „Es liegt an der fehlenden Konditionierung (Loben und Strafen), dass viele Länder große Probleme mit Jugendkriminalität haben. Eltern, Lehrer und Staat versagen." (Hans-Jürgen Eysenck, Professor für Psychologie)
   Nehmen Sie Stellung zu diesem Zitat und erläutern Sie, was Ihrer Meinung nach Eltern, Lehrer und Staat tun können, um die Jugendkriminalität einzudämmen.

4. „Jugendliche Straftäter müssen sofort hart bestraft werden. Selbst vor Prügelstrafe würde ich nicht zurückschrecken, denn körperliche Bestrafung hinterlässt erfahrungsgemäß den stärksten Eindruck." (Hans-Jürgen Eysenck, Professor für Psychologie)
   Nehmen Sie Stellung zu diesem Zitat und erörtern Sie, welche Bedeutung die Strafe in der Kindererziehung für Sie hat.

5. „Auge um Auge – Zahn um Zahn".
   Nehmen Sie zu diesem Zitat aus der Bibel Stellung und belegen Sie Ihre Ausführungen anhand von Beispielen.

Unternehmenserfolg

6. Was müsste Ihrer Meinung nach ein Unternehmen berücksichtigen, wenn es erfolgreich sein will? Welche Faktoren sind für die erfolgreiche Zukunft eines Unternehmens ausschlaggebend? Begründen Sie Ihre Meinung.

7. Vergleichen Sie unternehmerische Strategien von früher und heute. Gibt es Unterschiede und/oder Gemeinsamkeiten? Erläutern Sie das anhand von Beispielen.

Schule und Ausbildung

8. Berichten Sie über das Schulsystem in Ihrem Heimatland. Welche Rolle spielt in Ihren Traditionen und für Sie selbst Koedukation?

9. Welche soziale Stellung haben Lehrer in Ihrem Heimatland? Welche Berufe haben ein höheres bzw. ein niedrigeres Ansehen? Begründen Sie Ihre Ausführungen.

Kapitel 5   **Beschreibungen und Vergleiche**
Teil A   *Texte und Textarbeit*

I. Eigenschaften und Verhaltensweisen

1.   Lesen Sie den folgenden Text.

Krieg der Geschwister

Der eine, ein Mann von fanatischer Fröm-
migkeit, weihte sein Leben Gott und der
Obrigkeit. Schon als Teenager übte er sich
in Pflichtbewusstsein und Sittenstrenge.
Nichts lag ihm ferner als Frivolität oder
ungezügelte Lebensfreude. Der andere,
ein Spötter und Freigeist, zeigte weder vor
weltlichen noch vor geistigen Autoritäten
Respekt. Elf Monate saß er in der Bastil-
le, zeitlebens attackierte er mit Witz die
katholische Kirche. Mit dem ungleichen
Geschwisterpaar Armand und François
Arouet, François wurde bekannt unter dem
Schriftstellernamen Voltaire, beschäftigen
sich Historiker und Psychologen seit mehr
als zwei Jahrhunderten.

Frank Sulloway, Wissenschaftler am MIT
(Massachusetts Institute of Technology),
glaubt das Rätsel gelöst zu haben. Schon
in der Kinderstube, heißt es, hätten sich die
feindlichen Geschwister konsequent auseinander entwickelt. Im erbitterten, lebenslang
fortgesetzten Widerstand gegen Armand,
den Erstgeborenen, sei der kleine François
nach und nach zu dem großen Voltaire
herangereift.

Der Wissenschaftler untersuchte anhand
von 10 000 Lebensläufen aus 500 Jahren den
Einfluss des Ranges in der Geburtenfolge auf
die Charakterentwicklung des Menschen.
Nichts, so ist das eindeutige Ergebnis der
Untersuchungen des eingefleischten Dar-
winisten, prägt den menschlichen Charakter
ähnlich nachhaltig wie das stets von Riva-
lität bestimmte Verhältnis zu den eigenen
Geschwistern.

Wie die Jungen im Tierreich, für die der
Kampf um elterliche Fürsorge oft über Leben
und Tod entscheidet, so streiten auch die
Menschenkinder um die Gunst der Alten,
wobei sich Erstgeborene und Nachzügler unterschiedlicher Methoden bedienen.

Erstgeborene entwickeln nach der Ankunft
von Geschwistern, begünstigt durch den Al-
tersvorsprung, ein autoritäres Machtgehabe.
Da sie, einst im Alleinbesitz der Elternliebe,
nun mit Jüngeren konkurrieren müssen,
neigen sie zu Eifersucht, Rachegelüsten und
plötzlichen Gewaltausbrüchen, entwickeln

aber gleichzeitig Eigenschaften wie Disziplin und Verantwortungsbewusstsein.

Spät geborene müssen im Wettstreit um die Zuwendung der Eltern Talente entfalten, mit denen die älteren Geschwister bis dahin nicht <u>aufwarten</u> konnten. Das macht sie kreativ und geneigt, sich stets auf neue Experimente einzulassen. Dabei bleiben sie meist freundlich und friedlich, denn als die körperlich schwächsten in der Familie haben sie gelernt, gewaltsame Konfrontationen zu meiden. Sie ziehen Kompromisse vor und tendieren im Streit zum persönlichen Ausgleich. Andererseits entwickeln sie einen hoch empfindlichen Gerechtigkeitssinn, der sie leicht in die Rebellion treibt und zu sanften Widerständlern macht, die sich vor allem in der Politik nicht selten zwischen den Fronten wieder finden.

Ein Rüstungswettlauf der Evolution tobt also im Schoß der Familie und die jeweils angewandte Taktik im Geschwisterkampf modelliert und festigt das Persönlichkeitsprofil.

Aus: Der SPIEGEL (gekürzt)

2. Fassen Sie den Inhalt des Textes mit eigenen Worten zusammen.

3. Erklären Sie die Wörter nach ihrer Bedeutung im Text mit synonymen Wendungen.

1. <u>übte sich in</u>   ....

2. nichts <u>lag ihm ferner</u>   ....

3. <u>ungezügelte</u> Lebensfreude   ....

4. <u>eingefleischter</u> Darwinist   ....

5. <u>prägt</u> den Charakter   ....

6. <u>Machtgehabe</u>   ....

7. mit etwas <u>aufwarten</u>   ....

4. Ergänzen Sie die fehlenden Präpositionen

1. .... erbitterten, lebenslang fortgesetzten Widerstand .... Armand, den Erstgeborenen, sei der kleine François nach und nach .... dem großen Voltaire herangereift.

2. Wie die Jungen .... Tierreich, ... die der Kampf .... elterliche Fürsorge oft .... Leben und Tod entscheidet, so streiten auch die Menschenkinder .... die Gunst der Alten, wobei sich Erstgeborene und Nachzügler unterschiedlicher Methoden bedienen.

3. Sie ziehen Kompromisse vor und tendieren .... Streit .... persönlichen Ausgleich.

5. Ergänzen Sie die fehlenden Verben

1. Schon als Teenager .... er sich in Pflichtbewusstsein und Sittenstrenge.

2. Nichts .... ihm ferner als Frivolität oder ungezügelte Lebensfreude.

3. Der andere, ein Spötter und Freigeist, ... weder vor weltlichen noch vor geistigen Autoritäten Respekt.

4. Erstgeborene .... nach der Ankunft von Geschwistern ein autoritäres Machtgehabe.

5. Da sie, einst im Alleinbesitz der Elternliebe, nun mit Jüngeren .... müssen, ... sie zu Eifersucht und Rachegelüsten.

6. Ein Rüstungswettlauf der Evolution .... also im Schoß der Familie und die jeweils angewandte Taktik im Geschwisterkampf .... das Persönlichkeitsprofil.

6. Nehmen Sie Stellung zum Fazit des Artikels:
„Ein Rüstungswettlauf der Evolution tobt im Schoß der Familie und die jeweils angewandte Taktik im Geschwisterkampf modelliert und festigt das Persönlichkeitsprofil."
Begründen Sie Ihre Meinung.

7. Wie beurteilen Sie das Ergebnis der nebenstehenden Umfrage unter 177 Unternehmen, die auf die Frage: „Welche Eigenschaften verbessern die Einstellungschancen junger Volks- und Betriebswirte?" antworteten?

8. Welche Eigenschaften sind in Ihrem Beruf wichtig? Begründen Sie Ihre Darlegungen.

9. Erklären Sie die folgenden Verhaltensweisen mit Ihren eigenen Worten.

Welche Eigenschaften verbessern die Einstellungschancen junger Volks- und Betriebswirte?

87
Teamfähigkeit/Kooperationsbereitschaft

62
Mobilität

60
Kontakt-/Kommunikationsfähigkeit

51
Analytische und konzeptionelle Fähigkeiten

50
Eigeninitiative

46
Einsatzbereitschaft/Engagement

46
Persönlichkeitsbild/Selbstdarstellung

42
Kreativität/Innovationsfähigkeit

41
Flexibilität

37
Soziale Kompetenz

34
Lern-/Leistungsorientierung

31
Unternehmerisches Denken

25
Sicheres Auftreten

23
Zielstrebigkeit

Quelle: Staufenbiehl-Studie, 1999, zit. nach: Die Zeit, 12.11.98

Chef-Knigge:
Zehn Verhaltensweisen, die Mitarbeiter bei ihren Chefs besonders nerven:

1. Bevormundung ....
2. Geheimniskrämerei ....
3. Entscheidungsschwäche ....
4. Unberechenbarkeit ....
5. Sprunghaftigkeit ....
6. Taube Ohren ....
7. Innovationsscheue ....
8. Misstrauen ....
9. Besserwisserei ....
10. Selbstbeweihräucherung ....

Freiherr von Knigge (1752–1796) stellte eine Sammlung von Verhaltensweisen zusammen, die später zur Norm für gutes Benehmen wurden.

10. Nennen Sie positive Verhaltensweisen, die Ihrer Meinung nach einen guten Chef auszeichnen.

II. Gerüche

1. Lesen Sie den folgenden Text.

Wie riecht das Mittelalter?

Strenge Gerüche strömen durch Häuser und Gassen, über Burghöfe und aus den Kammern. Das Mittelalter stinkt. Begeben wir uns in eine deutsche Stadt um 1400: Wer keine schweren Überschuhe aus Holz trägt, versinkt an manchen Stellen knöcheltief im Dreck. Die wenigsten Wege sind gepflastert. Da es trotz städtischer Vorschriften üblich ist, alles Überflüssige aus dem Fenster zu werfen, stapft man durch eine Brühe aus Essensresten, Unrat, menschlicher Verdauung und Tierkadavern.

Eine öffentliche Reinigung oder Müllabfuhr gibt es kaum. Manche Städte beschäftigen zwar Straßenreiniger, aber es sind viel zu wenige, <u>um des Drecks einigermaßen Herr zu werden</u>. Nur in Zeiten von Seuchen, wenn schlechte Luft als ansteckend gefürchtet ist, bemühen sich die lokalen Machthaber ernsthaft um Sauberkeit. Und wenn politisch hoher Besuch <u>ansteht</u>, dann werden hastig die Gassen gereinigt.

Um vier Uhr morgens, im Winter etwa eine Stunde später, erwacht die Stadt. Bis nachmittags gegen drei Uhr verstopfen die Händler mit ihren mobilen Buden die verwinkelten Straßen. Zu den Ausdünstungen des Unrats kommen nun neue Gerüche hinzu: Duftwolken von fettig-heißen Kuchen, bratenden Würsten und geräuchertem Fleisch vermengen sich mit dem Rauch, den die offenen Feuer der unterschiedlichen Werkstätten erzeugen. Vor allem der Gestank der <u>Seifensieder</u> und <u>Kürschner</u> belästigt die Umgebung. Auch <u>Färber</u> verätzen die Luft mit dem, was sie zum Beispiel zum Beizen ihrer Stoffe brauchen. Die schlimmsten Werkstätten aber sind die <u>Gerber</u>. Wer hier vorbeigeht atmet einen üblen Geruch von Fäulnis und Verwesung ein, den die noch nicht entfetteten und enthaarten Tierhäute verströmen. Die Ratsherren vieler mittelal-

terlicher Städte beschließen daher, die Gerber an den Stadtrand zu drängen – obwohl deren Gewerbe eigentlich <u>hoch geachtet</u> ist.

Auch in den Häusern ist man schutzlos. Es gibt kein Fensterglas, manche Öffnungen sind mit Lumpen oder ölgetränktem Papier verkleidet, andere gar nicht. Wie es in den Wohnhäusern selbst riecht, ist eine Frage des Standes und der Pflege. In den Randgebieten stinkt es ärger als in der Innenstadt, weil am Rande die ärmsten Leute wohnen. Ihre Häuser sind oft modrig und feucht; Menschen und Tiere leben in denselben Räumen.

Selbst bei einem mittelalterlichen Mittagessen <u>wären heutige Nasen überfordert</u>. Da es keine Kühlschränke gibt, sind verderbliche Lebensmittel häufig an der Grenze der Genießbarkeit. Einen besseren Magen als wir haben die Menschen aber nicht. Deshalb müssen sie sich vor wirklich verdorbenem Fisch oder Fleisch <u>hüten</u>. Die Ärmeren

können ihre Gerichte nur mit Kräutern verfeinern. Wer es sich aber leisten kann, schüttet teure Gewürze auf die Teller, ohne Rücksicht auf den Geschmack zu nehmen. Pfeffer, Zimt, Gewürznelken, Muskat, Ingwer, Kalmus, Zucker, Safran – die Mischung der Zutaten scheint beliebig, solange es nur reichlich von jedem ist. Selbst als Zwischenmahlzeit gibt es „Gewürzpulver", eine Mischung aus Pfeffer und Zucker, geröstet mit Brot.

Angesichts der vielen intensiven Gerüche spielt der eigene Körpergeruch keine besondere Rolle mehr. Es gibt zwar im Mittelalter Badehäuser, aber nicht jeder besucht sie. Gegen Ende des Mittelalters gerät Wasser sogar in Verdacht, durch die Poren der Haut in den Körper zu dringen und ihm dadurch zu schaden. Jetzt badet praktisch niemand mehr. Ansonsten gilt derjenige als sauber, der saubere Kleidung trägt. Man glaubt, sie überdecke nicht nur den Geruch, sondern befreie auch den Körper von jeglichem Schmutz.

Manche Wohnhäuser riechen zumindest im Sommer erträglich, wenn es frische Blumen gibt und keine rußigen Feuer oder Talgkerzen brennen. Die Wohlhabenden besprenkeln ihre Zimmer mit Rosenwasser, bestreuen die Böden mit Thymian, Basilikum und Kamille, oder sie verbrennen Wacholder, Dornstrauch und anderes aromatisches Holz. Sämtliche Vorhänge und Bettbezüge sind sorgfältig parfümiert, Kissen und Polster mit getrockneten Kräutern wie Waldmeister gefüllt. Besonders reiche Hausbesitzer leisten sich sogar professionelle Bedufter. Die meisten künstlichen Gerüche wabern[1] in jenen Zeiten, in denen es fast allerorten nach Verderben riecht: während der Pestjahre. Dann lassen die Menschen in ihren Häusern Weihrauch, Wacholder, Rosmarin und Lorbeer durften, auch Essig und Schießpulver. Manche verbrennen sogar alte Schuhe, um den todbringenden Odem[2] der Seuche fern zu halten. Andere halten zum selben Zweck eine stinkende Ziege im Haus. Man glaubt, die Nase führe direkt ins Gehirn. Deswegen gelten bestimmte Geruchsstoffe in der mittelalterlichen Medizin als besonders starke Heilmittel – stärker als alles, was man schlucken muss.

Aus: P. M. Perspektive

1   wabern = sich hin und her bewegen
2   Odem = Atem

2.   Wortschatz

2a.   Was machten die folgenden Handwerker im Mittelalter? Beschreiben Sie die Tätigkeiten.

Seifensieder   ....

Kürschner   ....

Färber   ....

Gerber   ....

2b.   Erklären Sie die unterstrichenen Teile mit eigenen Worten und nehmen Sie eventuell notwendige Umformungen vor.

1.   ... es sind viel zu wenige Stadtreiniger, um des Drecks einigermaßen Herr zu werden

....

2.   ... wenn politisch hoher Besuch ansteht

....

3. ... obwohl deren Gewerbe eigentlich hoch <u>geachtet</u> ist

    ....

4. Selbst bei einem mittelalterlichen Mittagessen <u>wären heutige Nasen überfordert</u>.

    ....

5. ... müssen sie sich vor wirklich verdorbenem Fisch oder Fleisch <u>hüten</u>

    ....

6. ... spielt der eigene Körpergeruch <u>keine besondere Rolle mehr</u>

    ....

7. ... gerät Wasser sogar <u>in Verdacht</u>

    ....

3. Beantworten Sie die Fragen zum Text kurz mit eigenen Worten.

1. Was verursacht im Mittelalter den Gestank?

    ....

    ....

2. Welche Maßnahmen ergreift die Stadt dagegen und was sind die Anlässe dafür?

    ....

    ....

3. Wie riecht es in den Häusern?

    ....

    ....

4. Welche Rolle spielen Kräuter und Gewürze?

    ....

    ....

5. Was verstand man im Mittelalter unter Körperhygiene?

    ....

    ....

4. Sammeln Sie Wörter (aus dem Text und nach eigenem Wissen).

Pfeffer.......................   *Kamille* ....

....

....   ┌─────────────┐   ....

....   │   *Gewürze* │   ....
                                  │   *und*   │
....   │ *Kräuter* │   ....
                                  └─────────────┘
....

....

5. Rekonstruieren Sie den Text. Ergänzen Sie die fehlenden Endungen.

Streng..... Gerüche strömen durch Häuser und Gassen. Begeben wir uns in ein..... deutsch.....
Stadt um 1400: Wer kein..... schwer..... Überschuhe aus Holz trägt, versinkt an manch.....
Stellen knöcheltief im Dreck, da es trotz städtisch..... Vorschriften üblich ist, all..... Überflüssig..... aus dem Fenster zu werfen. Ein..... öffentlich..... Reinigung gibt es kaum. Manch.....
mittelalterlich..... Städte beschäftigen zwar Straßenreiniger, aber es sind viel zu wenige.
Nur in Zeiten von Seuchen und wenn politisch hoh..... Besuch ansteht, bemühen sich d.....
lokal..... Machthaber ernsthaft um Sauberkeit.

Zu den Ausdünstungen des Unrats kommen nun neu..... Gerüche hinzu: Duftwolken von
fettig-heiß..... Kuchen, bratend..... Würsten und geräuchert..... Fleisch vermengen sich
mit dem Rauch, den d..... offen..... Feuer d..... unterschiedlich..... Werkstätten erzeugen.
Vor allem aber d..... schrecklich..... Gestank der Gerber belästigt die Umgebung. Die Ratsherren viel..... mittelalterlich..... Städte beschließen daher, die Gerber an d..... Stadtrand
zu drängen.

Selbst bei ein..... mittelalterlich..... Mittagessen wären heutig..... Nasen überfordert. Verderblich..... Lebensmittel sind häufig an d..... Grenze der Genießbarkeit. Ein..... besser.....
Magen als wir haben die Menschen aber nicht. Deshalb müssen sie sich vor wirklich
verdorben..... Fisch oder Fleisch hüten. Angesichts d..... viel..... intensiv..... Gerüche spielt
d..... eigen..... Körpergeruch kein..... besonder..... Rolle mehr.

6. Ergänzen Sie die fehlenden Präpositionen.

Der menschliche Geruchssinn

Der Mensch nimmt ungefähr 350 verschiedene Duftmoleküle
wahr. Für jeden dieser elementaren Düfte hat er .... (1)
der Nase Riechzellen mit je einer eigenen Sorte .... (2)
Empfängern, genannt Rezeptoren. .... (3) Öffnen einer
Kaffeedose zum Beispiel werden Dutzende .... (4) Re-
zeptorentypen gleichzeitig gereizt, weil fast alle Aromen, die
.... (5) der Natur vorkommen, ... (6) vielen Ein-

zeldüften zusammengesetzt sind. Das Gehirn registriert dann, welche Sorten .... (7)
Duftmeldern gleichzeitig aktiviert werden und erzeugt die passende Geruchsvorstellung.
Die meisten Menschen verfügen auf diese Weise .... (8) durchschnittlich 10.000
Duftmuster und sind mühelos .... (9) der Lage, ... (10) einem Rotwein eine
Note frisch gemähtes Gras herauszuschnuppern.

7. Nehmen Sie Stellung.
Welche Rolle spielt der Geruch in unserem heutigen Leben? Belegen Sie Ihre Ausführungen
mit Beispielen.

8. Formen Sie den Text so um, dass Sie die auf der rechten Seite angegebenen Wörter bzw. Hinweise in den Text einarbeiten.

In fast allen Bereichen unseres Lebens begegnet uns, ohne große Aufmerksamkeit zu erregen, ein gewisser Wohlgeruch. Waschpulver und Putzmittel sind ohne Parfümierung unvorstellbar. Es gibt auch schon ein eigenes Deo für die Mülltonne, die Spülmaschine und den Staubsauger. Seinen Ursprung genommen hat dieser Trend in Frankreich, wo man sogar parfümierte Spülschwämme und Gummihandschuhe mit Fruchtaroma kaufen kann.	unbemerkt einschleichen man selbst, verfügen ursprünglich
	geben
Doch Deutschland holt auf. In den vergangen fünf Jahren konnten „Geruchsverbesserer" einen Umsatzanstieg von einem Drittel verzeichnen. Das lässt die Duftstoffhersteller immer mutiger werden. Zur Zeit laufen beispielsweise Experimente mit Gummischuhsohlen, die beim Auftreten feinen Ledergeruch freisetzen.	ansteigen Grund Mut (Partizipialattribut)
Duft als Marketinginstrument, diese Idee gewinnt immer mehr Anhänger. Eine Marketingprofessorin der Universität Dresden fand heraus, dass man mit angenehmen Gerüchen in Geschäften nicht nur die Verweildauer der Kunden, sondern auch den Umsatz steigern kann. Diese Erkenntnis nutzen viele Unternehmen.	Beliebtheit Untersuchungen sowohl zunutze
Allein im deutschsprachigen Raum sind in 10 000 Hotels und Geschäften Duftsäulen zu finden. Doch eine Welt, in der Plastik nach Leder und Mülltonne nach Limone riecht, ist nicht ohne Gefahren. Eine Studie im Jahr 2000 zeigte, dass rund drei Prozent der Bundesbürger allergisch auf Duftstoffe reagieren. Das sind doppelt so viele Fälle wie 1990.	ausgestattet lauern auch Allergien auslösen Anzahl

---

Unser Buchtipp:

Das Parfüm

Jean-Baptiste Grenouille wird 1738 als unehelicher Sohn einer Fischverkäuferin geboren; er überlebt den versuchten Kindsmord seiner Mutter und das entbehrungsreiche Leben als Kostkind sowie die Zeit als Hilfskraft bei einem Gerber, wo er lebensgefährliche Arbeiten verrichten muss. Ausgestattet mit einem absoluten Geruchssinn, ist er selbst jedoch ohne Geruch: „Sie konnten ihn nicht riechen. Sie hatten Angst vor ihm." Als Mensch ohne Geruch zum Außenseiter verurteilt, erschließt er sich die Welt mit Hilfe von Gerüchen und Düften, die er förmlich in sich aufsaugt. Um sein Ziel zu erreichen, der größte Parfumeur der Welt zu werden, schreckt er vor nichts zurück. Eines Tages folgt Grenouille über mehrere Pariser Stadtviertel dem Duft eines jungen schönen Mädchens, den er unbedingt besitzen will ...

Von Patrick Süßkind. Diogenes Verlag Zürich. ISBN 3-257-22800-7.

III. Lyrik im Immobilienteil

1. Sie suchen eine Wohnung/ein Haus und finden Objekte mit folgenden Beschreibungen/ Hinweisen in einer Zeitungsanzeige bzw. im Internet:

1. seriöses Umfeld
2. zentrale Lage
3. lebhafte Umgebung
4. wenige Autominuten von der City
5. unberührte Natur
6. stilvolles und jugendliches Ambiente
7. Nähe Stadtpark
8. gut erhalten
9. individuelle Bauweise
10. experimenteller Wohnungsbau

Welche Informationen würden Sie als positiv/neutral oder negativ interpretieren? Begründen Sie Ihre Aussagen.

2. Lesen Sie den folgenden Text.

„Immobilienpoesie"

Immobilienangebote, Lieblingslektüre des Erfolgsmenschen, seien <u>mit höchster Vorsicht zu genießen</u>, denn ihr Wahrheitsgehalt sei äußerst zweifelhaft – das stellte der in Düsseldorf ansässige Zentralverband der Deutschen Haus-, Wohnungs-, und Grundstückseigentümer (Haus und Grund Deutschland) fest.

Wer in Deutschland ein Haus kaufen will, muss sich in die Geheimsprache der Immobilienpoesie einarbeiten, die oft nur für Fachleute, nicht aber für Laien verständlich ist. Die Gesellschaft hat deshalb ein Wörterbuch mit dem Titel „<u>Augen auf</u> beim Hauskauf" herausgegeben, um potenziellen Käufern zum Verständnis des Werbejargons zu verhelfen. So muss man z. B. „seriöses Umfeld" mit „ totes Bankviertel" übersetzen, „zentrale Lage" mit „laut und schmutzig" und „lebhafte Umgebung" bedeutet, das Schlaf erst im Morgengrauen möglich ist. „Wenige Autominuten von der City" besagt nichts anderes als „Stadtrandlage ohne Bahn- und Busanbindung" und bei „in unberührter Natur" wohnt man gar auf dem „Ackerland". Aber das ist noch längst nicht alles. Zur Lage der Wohnung oder des Hauses gibt es noch „stilvolles jugendliches Ambiente", was ein Kneipenviertel <u>verheißt</u>, und „Nähe Stadtpark" ist die Gegend, die selbst Mitglieder des örtlichen Boxklubs nach Einbruch der Dunkelheit meiden.

Auch bei der Immobilie selbst ist Achtsamkeit geboten. „Gut erhalten" darf man mit renovierungsbedürftig gleichsetzen, „individuelle Bauweise" bezeichnet einen <u>verkorksten</u> Wohnungszuschnitt, was nur noch vom „experimentellen Wohnungsbau" <u>übertroffen wird</u>, wohinter sich regelmäßig eine Planungskatastrophe verbirgt. Mutigen, die sich nach dieser Lektüre doch noch für den Erwerb eines Eigenheims interessieren sollten, wird empfohlen, das in Betracht gezogene Objekt nur bei schlechtem Wetter zu besichtigen, denn bei gutem Wetter haben die meisten Menschen auch gute Laune und sind daher weniger kritisch.

---

3. Fassen Sie den Text mit eigenen Worten zusammen.

4. Berichten Sie über Immobilienangebote und deren Erwerb in Ihrem Heimatland.

5.   Erklären Sie die Wörter nach ihrer Bedeutung im Text mit synonymen Wendungen.

    1. etwas <u>mit höchster Vorsicht genießen</u> ....

    2. <u>Augen auf</u> beim Hauskauf   ....

    3. <u>verheißen</u>   ....

    4. <u>verkorkster</u> Wohnungszuschnitt   ....

    5. <u>übertroffen werden</u>   ....

6.   Ergänzen Sie die fehlenden Verben.

    1. Immobilienangebote sind mit höchster Vorsicht zu ....

    2. Auch bei der Immobilie selbst ist Achtsamkeit ....

    3. „Gut erhalten" darf man mit renovierungsbedürftig ...., „individuelle Bauweise" .... einen verkorksten Wohnungszuschnitt.

    4. Hinter „experimenteller Wohnungsbau" .... sich regelmäßig eine Planungskatastrophe.

    5. Mutigen wird ...., das in Betracht gezogene Objekt nur bei schlechtem Wetter zu ....

7.   Bilden Sie aus den vorgegebenen Wörtern Sätze.

    1. Laie – Geheimsprache – Immobilienpoesie – erst – mühsam – einarbeiten – müssen

        ....

    2. Wohnviertel – Mitglieder – Boxverein – Einbruch – Dunkelheit – selbst – meiden – geben – es

        ....

    3. wenn – jemand – Kauf – Haus – Betracht – ziehen – er – es – genau ansehen – sollten

        ....

8.   Was bedeuten die folgenden Abkürzungen in den Mietwohnungsanzeigen?

München/Schwabing: großz., komf. 4 Zi.-AB-Whg., 113 m², mit EBK, Parkett, Stuckdecken, frei ab Sept., MM EUR 1350,– inkl. NK, exkl. ZH, Prov. 2 MM

München/Grünau: ruh. 2-Zi-Whg., EG, 100 m², Gart., Bj. 1992; Wohnküche, gehob. Ausstatt., FbH, Marmorboden, TG, MM 1240,– + NK, prov.frei

  1. großz.: ....
  2. komf.: ....
  3. 4 Zi.: ....
  4. AB-Whg.: ....
  5. EBK: ....
  6. MM: ....
  7. NK: ....
  8. ZH: ....
  9. EG: ....
  10. Gart.: ....
  11. Bj.: ....
  12. Prov.: ....
  13. gehob. Ausstatt.: ....
  14. FbH: ....
  15. TG: ....

9. Ergänzen Sie die fehlenden Präpositionen und die Endungen der Artikel.

.... (1) einer Umfrage der Norddeutschen Landesbank sehnen sich 80 Prozent der Deutschen .... (2) einem eigenen frei stehenden Einfamilienhaus. .... (3) allem junge Leute zieht es raus .... (4) Land. Sie kehren nur .... (5) Arbeit oder .... (6) Theaterbesuch .... (7) d.... Städte zurück.

Oft werden .... (8) die Landflucht finanzielle Gründe angegeben, schließlich sind die Mieten und Immobilienpreise .... (9) d.... Innenstädten höher. Doch Berechnungen des Naturschutzbundes .... (10) kommt .... (11) dem Strich bestenfalls Null heraus, egal ob man fünf oder 20 Kilometer .... (12) der Stadtgrenze wohnt. Außerdem unterschätzen viele, dass der Werteverfall einer Immobilie .... (13) d.... Land häufig höher ist als .... (14) d.... Stadt – eine Gefahr, die .... (15) d.... nächsten Jahren .... (16) sinkender Bevölkerungszahl wachsen wird. Wenn beide Partner arbeiten, sind Familien oft .... (17) einen Zweitwagen angewiesen, was die finanziellen Belastungen wieder .... (18) d.... Höhe treibt.

Das Häuschen .... (19) Grünen garantiert nicht einmal die ersehnte Ruhe, denn jedes wachsende Dorf möchte am liebsten seinen eigenen Autobahnanschluss, damit die Bewohner .... (20) Arbeiten schneller .... (21) d.... Städten sind.

10. Beschreiben Sie Ihre Traumstadt (einschließlich Lage, Infrastruktur, Menschen, Architektur) und Ihre Traumwohnung/Ihr Traumhaus.

IV. Bauhaus und Design

1.   Lesen Sie den folgenden Text.

Bauhaus und Design

Das 1919 von Walter Gropius gegründete *Bauhaus* war eine *Hochschule für Gestaltung*, die sich mit allen Bereichen des menschlichen Bedarfs auseinander setzte. Das betraf industrielle Serien-Produkte des Alltags ebenso wie Architektur, Vorstellungen von zeitgemäßer Bekleidung und Wohnen und schließlich die Darstellung in Grafik und Fotografie, die Gestaltung der Medien.

Im *Bauhaus* wird heute oft der Ursprung einer ausschließlich technisch-rationalen, „funktionalistischen" Gestaltung gesehen, doch die *Bauhäusler* waren keine in sich geschlossene Gruppe mit einheitlichen Vorstellungen von „richtiger Form" und „richtigem Inhalt" – sie wirkten vielmehr in einer sehr lebendigen Experimentierwerkstatt, in der Ansätze zu fast allen heute <u>gängigen</u> Design-Vorstellungen entwickelt wurden. Die unmittelbare Auseinandersetzung mit den Tendenzen der bildenden Künste tat dazu das Ihre: Wassily Kandinsky, Paul Klee und andere waren *Bauhaus*-Lehrer.

1933 kam, wie für viele andere Kunstrichtungen, auch das Ende das *Bauhauses*. Freiheit des Denkens entsprach nicht dem totalen Gestaltungsanspruch und der programmatischen Selbstdarstellung des Nationalsozialismus. Walter Gropius und andere gingen in die Emigration und wirkten am *New Bauhaus* in Chicago.

1955 wurde in Ulm die *Hochschule für Gestaltung* gegründet, die an die durchaus noch moderne Tradition des *Bauhauses* anschloss. Das Wort *Design* begann sich damals auch im deutschen Sprachraum durchzusetzen, <u>zunächst</u> nur für technische Industrieprodukte und erst später in dem heute gebräuchlichen breiten Bedeutungsspektrum.

Die Auffassungen vom „richtigen Verständnis" des Designs haben sich bis zum heutigen Tag sehr differenziert entwickelt: Von streng sachlicher Gestaltung bei innovativen Produkten bis zu verspielten Formen der Selbstdarstellung im persönlichen Bereich sind alle Varianten denkbar und <u>legitim</u> geworden. Design ist so vielfältig wie die Vorstellung der Menschen vom Richtigen und Wichtigen.

Als Mitarbeiter in einem Team kann sich der Designer naturgemäß nicht nur auf subjektive Gefühle verlassen. Er muss sich mit technischen und wirtschaftlichen Rahmenbedingungen auseinander setzen. Mehr Freiheit des Spiels hat er bei Produkten, die für den persönlichen Bereich bestimmt sind. Hier kann er Gestaltungsexperimente riskieren, die schon eher dem Bereich der bildenden Kunst zuzuordnen sind. Und mit der zunehmenden Normierung und Nivellierung technischer Standards wächst ein Bedürfnis nach ungewöhnlichem und exzentrischem Design. Was früher <u>in der Schublade blieb</u>, wirbt heute für Ideenreichtum und Originalität.

Aus: Kulturelles Leben in der BRD

---

2.   Fassen Sie den Text mit eigenen Worten zusammen.

3.   Erklären Sie die Wörter nach ihrer Bedeutung im Text mit synonymen Wendungen.

1.   heute <u>gängige</u> Design-Vorstellungen   ....

2.   <u>zunächst</u>   ....

3.   <u>legitim</u> geworden   ....

4.   Entwürfe, die <u>in der Schublade blieben</u>   ....

4. Ergänzen Sie die fehlenden Präpositionen.

1. Das 1919 .... Gropius gegründete Bauhaus war eine Hochschule .... Gesamtgestaltung, die sich .... allen Bereichen des menschlichen Bedarfs auseinander setzte.

2. Die Bauhäusler waren keine .... sich geschlossene Gruppe .... einheitlichen Vorstellungen .... „richtiger Form" und „richtigem Inhalt".

3. Sie wirkten in einer Experimentier-Werkstatt, ... der Ansätze .... allen gängigen Design-Vorstellungen entwickelt wurden.

4. Die 1955 gegründete Hochschule schloss .... die noch moderne Tradition des Bauhauses an.

5. Die Auffassungen .... „richtigen Verständnis" des Designs haben sich .... heutigen Tag differenziert entwickelt: .... streng sachlicher Gestaltung .... innovativen Produkten .... verspielten Formen der Selbstdarstellung .... persönlichen Bereich.

6. Als Mitarbeiter .... einem Team kann sich der Designer nicht nur .... subjektive Gefühle verlassen.

7. .... der zunehmenden Normierung technischer Standards wächst ein Bedürfnis .... exzentrischem Design.

8. Was früher .... der Schublade blieb, wirbt heute .... Ideenreichtum und Originalität.

5. Finden Sie Antonyme.

1. üppige Ausstattung   .... Ausstattung
2. moderne Möbel   .... Möbel
3. origineller Entwurf   .... Entwurf
4. schreiende Farben   .... Farben
5. schlichte Kleidung   .... Kleidung
6. verspielte Formen   .... Formen

6. Bilden Sie aus den unterstrichenen Satzteilen Relativsätze.

1. Das <u>1919 von Gropius gegründete</u> Bauhaus war eine Hochschule für Gestaltung.

   ....

2. Die Bauhäusler waren keine <u>in sich geschlossene</u> Gruppe.

   ....

3. Dort wurden Ansätze zu fast allen <u>heute gängigen</u> Design-Vorstellungen entwickelt.

   ....

7. Verkürzen Sie die Sätze, indem Sie die Relativsätze in Partizipialkonstruktionen umformen.

1. Die Hochschule für Gestaltung, <u>die 1955 in Ulm gegründet wurde</u>, schloss an die noch moderne Tradition des Bauhauses an.

   ....

2. Das Wort *Design* setzte sich in dem breiten Bedeutungsspektrum durch, <u>das heute gebräuchlich ist</u>.

....

3. Mehr Gestaltungsfreiheit hat der Designer bei Produkten, <u>die für den persönlichen Bereich bestimmt sind</u>.

....

V. Eine Bildbeschreibung

1. Lesen Sie den folgenden Text.

Peter Härtling: **Für Ottla (Auszug)**

Vor einigen Wochen hängte ich an der Stirnwand meines Zimmers ein Bild auf, das ich seit mehr als einem Jahr besitze und das ständig vor Augen zu haben ich <u>mich scheute</u>. Es ist ein schlichtes, in aller Ruhe nachzuerzählendes Blatt. Als Vorlage diente ihm ein Foto, das der Wuppertaler Maler Gerd Aretz lithografisch vergrößerte, in seiner gespannten Mitteilungskraft verstärkte. Die Fotografie kannte ich seit langem. Ich habe mich vor ihr ein wenig gefürchtet. Sie hörte nie auf zu reden. Und es war – ich bin mir nicht sicher, ob Sie dieses Paradoxon begreifen – das Reden von Stummen.

Auf dem Bild stellen sich zwei Personen einem unbekannten Fotografen, ein junger Mann und eine junge Frau. Er hält sich etwas im Hintergrund, <u>lässig</u> und heiter. Es scheint, als halte er in einem Glücksmoment inne, dem er nicht trauen kann. Vielleicht hat er sich für den Fotografen so <u>nobel</u> gekleidet, mit einem gut geschnittenen Anzug und einer Weste, vielleicht ist der Anlass für die Aufnahme ein häusliches Fest gewesen. Sie gingen, als das Licht günstig war, kurz nach draußen.

Der junge Herr lehnt sich, seine Überlegenheit betonend, gegen eine Säule am Portal. Da er aber groß und <u>mager</u> ist, gerät die souveräne Attitüde etwas <u>unbeholfen</u>. Einen halben Schritt vor ihm steht die junge Frau. Sie trägt, festlich wie er, ein knöchellanges, weites, schwarzes Kleid, das am Hals von einem weißen Kragen gefasst ist. Der Fotograf hat sie mehr gesehen als ihn. Und zu Recht. Ihn wird, wie den nachträglichen Betrachter, die ungefügte Würde dieses Geschöpfs <u>gerührt</u> haben. Man schaut in das Gesicht eines Mädchens und weiß, wie es altern wird. Das Lächeln wird sich eingraben, die noch zarten Schatten werden neben Falten stehen. Doch nicht ihres Gesichts wegen zieht das Mädchen die Aufmerksamkeit so nachdrücklich auf sich. Es ist ihre Haltung. Und diese wiederum wird beredt[1] in den Armen, genau gesagt: in den Unterarmen, die von den Ärmeln frei sind. Sie wirken sonderbar entblößt, schwer. Die Hände sind geöffnet und man hat den Eindruck, sie erwarteten, von Nägeln oder Dornen verletzt zu werden. Es sind große, arbeitskundige Hände; als <u>tüchtige</u> Hände würde man sie beschreiben, <u>gäben</u> sie nicht ihre Hilflosigkeit so <u>preis</u>. Da die junge Frau auch noch andeutungsweise nach vorn geneigt steht, glaubt man ein unsichtbares Gewicht zu spüren, das sie mit unbezwingbarer Freundlichkeit <u>schleppt</u>.

Die beiden, die ich zu beschreiben versuche, sind Franz und Ottla Kafka. Aufgenommen wurde dieses Bild vermutlich 1914 vor dem Oppeltschen Haus in Prag, in dem die Familie Kafka wohnte. Franz war einunddreißig Jahre alt, Ottla zweiundzwanzig.

Radius-Verlag, Stuttgart

---

1 beredt = ausdrucksvoll/viel sagend

2.   Erklären Sie die Wörter nach ihrer Bedeutung im Text mit synonymen Wendungen.

   1.   <u>sich scheuen</u> ....

   2.   <u>lässig</u> ....

   3.   <u>nobel</u> gekleidet ....

   4.   <u>mager</u> ....

   5.   <u>unbeholfen</u> ....

   6.   <u>gerührt</u> sein ....

   7.   <u>tüchtig</u> ....

   8.   etwas <u>preisgeben</u> ....

   9.   <u>schleppen</u> ....

3.   Ergänzen Sie die fehlenden Verben.

   1.   Die Fotografie .... ich seit langem.

   2.   Ich habe mich vor ihr ein wenig ....

   3.   Als Vorlage .... dem Fotografen ein Foto, das der Wuppertaler Maler Gerd Aretz vergrößerte und in seiner Mitteilungskraft noch ....

   4.   Auf dem Bild .... sich zwei Personen einem unbekannten Fotografen.

   5.   Er .... sich etwas im Hintergrund.

   6.   Es scheint, als .... er in einem Glücksmoment inne.

   7.   Sie .... ein weites, schwarzes Kleid.

   8.   Die Arme .... sonderbar entblößt, schwer.

   9.   Man könnte Sie als tüchtige Hände ...., wenn sie nicht ihre Hilflosigkeit preis................ würden.

4.   Finden Sie Antonyme zu den folgenden Adjektiven, die das Aussehen bzw. die Kleidung von Personen beschreiben.

   1.   untersetzt   ....

   2.   bieder   ....

   3.   schlampig   ....

   4.   gepflegt   ....

   5.   zierlich   ....

   6.   schön   ....

   7.   vornehm   ....

   8.   auffällig   ....

5.   Beschreiben und interpretieren Sie das nebenstehende Bild oder ein Bild Ihrer Wahl.

Kapitel 5   Beschreibungen und Vergleiche
Teil B   *Hinweise zu Grammatik und Prüfungsaufgaben*

1.   Attribute

Adjektiv	der *schöne* Hut
Partizipialattribut	der *ankommende* Zug (Partizip I: zur Bezeichnung aktiver Handlungen, Zustände oder Vorgänge, die meist gleichzeitig zur Haupthandlung laufen) der *eingebaute* Motor, der *angekommene* Zug, der *aufgeregte* Autofahrer (Partizip II: zur Bezeichnung passivischer Handlungen, Zustände und Vorgänge, bei denen das Geschehen in den meisten Fällen schon vergangen ist, und aktiver Handlungen bei intransitiven und reflexiven Verben, oft mit vorzeitiger oder abgeschlossener Handlung)
Genitivattribut	der Mantel *des kleinen Mädchens*
Gerundiv	ein *ernst zu nehmender* Vorwurf (sein + zu + Partizip I)
Apposition	Frau Müller, *die Leiterin der Abteilung*, ... (die Apposition steht immer im selben Kasus wie das Beziehungswort)
Relativsatz	Das Buch, <u>*das*</u> *du mir geschenkt hast*, gefällt mir sehr. (Das Relativpronomen richtet sich in Genus und Numerus nach dem Beziehungswort, im Kasus nach der Stellung im Relativsatz)

2.   Schritte für Umformungen von Relativsätzen in Partizipialattribute und umgekehrt

Relativsatz – Partizipialattribut

Umzuformende Sätze:
a) Von den Kriminellen, *die gestern aus der Haftanstalt geflohen sind*, fehlt noch jede Spur.

b) Dem Mann, *der stark nach Alkohol roch*, wurde der Eintritt verwehrt.

1. Suchen Sie das Bezugswort: *a) Kriminellen; b) Mann*

2. Unmittelbar vor das Bezugswort kommt das Partizip mit einer Adjektivendung. Beachten Sie die Handlung/den Zustand. Ist er passivisch, gleichzeitig, schon vergangen usw.? Danach wählen Sie die Form des Attributs:

    a) *Partizip II: geflohen + en* (vergangenes Geschehen)

    b) *roch – Partizip I: riechend + en* (Geschehen läuft gleichzeitig zur Haupthandlung)

3. Streichen Sie das Relativpronomen: a) *die;* b) *der*
   und das Hilfsverb: a) *sind;* b) –

4. Übernehmen Sie den Rest des Satzes unverändert:
   a) *gestern aus der Haftanstalt;* b) *stark nach Alkohol*

Umgeformte Sätze:

a) Von den *gestern aus der Haftanstalt geflohenen* Kriminellen fehlt noch jede
   Spur.

b) Dem *stark nach Alkohol riechenden* Mann wurde der Eintritt verwehrt.
   (Schriftsprache)

Partizipialattribut – Relativsatz

Umzuformender Satz:

Das *ins Schleudern geratene* Auto fuhr in den Straßengraben.

1. Hängen Sie das Bezugswort an den bestimmten Artikel und suchen Sie das Relativpronomen im richtigen Kasus (bestimmt von der Stellung im Relativsatz):
   das Auto, das (Nominativ) ...

2. Streichen Sie die Adjektivendung des Partizips und formen Sie den Prädikatsteil,
   eventuell mit einem Hilfsverb: *geraten ist*

3. Übernehmen Sie den Rest unverändert: *ins Schleudern*

Umgeformter Satz:

Das Auto, *das ins Schleudern geraten ist,* fuhr in den Straßengraben.

---

3. Vergleichssätze

Sie läuft **wie** eine Mondsüchtige.	Sie läuft, **als** *wäre/sei* sie mondsüchtig ..., **als ob** sie mondsüchtig *wäre/sei*.

Kapitel 5 **Beschreibungen und Vergleiche**
Teil C *Übungen*

1. Adjektivendungen
Ergänzen Sie die Endungen der Artikel, Adjektive, Partizipien und substantivierten Adjektive, wenn nötig. (Das ist eine leichte Übung zur Einstimmung.)

Ein..... Dümmer..... finden Sie kaum!
Aus d..... Unfallprotokollen deutsch..... Versicherungsnehmer

1. In d..... Faschingszeit zerrauft sich so manch..... Büttenredner die Haare auf d..... verzweifelt..... Suche nach Witz und Esprit. Dabei genügte für humorvoll..... Anregungen ein Blick auf d..... Wirklichkeit – zum Beispiel in d..... Unfallprotokolle d..... deutsch..... Versicherungen. D..... folgend..... Formulierungen stammen aus d..... Briefwechseln von Versicherten mit ihr..... Assekuranz.
   (Büttenredner = möglichst humorvoller Redner bei einer Faschingsveranstaltung)

2. „Beim Heimkommen fuhr ich versehentlich in ein..... falsch..... Grundstücksauffahrt und rammte ein..... Baum, der bei mir dort nicht stand."

3. „Ein..... unsichtbar..... Fahrzeug kam aus dem Nichts, stieß mit mir zusammen und verschwand dann spurlos."

4. „An d..... Kreuzung hatte ich ein..... unvorhergesehen..... Anfall von Farbenblindheit."

5. „Ich fuhr rückwärts ein..... steil..... Straße hinunter, durchbrach ein..... Grundstücksmauer und rammte ein..... Baum. Ich konnte mich einfach nicht mehr erinnern, wo d..... Bremspedal angebracht war."

6. „Alle Rechnungen, die ich erhalte, bezahle ich niemals sofort. Die Rechnungen werden vielmehr in ein..... groß..... Trommel geschüttet, aus der ich am Anfang jed..... Monats drei Rechnungen mit verbunden..... Augen herausziehe. Diese Rechnungen bezahle ich dann sofort. Ich bitte Sie zu warten, bis d..... groß..... Los Sie getroffen hat."

7. „Ihre Argumente sind wirklich schwach. Für solch..... faul..... Ausreden müssen Sie sich ein..... Dümmer..... suchen, aber den werden Sie kaum finden."

8. „Ich habe so viel..... Formulare ausfüllen müssen, dass es mir bald lieber wäre, mein..... geliebt..... Mann wäre überhaupt nicht gestorben."

   Aus: Frankfurter Allgemeine Zeitung

2. Adjektivendungen
Ergänzen Sie die Endungen der Artikel, Adjektive, Partizipien und substantivierten Adjektive. (Diese Übung ist etwas schwieriger.)

R. K. verhaftet

1. Während ein..... Feier mit viel..... alt..... Freunden anlässlich sein..... 50. Geburtstages wurde d..... mutmaßlich..... deutsch..... Drogenhändler R. K. von der Polizei festgenommen.

2. R. K. gilt als Geschäftspartner einig..... groß..... niederländisch..... Drogenhändler.

3. Alle anwesend..... Polizisten durchsuchten d..... dreistöckig..... Haus, stellten 50 kg Heroin sicher und befragten d..... meist..... d..... überrascht..... Gäste.

4. Einzeln..... anwesend..... Gäste behaupteten, den Gastgeber gar nicht zu kennen.

5. R. K. schwieg während des Verhörs, aber ein..... sein..... Freunde belastete R. K. mit sein..... zu Protokoll gegeben..... Aussage schwer.

6. Mehrer..... alt..... Vertraut..... des Festgenommen..... wurden in d..... nächst..... Tagen ebenfalls von der Polizei vernommen.

7. Nach Aussagen ein..... d..... teuerst..... Anwälte der Stadt sei R. K. zu Unrecht verhaftet worden und das Heroin auf noch ungeklärt..... Weise in die Wohnung d..... reich..... Verdächtig..... gelangt.

8. In der Zwischenzeit hat die Polizei mehrer..... sicher..... Beweise gegen R. K. und die Staatsanwaltschaft hat Anklage erhoben.

3. Genitivattribute/Adjektivendungen
Bilden Sie mit den vorgegebenen Wörtern Sätze im Präteritum.

0. Mantel (klein, Mädchen) – finden *(Passiv)* – Polizei – Nähe (Bach)
Der Mantel des kleinen Mädchens wurde von der Polizei in der Nähe des Baches gefunden.

1. Computer (japanisch, Vorgesetzter) – ersetzen *(Passiv)* – neueres Modell
   ....

2. anhaltende Trockenheit – vernichten – Vegetation (ganz, Gebiet)
   ....

3. Dieb – stehlen – Tasche (Frau Friedrich)
   ....

4. Anzahl (tödlich, Autounfälle) – zurückgehen – letztes Jahr – drei Prozent
   ....

5. Fischen – sein – früher – Hobby (viel, pensioniert, Beamte)
   ....

6. Behandlung (krank, Junge) – kosten – Eltern – ein Vermögen
   ....

7. Erfolg – sein – Ergebnis (ein, stark, Wille)
   ....

8. militärisch, Auseinandersetzung (benachbart, Staaten) – bedeuten – Gefährdung (Weltfrieden)
   ....

9. Glas (klar, Wasser) – helfen – Peter – Kopfschmerzen
   ....

10. Empfang (französisch, Botschafter) – verlaufen – ohne befürchtet – Zwischenfälle
    ....

11. bisher unbekannt – Fotografien (berühmt, Komponist) – finden *(Passiv)* – sein Nachlass
    ....

12. Entwurf (heute, anerkannt, Architekt) – keine Beachtung finden – damalig, Ausschreibung
    ....

4. Bildung des Partizip I
Bilden Sie Sätze mit einem Partizipialattribut.

0. Einbrecher – (schlafen) Wachmann – überraschen
   Die Einbrecher überraschten den *schlafenden* Wachmann.

1. er – (ankommen) Zug – warten
   ....

2. Herr Meier – (in, gegenüberliegend, Wohnung, tanzen) Frau – beobachten
   ....

3. (lärmen) Fußballfans – Kneipe – stürmen
   ....

4. Autofahrer – (an, Straßenrand, spielen) Kinder – Acht geben – müssen
   ....

5. Besatzung – (sinken) Schiff – verlassen
   ....

6. (in, Schweiz, leben) Schriftsteller – Nobelpreis für Literatur – ausgezeichnet werden
   ....

7. Publikum – Sänger – (anerkennen) Beifall – zollen
   ....

8. (als Juristin, arbeiten) Ehefrau des Politikers – Rechte der Kinder – sich einsetzen
   ....

5. Bildung des Partizip II
Bilden Sie Sätze mit einem Partizipialattribut.

0. (noch nicht, bezahlen) Rechnung – Papierkorb – er – schmeißen
   Er schmiss die *noch nicht bezahlte* Rechnung in den Papierkorb.

1. (stehlen) Ware – nicht versichert sein
   ....

2. (entfliehen) Täter – jede Spur – fehlen
   ....

3. (neu erscheinen) Buch – kürzeste Zeit – Bestseller – werden
   ....

4. (viel, anerkennen) Wissenschaftler – Kongress – teilnehmen
   ....

5. (von, Eis, befreien) Straßen – weniger Unfälle – letzte Tage – geben
   ....

6. (in Moskau, aufwachsen) Künstler – erstes Mal – Berlin – gastieren
   ....

7. (neu einbauen) Motor – Probleme – Rennwagen – verantwortlich sein
   ....

8. (seit Jahren, suchen) Beutegeld – Banküberfall – Zürich – Polizei – sicherstellen können
   ....

6. Umformungen: Relativsätze – Partizipialkonstruktionen
Formen Sie die Relativsätze in Partizipialkonstruktionen um.

6a. 0. Der Fußballer, <u>der vor zehn Wochen am Bein schwer verletzt wurde</u>, kann heute wieder spielen.
Der *vor zehn Wochen am Bein schwer verletzte* Fußballer kann heute wieder spielen.

1. Die Fehler, <u>die während des Versuchszeitraums immer wieder auftraten</u>, konnten beseitigt werden.
....
....

2. Von den Menschen, <u>die bei dem Lawinenunglück verschüttet wurden</u>, hat keiner überlebt.
....
....

3. Die Bedenken, <u>die von der Gewerkschaft auf der Betriebsversammlung vorgebracht wurden</u>, konnten vom Vorstand nicht vollständig ausgeräumt werden.
....
....

4. Die Mitarbeiter, <u>die für den Erfolg verantwortlich sind</u>, bekamen hohe Prämien.
....
....

5. Das Bild, <u>das vermutlich 1895 gemalt wurde und dann verschollen ist</u>, kann ab heute im Museum Ludwig bewundert werden.
....
....

6. Dieses Gesetz ist durch einen Beschluss, <u>der am 7.9.2004 vom Parlament gefasst wurde</u>, geändert worden.
....
....

6b. 1. Die Kirche, <u>die im Krieg völlig zerstört wurde</u>, konnte dank zahlreicher Spenden wieder aufgebaut werden.
....
....

2. Die Deckengemälde, <u>die originalgetreu restauriert wurden</u>, sind Meisterwerke des Barock.
....
....

3. Auch einige Kunstwerke, <u>die von den Alliierten vor der Vernichtung gerettet wurden</u>, sind ab nächste Woche im Stadtmuseum zu bewundern.
....
....

4. Der Bürgermeister der Stadt, <u>der erst kürzlich zum dritten Mal wieder gewählt wurde,</u> eröffnet die Ausstellung.

    ....

    ....

5. Wenn man durch die Straßen läuft, <u>die während des Krieges von Bomben verschont geblieben waren,</u> bekommt man ein Gespür für den ehemaligen Glanz der Stadt.

    ....

    ....

6. Die Wohnungen, <u>die sich direkt im Zentrum befinden,</u> gehörten früher reichen Kaufleuten.

    ....

    ....

7. Die Wohnungseigentümer, <u>die vor, während oder nach dem Krieg aus der Stadt geflohen sind,</u> haben jetzt Anspruch auf ihr ehemaliges Eigentum.

    ....

    ....

8. Mit den Musiktagen, <u>die jedes Jahr stattfinden,</u> erreicht dieser Sommer seinen kulturellen Höhepunkt.

    ....

    ....

7.   Bildung von Relativsätzen

7a.   Ergänzen Sie das Relativpronomen mit der richtigen Präposition.

Das ist:
    0. das Thema, *über das* wir gestern gesprochen haben.
    1. eine Prüfung, ... ich gar keine Angst habe.
    2. eine Sache, ... ich mich seit langem beschäftige.
    3. eine Aufgabe, ... ich noch Schwierigkeiten habe.
    4. ein Projekt, ... ich mich sehr interessiere.
    5. ein Angebot, ... ich abraten würde.
    6. eine Ungerechtigkeit, ... man sich wehren sollte.
    7. ein Argument, ... ich nachdenken werde.
    8. eine Entscheidung, ... ich nicht einverstanden bin.

Das sind:
    9. Dinge, ... ich nichts zu tun haben will.
   10. Vorschläge, ... ich dankbar bin.
   11. Fehler, ... ich mich entschuldige.
   12. Witze, ... niemand lachen kann.
   13. Freunde, ... ich gern diskutiere.
   14. Bücher, ... man reden sollte.
   15. leere Versprechungen, ... man verzichten kann.
   16. Erfolge, ... man nur staunen kann.

7b. Bilden Sie Relativsätze.

Was ist das für ein Mann?   Das ist der Mann,

0. Der Direktor geht gern mit ihm essen.   *mit dem der Direktor gern essen geht.*

1. Die Erfindung des Mannes wurde eine Sensation.

....

2. Alle Leute reden über seine Erfindung.

....

3. Seine Frau ist Lehrerin.

....

4. Er wurde kürzlich Abteilungsleiter.

....

5. Seine Sekretärin arbeitet sehr gewissenhaft.

....

6. Über seine Herkunft weiß niemand etwas.

....

7. Von seiner Einsatzbereitschaft sind alle begeistert.

....

8. Er hat eine Vorliebe für alte Autos.

....

7c. Ergänzen Sie das Relativpronomen (wenn nötig mit Präposition) oder das Pronominaladverb.

0. Das ist etwas, *worüber* ich mir wirklich Sorgen mache.

1. Es gibt nichts, ... ich Angst habe.

2. Das ist die Stadt, ... die Revolution begann.

3. In Leipzig, ... die Völkerschlacht stattfand, steht heute ein Denkmal.

4. Ich ziehe nach Frankfurt, ... ich schon immer wollte.

5. Es gibt so manches, ... man verbessern könnte.

6. Alle, ... es zu kalt ist, sollten sich mit einem heißen Tee aufwärmen.

7. Nicht alle Demonstranten wussten, ... eigentlich protestiert wurde.

8. Das ist etwas, ... nie wieder geschehen darf.

7d. Ergänzen Sie das personale Bezugswort *derjenige, diejenige usw.* vor den Relativsätzen.

0. *Diejenigen*, die keine Karten haben, können leider nicht in die Vorstellung.

1. Das sind die Fingerabdrücke ...., der zuletzt in diesem Raum war.

2. ...., der den Hauptgewinn bekommt, braucht nie wieder zu arbeiten.

3. Ich fahre mit ...., der mich auch wieder nach Hause bringt.

4. Für ...., die die besten Leistungen haben, ist es leichter, einen Studienplatz zu finden.

5. ...., die sich nicht regelmäßig bei der Arbeitsagentur melden, kann die Unterstützung gestrichen werden.

6. Das sind ...., die sich nach jeder Reise beschweren.

7. Was geschieht mit ...., die keinen Ausbildungsplatz bekommen haben?

8. ...., die die Prüfung nicht bestanden haben, können es im Mai noch einmal probieren.

8. Umformung: Partizipialkonstruktionen – Relativsätze
Formen Sie die Partizipialkonstruktionen in Relativsätze um.

   0. Die <u>in den vorderen Teil des Gerätes eingebauten</u> Sensoren sind sehr störanfällig.
      Die Sensoren, *die in den vorderen Teil des Gerätes eingebaut worden sind*, sind sehr störanfällig.

   1. Die <u>gestern von Frau Grünberg vorgetragenen</u> Einwände sollten unbedingt Beachtung finden.

      ....
      ....

   2. In dem <u>vor wenigen Minuten auf dem Hamburger Hauptbahnhof angekommenen</u> Intercity-Zug kam es zu Auseinandersetzungen zwischen miteinander in Streit geratenen Fußballfans.

      ....
      ....

   3. Der <u>von Beginn an falsch behandelte</u> Patient erlag gestern seinem Leiden.

      ....
      ....

   4. Der <u>erst kürzlich auf der Automobilmesse vorgestellte</u> Wagen konnte den hohen Erwartungen nicht entsprechen.

      ....
      ....

   5. Die <u>immer wieder durch starke Regenfälle unterbrochenen</u> Bergungsarbeiten konnten erst gegen Mittag fortgesetzt werden.

      ....
      ....

   6. Der <u>von seinen Kollegen lange eingearbeitete</u> Mitarbeiter übernahm seinen ersten selbstständigen Auftrag.

      ....
      ....

   7. Das <u>von den Europäern mitfinanzierte</u> Raumfahrtprojekt konnte erfolgreich abgeschlossen werden.

      ....
      ....

   8. Die <u>auf dem Dach des Hauses installierte</u> Satellitenschüssel hielt dem starken Sturm nicht Stand.

      ....
      ....

9. Appositionen
Bilden Sie die Apposition zum Bezugswort. (Die Apposition steht im selben Kasus wie das Bezugswort.)

   0. Gestern verlas Richter Hans Kolle, (Vorsitzender – Gericht), das Urteil im Prozess gegen W. S.
      Gestern verlas Richter Hans Kolle, *der Vorsitzende des Gerichts*, das Urteil im Prozess gegen W. S.

1. Der Prozess fand in Holzkirchen, (Ort – Nähe, München), statt.

   ....
   ....

2. Die Tat wurde von W. S., (ein Angestellter bei der Post), begangen.

   ....
   ....

3. Der Angeklagte sprach vor der Verhandlung noch einmal mit Frau Lange, (seine Anwältin).

   ....
   ....

4. Nach Aussagen des Bruders, (Eigentümer der Apotheke am Hauptplatz), neigte der Beschuldigte schon als Kind zum Diebstahl.

   ....
   ....

5. Die bestohlenen Opfer, (ganz normal, Bürger), können nicht mit einer Entschädigung rechnen.

   ....
   ....

6. Die Post will nach Aussage ihres Anwalts, (der erfolgreichste der Stadt), nicht für den Schaden aufkommen.

   ....
   ....

10. Gerundiv

10a. Notwendigkeit/Empfehlung
Formen Sie die Sätze um und verwenden Sie das Gerundiv *(sein + zu + Partizip I + Adjektivendung)*.

0. Man muss/sollte diese Kritik ernst nehmen.
   Das *ist* eine ernst *zu nehmende* Kritik.

1. Die Vorschriften müssen unbedingt beachtet werden.

   Das sind ....

2. Wir sollten den Konkurrenten nicht unterschätzen.

   Das ist ein ....

3. Die These muss noch bewiesen werden.

   ....

4. Die Fragen müssen heute noch geklärt werden.

   ....

5. Die Probleme sollten umgehend gelöst werden.

   ....

6. Wir müssen diese Punkte auf der nächsten Sitzung besprechen.

   ....

10b. Nicht-Möglichkeit
Formen Sie die Sätze um und verwenden Sie das Gerundiv.

    0. Diese Anschuldigungen können nicht bewiesen werden.
        Das sind nicht zu beweisende Anschuldigungen.

    1. Wir können diese Arbeitsumstände kaum mehr ertragen.
        ....

    2. Diese Vorhaben können nicht finanziert werden.
        ....

    3. Die Beschädigungen können nur schwer beseitigt werden.
        ....

    4. Diese Vorwürfe können wir nicht ernst nehmen.
        ....

    5. Wir können diese Forderungen nicht akzeptieren.
        ....

    6. Über die Beschlüsse kann nicht mehr diskutiert werden.
        ....

11. Vergleichssätze
Bilden Sie irreale Vergleichssätze.

    0. Er – schnell laufen // Löwe – verfolgen
        Er läuft so schnell, als ob ein Löwe ihn verfolgen würde.
        Er läuft so schnell, als würde ihn ein Löwe verfolgen.

    1. Sie – Spanisch sprechen // Spanien – jahrelang – gelebt haben
        ....

    2. er – hart trainieren // Weltrekord – dieses Jahr noch – brechen wollen
        ....

    3. Jacke – aussehen // 100 Jahre – alt sein.
        ....

    4. Sie – ansehen – mich // mich – nicht verstanden haben
        ....

    5. sein Gang – schwer wirken // Blei – Schuhe – haben
        ....

    6. Sie – Geld – umgehen // großes Vermögen – verfügen
        ....

12. Bildliche Vergleiche
Ergänzen Sie die passenden Adjektive.

0. *weiß* wie Schnee		6. .... wie ein Esel
1. .... wie ein Maurer		7. .... wie ein Mäuschen
2. .... wie ein Pfau		8. .... wie ein Lamm
3. .... wie eine Biene		9. .... wie ein Riese
4. .... wie ein Fuchs		10. .... wie der Blitz
5. .... wie ein Aal		11. .... wie der Tod

13. Benennen Sie die Eigenschaften, die die folgenden umgangssprachlichen Redewendungen beschreiben.

    0. Sie arbeitet/schuftet wie ein Pferd   *fleißig*

    1. Ihr muss man alles dreimal sagen.   ....

    2. Bei ihr kann man vom Fußboden essen.   ....

    3. Sie lässt ihren Freund nicht aus den Augen.   ....

    4. Ihre Geschichten sind zum Einschlafen.   ....

    5. Bei ihr sieht es aus wie bei Hempels unterm Sofa.   ....

    6. Sie lässt dich nicht im Stich.   ....

    7. Bei ihr weiß man immer, woran man ist.   ....

    8. Sie gibt gern.   ....

    9. Sie hat eine hohe Meinung von sich selbst.   ....

   10. 10 Uhr heißt für sie 10 Uhr.   ....

   11. Sie will hoch hinaus.   ....

   12. Heute sagt sie „hü" und morgen „hott".   ....

14. Finden Sie das Antonym zu den angebenden Eigenschaften.

    0. ordentlich   *unordentlich/chaotisch*

    1. intolerant   ....   7. unbeholfen   ....

    2. angeberisch   ....   8. streitsüchtig ....

    3. verschwenderisch ....   9. einfallslos   ....

    4. provinziell   ....   10. großmäulig ....

    5. taktlos   ....   11. berechnend ....

    6. launisch   ....   12. mürrisch   ....

15. Leiten Sie aus den Substantiven Adjektive auf *-lich* ab und suchen Sie ein dazu passendes Substantiv.

    0. *der Schmerz*   *schmerzlich*   *eine schmerzliche Erfahrung*

    1. der Schaden   ....

    2. das Kind   ....

    3. die Krankheit   ....

    4. der Schrecken   ....

    5. die Dummheit   ....

    6. das Vergessen   ....

    7. die Bedrohung   ....

    8. das Bild   ....

Kapitel 5
Teil D

Beschreibungen und Vergleiche
Themen für Vortrag und Aufsatz

Charaktereigenschaften

1. Welche Faktoren haben Ihrer Meinung nach Einfluss auf die charakterliche Entwicklung eines Menschen? Begründen Sie Ihre Meinung.

2. Welche Charaktereigenschaften und Verhaltensweisen wünschen Sie sich bei Ihren Arbeitskollegen? Begründen Sie Ihre Meinung.

3. Welche Charaktereigenschaften und Verhaltensweisen erwarten Sie von Ihrem/einem Chef? Begründen Sie Ihre Meinung.

Architektur

4. „Die meisten Entwürfe der modernen Architektur machen die Großstädte hässlicher und tragen zur Vereinsamung der Menschen bei." Nehmen Sie zu diesem Satz Stellung und belegen Sie Ihre Ausführungen mit Beispielen.

5. Wenn Sie Bau-Senator einer Großstadt wären, welche baulichen Projekte würden Sie fördern und/oder finanziell unterstützen? Wie würde die Stadt Ihrer Träume aussehen? Begründen Sie Ihre Darlegungen.

Design und Mode

6. Welche Bedeutung hat das Aussehen von Gebrauchsgegenständen für Sie? Welche Aspekte sollte ein Designer beim Entwerfen von Gebrauchsgütern beachten?

7. Nicht nur Jugendliche, sondern auch viele Erwachsene geben für modische Kleidung sehr viel Geld aus. Worin liegen Ihrer Meinung nach die Ursachen dafür und wie beurteilen Sie diese Entwicklung?

Kapitel 6   **Gehörtes und Gesagtes**
Teil A   *Texte und Textarbeit*

I.   Störfall Kommunikation

1.   Lesen Sie den folgenden Text.

Störfall Kommunikation

Kommunikation ist ein Grundbedürfnis des Menschen. Und zwar ein relativ elementares: Nichts geht ohne Kommunikation. Kommunikation hilft, Entscheidungen zu fällen, Konflikte zu lösen, Probleme darzustellen, <u>beschafft</u> Informationen, sorgt für Entspannung, macht Wissen verfügbar, baut Überzeugungen auf. Und: Kommunikation bildet Gesellschaften und hält sie zusammen.

„Man kann nicht nicht kommunizieren"– dieser Satz von Paul Watzlawick gehört wahrscheinlich zu den am häufigsten zitierten und berühmtesten Lehrsätzen der Kommunikationswissenschaft. Der Grund: Er beschreibt in einem Satz die zentrale Bedeutung von Kommunikation. Ob mündlich oder schriftlich, symbolisch, nonverbal, absichtlich, spontan, unbewusst oder passiv: Kommunikation bestimmt unser Leben. Selbst wenn wir „nichts tun", kommunizieren wir, sei es durch einen Gesichtsausdruck oder eine Körperhaltung. Auf die Uhr zu schauen ist daher ebenso Kommunikation wie schweigend an seinem Vorgesetzten vorbeizugehen.

<u>Zudem</u> ist korrekte Sprachanwendung keineswegs ein Garant für erfolgreiche Kommunikation. Sprachliche Zeichen <u>verweisen</u> nicht eindeutig auf Bedeutungen oder Vorstellungen. Auch der Beziehungsaspekt zwischen Sender und Empfänger spielt in der Kommunikation eine wichtige Rolle, sowohl in hierarchischer als auch in emotionaler Hinsicht.

Wenn Kommunikation nicht eine <u>Hürde</u> unzähliger Voraussetzungen überspringt, können daraus Missverständnisse, Fehlinterpretationen, Streit und Spannungen resultieren. In Betrieben zum Beispiel sind Expertenschätzungen zufolge 70 Prozent aller Fehler am Arbeitsplatz auf mangelnde Kommunikation zurückzuführen. Offensichtlich wird zwar fleißig in die Verbesserung der Kommunikationstechnik

investiert, wie <u>rentabel</u> und erfolgreich diese Investitionen jedoch sind, das scheint jedoch wegen eines fehlenden Bewusstseins für die Schwierigkeiten effektiver Kommunikation in den Hintergrund zu treten.

Die Gesprächspartner müssen (neben der Sprachbeherrschung) lernen:
○ Gesprächsbereitschaft und <u>Aufrichtigkeit</u> mitzubringen,
○ die in einer bestimmten Situation von bestimmten Personen erwartete Kommunikation richtig einzuschätzen,
○ die Sozialstruktur von Situationen berücksichtigen zu können, d. h. Anrede und Höflichkeitsformen <u>handzuhaben</u> und Gesprächsanteile richtig zu verteilen (z. B. zwischen Chef und Untergebenem),

○ ein <u>zutreffendes</u> Bild von dem jeweiligen Gesprächspartner anzufertigen, um sein Wissen, seine Interessen, seine Gefühlslagen und Motive abschätzen zu können (z. B. bei einem Verkaufsgespräch, einer Beratung und einem Mitarbeitergespräch).

Das setzt die Breitschaft voraus, über Kommunikation nachzudenken, seine eigenen Fehler zu erkennen und zu versuchen, sie zu reduzieren oder gar abzustellen.

Aus: ManagerSeminare

2. Fassen Sie den Text mit eigenen Worten zusammen.

3. Berichten Sie über eigene Erfahrungen in gut funktionierender oder missglückter Kommunikation. Sind Ihrer Meinung nach in dem Text alle für eine erfolgreiche Kommunikation zu beachtenden Voraussetzungen genannt worden? Wenn nicht, ergänzen Sie den Text und belegen Sie Ihre Ergänzungen mit Beispielen.

4. Erklären Sie die Wörter nach ihrer Bedeutung im Text mit synonymen Wendungen.

1. Informationen <u>beschaffen</u>   ....
2. <u>zudem</u>   ....
3. <u>verweisen</u>   ....
4. <u>Hürde</u>   ....
5. <u>rentabel</u>   ....
6. <u>Aufrichtigkeit</u>   ....
7. Höflichkeitsformen <u>handhaben</u>   ....
8. ein <u>zutreffendes</u> Bild   ....

5. Ergänzen Sie die fehlenden Verben.

1. Nichts .... ohne Kommunikation.
2. Kommunikation hilft, Entscheidungen zu ...., Konflikte zu ...., Probleme ...., beschafft Informationen, ... für Entspannung, macht Wissen verfügbar, ... Überzeugungen auf.
3. Kommunikation bildet Gesellschaften und .... sie zusammen.
4. Sprachliche Zeichen .... nicht eindeutig auf Bedeutungen oder Vorstellungen.
5. Auch der Beziehungsaspekt zwischen Sender und Empfänger .... eine wichtige Rolle.
6. Wenn Kommunikation nicht eine Hürde unzähliger Voraussetzungen ...., können daraus Missverständnisse ....

7. Die Gesprächspartner müssen lernen, die erwartete Kommunikation richtig ...., Anrede und Höflichkeitsformen .... und sich ein zutreffendes Bild von dem jeweiligen Gesprächspartner ....

8. Das .... die Bereitschaft voraus, über Kommunikation ...., seine eigenen Fehler ....

6. Ergänzen Sie die fehlenden Präpositionen.

1. Korrekte Sprachanwendung ist keineswegs ein Garant .... erfolgreiche Kommunikation.

2. .... die Uhr zu schauen ist ebenso Kommunikation wie schweigend .... seinem Vorgesetzten vorbeizugehen.

3. .... Betrieben .... Beispiel sind Expertenschätzungen .... 70 Prozent aller Fehler .... Arbeitsplatz .... mangelnde Kommunikation zurückzuführen.

7. Erklären Sie die folgenden Wendungen mit eigenen/anderen Worten.

1. Er lässt mit sich reden. ....

2. Er redet immer mit Händen und Füßen. ....

3. Du hast leicht reden. ....

4. Reden und Tun ist zweierlei. ....

5. Von einer Sache viel Redens machen. ....

II. Tipps zur erfolgreichen Kommunikation

1. Lesen Sie die folgenden Tipps zur Kommunikation und äußern Sie (mündlich oder schriftlich) Ihre Meinung dazu. Belegen Sie Ihre Ausführungen auch mit Beispielen.

Typische Fallen: Wann Kommunikation misslingt

1. Der Gesprächspartner ist unaufmerksam, unkonzentriert und durch Lärm, Stress o. ä. abgelenkt.

2. Ihr Gesprächspartner hat eine <u>vorgefasste</u> Meinung, denkt in Stereotypen und hegt Vorurteile.

3. Man findet keine „gemeinsame" Sprache, da Alter-, Geschlechts- und Mentalitätsunterschiede, unterschiedliche soziale wie geografische Herkunft, Bildung, Persönlichkeit, Wertvorstellungen und ein anderer Lebensstil eine Annäherung unwahrscheinlich machen und ein gegenseitiges Aufeinandereingehen verhindern.

4. Man ist dem Gesprächspartner <u>gleichgültig</u> und das, was man sagt, interessiert ihn nicht.

5. Dem Gesprächspartner fehlen Einfühlungsvermögen und die Fähigkeit zum aktiven Zuhören.

Elf kommunikative Todsünden für das Berufsleben

1. Bewerten
Vermeiden Sie globale, respektlos vorgetragene Pauschalurteile! Spezifizieren Sie statt dessen Ihr Lob und Ihren Tadel und begründen Sie Ihre Bewertung.

2. Trösten
Mitleid suggerierende Bemerkungen vermitteln schnell den Eindruck von Überheblichkeit. Vermeiden Sie Klischees und Beschwichtigungen.

3. Etikettieren oder einer „Schublade" zuweisen
Spielen Sie nicht den Hobby-Psychologen, der andere zu deuten versucht.

4. Ironische Bemerkungen machen
Ironie kann die Gefühle anderer verletzen und damit ein offenes Gespräch verhindern.

5. Übertriebene oder unangebrachte Fragen stellen
Quetschen Sie Ihre Mitmenschen nicht aus. Wenn Sie etwas wissen müssen, fragen Sie nach, ob Sie fragen dürfen. Zeigen Sie durch Blickkontakt oder Körpersprache, dass Sie zuhören.

6. Befehlen
Drücken Sie Ihre Botschaft so aus, dass der Mitarbeiter versteht, warum etwas getan oder gelassen werden soll.

7. Drohen
Vermeiden Sie „Entweder-oder-Botschaften". Drohungen provozieren regelrecht Widerstand.

8. Ungebetene Ratschläge
Wenn jemand Ihren Rat oder Ihre Meinung hören will, dann lassen Sie ihn zuerst danach fragen.

9. Vage sein
Kommen Sie gleich zur Sache und bekennen Sie sich zu Ihren eigenen Botschaften.

10. Informationen zurückhalten
Das Zurückhalten nützlicher Informationen führt zu Machtspielen und Überheblichkeitsgefühlen.

11. Ablenkungsmanöver
Hören Sie aktiv zu! Will ein Mitarbeiter etwas Persönliches mit Ihnen besprechen, zeigen Sie ihm nicht die kalte Schulter. Lenkt der Gesprächspartner bei einem persönlichen Gespräch auf ein oberflächliches Thema, zwingen Sie ihn nicht zu einem tieferen Gespräch.

Aus: ManagerSeminare

2. Erklären Sie die Wörter nach ihrer Bedeutung im Text mit synonymen Wendungen.

1. vorgefasste Meinung   ....
2. gleichgültig   ....
3. Pauschalurteile   ....
4. Beschwichtigungen   ....
5. deuten   ....
6. jmdn. ausquetschen   ....
7. vage sein   ....
8. gleich zur Sache kommen   ....
9. jmdm. die kalte Schulter zeigen   ....

3. Ergänzen Sie die fehlenden Verben.

1. .... Sie Pauschalurteile.
2. Mitleid suggerierende Bemerkungen .... den Eindruck von Überheblichkeit.
3. .... Sie nicht den Hobby-Psychologen.
4. Ironie kann die Gefühle des anderen ....
5. .... Sie durch Blickkontakt oder Körpersprache, dass Sie zuhören.
6. .... Sie Ihre Botschaft so aus, dass der Mitarbeiter versteht, warum etwas getan werden soll.
7. Drohungen .... regelrecht Widerstand.
8. .... Sie gleich zur Sache.
9. Das Zurückhalten nützlicher Informationen .... zu Machtspielen und Überheblichkeitsgefühlen.
10. .... der Gesprächspartner bei einem persönlichen Gespräch auf ein oberflächliches Thema, zwingen Sie ihn nicht zu einem tieferen Gespräch.

4. Bilden Sie aus den vorgegebenen Wörtern Sätze.

1. Beziehungsaspekt – Sender – Empfänger – wichtig, Kommunikation – Rolle – spielen

 ....

2. Großteil – Fehler – Berufsleben – mangelhaft, Kommunikation – zurückführen – lassen

 ....

3. Betriebsführung – Wert – Weiterbildung – alle, Mitarbeiter – Bereich – Kommunikation – legen – sollten

 ....

4. Training – kommunikativ, Fähigkeiten – Entwicklung – Persönlichkeit – miteinander – eng – verbunden

 ....

5. wenn aber – Mitarbeiter – nicht – ihr, kommunikativ, Verhalten – konstant – arbeiten – Fortbildungsmaßnahmen – unwirksam – erweisen

 ....

III. Zeitungen

1. Welche Ansprüche stellen Sie an eine Zeitung? Beschreiben Sie Ihre Wunschzeitung. Denken Sie dabei z. B. an: Inhalte, Bilder, Verhältnis Text-Bild, Werbung, Zeitenzahl, grafische Gestaltung, Format, Preis, Leserkreis.

2. Lesen Sie den folgenden Text.

Was macht Zeitungen bei Lesern erfolgreich?

Junge Leute lieben Videoclips. Deshalb könne man sie nur für das Medium Tageszeitung gewinnen, wenn die Themen kleinteilig und bunt <u>aufgemacht</u> werden. Diese unter Verlegern weit verbreitete Ansicht ist falsch. „Für uns war die größte Überraschung, dass gerade junge Leute sehr viel stärker inhaltsorientiert lesen als ältere" betont Prof. Schönbach aus Hannover, der im Auftrag des Bundesverbandes Deutscher Zeitungsverleger untersuchte, wie die Leser auf neue Inhalte und gewandeltes Zeitungsdesign reagieren.

Das Ergebnis der Studie zeigt, dass viele Tageszeitungen heute übersichtlicher sind als noch vor zehn Jahren, im Schriftbild klarer und mehr Rubriken wie Fotos oder Grafiken enthalten. Sie sind umfangreicher geworden, insbesondere durch mehr Sonderseiten, mehr <u>Lokales</u>, mehr Service, mehr längere Beiträge und mehr Leserbriefe. Der Anteil an Unterhaltung (Infotainment) jedoch ist, entgegen den Erwartungen, gleich geblieben. <u>Strikt</u> abgelehnt wird die Unterhaltung sogar außerhalb der *Gemischten Seiten*, denn das Privatleben von Prominenten im Politikteil wirkt unseriös und damit abschreckend auf die Leser.

Bestätigt wurde die Erkenntnis, dass es relativ einfach ist, bereits gewonnene Leser enger an die Zeitung zu binden, während es sich als sehr schwierig <u>erwiesen</u> hat, neue Leser zu gewinnen.

Layout-Verbesserungen z. B. haben nur dann messbare Auflagenerfolge gebracht, wenn die Zeitung anschließend übersichtlicher und geordneter ist, das Schriftbild eher „luftig" wirkt und die Texte <u>maßvoll</u> mit Fotos und Grafiken illustriert werden. Die Erweiterung des Service-Angebots hatte keine höhere Nachfrage zur Folge, schadete aber auch nicht.

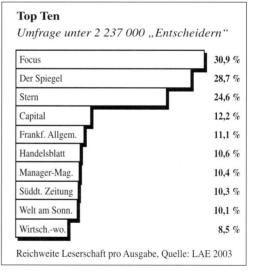

Top Ten

Umfrage unter 2 237 000 „Entscheidern"

Focus	30,9 %
Der Spiegel	28,7 %
Stern	24,6 %
Capital	12,2 %
Frankf. Allgem.	11,1 %
Handelsblatt	10,6 %
Manager-Mag.	10,4 %
Süddt. Zeitung	10,3 %
Welt am Sonn.	10,1 %
Wirtsch.-wo.	8,5 %

Reichweite Leserschaft pro Ausgabe, Quelle: LAE 2003

Von einer Zeitung erwartet das Publikum vor allem eine Vielfalt im täglichen Angebot und Information und Einordnung, wobei auch längere Artikel durchaus willkommen sind.

Die Leser trennen ihre Ansprüche an Zeitungen und z. B. an das Fernsehen sehr genau, weshalb auch für junge Leute Videoclip-Optik nicht in die Zeitung gehört.

Aus: Handelsblatt

3.   Fassen Sie den Inhalt des Textes mit eigenen Worten zusammen.

4.   Erläutern Sie die Statistik auf Seite 138.

5.   Erklären Sie die Wörter nach ihrer Bedeutung im Text mit synonymen Wendungen.

   1.   eine Zeitung wird aufgemacht   ....

   2.   es gibt mehr Lokales   ....

   3.   strikt   ....

   4.   sich erweisen   ....

   5.   maßvoll   ....

6.   Beantworten Sie eine der folgenden Fragen.

   1.   Kennen Sie eine oder mehrere der in der Statistik aufgeführten Zeitungen/Zeitschriften? Wenn ja, dann beschreiben Sie bitte Ihren Eindruck von dieser Zeitung/Zeitschrift.

   2.   Berichten Sie über Zeitungen und Zeitschriften in Ihrem Heimatland.

   3.   Welche Bedingungen müsste eine Zeitung erfüllen, die Sie gerne regelmäßig lesen würden?

7.   Ergänzen Sie die fehlenden Präpositionen.

   1.   Diese .... Verlegern weit verbreitete Ansicht ist falsch.

   2.   Prof. Schönbach .... Hannover untersuchte .... Auftrag des Bundesverbandes Deutscher Zeitungsverleger, wie die Leser .... neue Inhalte und gewandeltes Zeitungsdesign reagieren.

   3.   Der Anteil .... Unterhaltung jedoch ist, ... den Erwartungen, gleich geblieben.

   4.   Unterhaltung wird .... der *Gemischten Seiten* abgelehnt, denn das Privatleben .... Prominenten .... Politikteil wirkt unseriös und damit abschreckend .... die Leser.

   5.   .... einer Zeitung erwartet das Publikum .... allem eine Vielfalt .... täglichen Angebot.

8.   Bilden Sie aus den angegebenen Wörtern Sätze.

   1.   übersichtlich, Design – vielfältig, Angebot – Zeitungen – Leser – und – erfolgreich – machen

       ....

   2.   Erweiterung – Service-Angebot – kein, höher, Nachfrage – Folge – haben

       ....

   3.   Leser – Ansprüche – Zeitungen – Fernsehen – und – trennen

       ....

9.   Wie schätzen Sie die Zukunft der Zeitungen ein? Was sind Ihrer Meinung nach Vorteile, was Nachteile gegenüber den anderen Medien?

10. Formen Sie den Text so um, dass Sie die auf der rechten Seite angegebenen Wörter bzw. Hinweise in den Text einarbeiten.

Es kriselt im Zeitungsgeschäft. Seit einem Zwischenhoch durch	Krisenstimmung
die Wiedervereinigung verlieren die Zeitungen in Deutschland	sinken
an Auflage. Auch die Zahl der einzeln erscheinenden Blätter hat	
sich deutlich verringert. Die Strategien gegen das Zeitungssterben	zurückgehen
fallen sehr unterschiedlich aus.	entwickeln
So manche Zeitung flüchtete vor dem Konkurs zu einem Geld-	vermeiden
geber des bisher bekämpften politischen Lagers. Andere, wie	
die „Süddeutsche Zeitung", suchen neue Einnahmequellen:	Suche
Die Geschäftsführer der SZ wollen 50 Millionen Euro durch	Idee
den Verkauf von Büchern der Weltliteratur zu Niedrigpreisen	(Nebensatz)
erwirtschaften. Damit sollen bei der SZ in Zukunft die Finanz-	schwarze Zahlen
löcher gestopft werden.	
Einen ganz anderen Weg geht die „Lausitzer Rundschau" in	einschlagen
Cottbus. Durch die in der Region herrschende Arbeitslosigkeit	(Relativsatz)
haben die Zeitungsmacher 50 000 Exemplare Auflage verloren.	Verlust
Nach der Erkenntnis, dass keiner eine Zeitung machen kann, die	(Nebensatz)
für 14- bis 94-Jährige gleichermaßen interessant ist, erscheinen	Interesse
jetzt zwei Zeitungen. Eine davon heißt „20 Cent". In dem für	Titel
Jugendliche entwickelten Blatt können sich zum Beispiel Singles	(Relativsatz)
auf einer Doppelseite vorstellen.	Möglichkeit
Die Zeitschrift „Die Welt" setzt auf Verschlankung. Sie will	Ziel
in einem kleineren Format, gekürzt auf 32 Seiten, eine mobile	
Leserschaft für sich gewinnen, die mit weniger Lesestoff zu-	ansprechen
frieden ist.	

11. Suchen Sie aus den Präfixen *ab-, an-, auf-, aus-, be-, bei-, durch-, ein-, nach-, über-, um-, unter-, vor-, weg-, zer-* diejenigen heraus, die sich mit *lesen* kombinieren lassen, und finden Sie ein passendes Substantiv oder eine passende Wendung.

ablesen   *eine Rede ablesen*

....

....

....

....

....

....

12. Erklären Sie die Bedeutungen des Wortes *lesen* mit eigenen/anderen Worten.

1. Der Lektor liest den Roman Korrektur. ....

2. Der Priester liest die Messe. ....

3. Der Professor liest über Goethe. ....

4. Er las es in ihren Augen. ....

5. Die Trauben werden von Hand gelesen ....

IV. Lesen und fernsehen

1.   Beschreiben und interpretieren Sie die Karikatur von Luis Murschetz.

Luis Murschetz: „Bücherwürmer"

2.   Beantworten Sie eine der folgenden Fragen.

1.   Wie wichtig ist Lesen für Sie? Welches Buch haben Sie zuletzt gelesen? Berichten Sie darüber.

2.   Welche Bücher lesen Sie am liebsten? Berichten Sie über das Buch, was Ihnen am meisten Freude bereitet hat oder was Sie am meisten beeindruckt hat.

3.   Lesen oder/und fernsehen? Wann lesen Sie lieber, wann sehen Sie lieber fern und warum?

4.   Was halten Sie von verfilmten Romanen? Begründen Sie Ihre Meinung anhand von Beispielen.

5.   In den letzten Jahren hat das „Hörbuch" eine ständig wachsende Anhängerzahl gefunden. Was immer man sucht, ob Roman oder Gedicht, Drama oder Novelle, Krimi oder Sciencefiction, Kindergeschichte oder Fantasy: das Angebot umfasst sämtliche Gattungen und Sparten. Wie ist Ihre Auffassung über Hörbücher?

3.   Vermuten Sie.

1.   Wie lange sehen die Menschen in Ihrem Heimatland durchschnittlich fern?

2.   In welcher Region wird am meisten ferngesehen?

3.   Wer sieht am meisten fern? (Kinder/Schüler/Männer im Alter von .../Frauen im Alter von ... usw.)

4.   Lesen Sie den folgenden Text.

Sehen, was kommt

Fernsehen ist die wichtigste Freizeitbeschäftigung der Deutschen. Drei Stunden und 23 Minuten sehen sie fern, so die neueste Untersuchung der Gesellschaft für Konsumforschung. Und drei Stunden und 23 Minuten sind nur der Durchschnitt. Selbst die Bayern, Schlusslicht in der Statistik, gucken täglich fast drei Stunden in die Röhre. In Sachsen-Anhalt meint man dagegen, erst vier Stunden und acht Minuten seien genug. Rund 1500 Stunden kommen so jährlich zusammen. Das entspricht 188 Arbeitstagen zu acht Stunden oder auch zwei Monaten TV nonstop. Jahr für Jahr.

Seit der Einführung des Privatfernsehens ist der tägliche Fernsehkonsum der Erwachsenen um 68 Prozent gestiegen. Nicht die Kinder, sondern wir Erwachsenen sind die Gaffer der Nation. Der durchschnittliche Tageskonsum erhöht sich mit dem Alter – von 94 Minuten bei den Drei- bis 13-Jährigen auf 262 bei den über 50-Jährigen.

Zum bisherigen Klischee des Dauerzuschauers gehört der beidarmig tätowierte Mann mittleren Alters, der im Jogginganzug vorm Fernseher sitzt und jede Hoffnung auf einen Arbeitsplatz aufgegeben hat. Ein wüstes Klischee, das es allerdings nicht gäbe, wäre da nicht irgendetwas dran. Tatsächlich wird in der Unterschicht überdurchschnittlich viel ferngesehen. Und: Je höher die Arbeitslosigkeit in einem Bundesland, desto höher ist dort der Fernsehkonsum. Die Arbeitslosigkeit ist aber nur ein Indikator für die gesamte wirtschaftliche Lage. Es müsste also heißen: Je schlechter die Leute gestellt sind und je größer die allgemeine Verunsicherung ist, desto mehr wird ferngesehen. Zumal aktive Freizeitgestaltung heutzutage oft ein teurer Spaß ist. In einem Land, in dem die Familienkarte für den Tierpark 41 Euro kostet und drei Stunden Schwimmen mit Kind 7,10 Euro, entscheiden sich viele, zu Hause zu bleiben. Und dort lockt das Fernsehen.

Der typische TV-Junkie trägt aber keine Tattoos mehr, sondern Faltenrock und Dauerwelle. Er ist tendenziell weiblich und lebt in Ostdeutschland. Und vor allem ist er eins: über 65 Jahre alt. Es ist die Lebensphase, in der die Menschen weder durch Erwerbsarbeit noch durch intensiven Familienkontakt eingebunden sind. Frauen über 65 sehen täglich fast fünf Stunden Fernsehen. Doch bereits die Gesamtheit der über 50-Jährigen hebt den Durchschnittswert kräftig nach oben. Nicht einmal eine Jugendsendung wie Bravo-TV im ZDF schreckt sie ab – über die Hälfte der Zuschauer ist älter als 50.

Aus: Die ZEIT

5.   Fassen Sie den Text mit eigenen Worten zusammen.

6.   Erklären Sie die unterstrichenen Teile mit eigenen Worten und nehmen Sie notwendige Umformungen vor.

     1.   Selbst die Bayern, Schlusslicht in der Statistik, gucken täglich fast drei Stunden in die Röhre.

        ....

     2.   Der durchschnittliche Tageskonsum erhöht sich mit dem Alter.

        ....

3. Ein Klischee, das es allerdings nicht gäbe, <u>wäre da nicht irgendetwas dran</u>.

   ....

4. Zumal aktive Freizeitgestaltung heutzutage oft <u>ein teurer Spaß ist</u>.

   ....

5. Nicht einmal eine Jugendsendung <u>schreckt</u> die über 50-Jährigen <u>ab</u>, den Fernseher einzuschalten.

   ....

7. Vergleichen Sie die Angaben aus Deutschland mit Ihren Vermutungen über Ihr Heimatland.

8. Wörter sammeln

   Suchen Sie aus dem Text alle Wörter und Wendungen, die mit Fernsehen zu tun haben, heraus und beurteilen Sie, welche nur in der Umgangssprache verwendet werden können. Erweitern Sie die Übersicht durch weitere Wörter, die Sie kennen.

   Standardsprache: ....

   ....

   Umgangssprache: ....

   ....

9. Ergänzen Sie die fehlenden Präpositionen.

   .... (1) den Bayern, die drei Stunden täglich fernsehen, meint man .... (2) Sachsen-Anhalt, erst vier Stunden und acht Minuten seien genug. .... (3) der Einführung des Privatfernsehens ist der tägliche Fernsehkonsum der Erwachsenen .... (4) 68 Prozent gestiegen. Die durchschnittliche Fernsehzeit erhöht sich .... (5) dem Alter .... (6) 262 Minuten .... (7) den .... (8) 50-Jährigen.

   Das bisherige Klischee des Dauerzuschauers .... (9) tätowierten Mann, der .... (10) Jogginganzug .... (11) Fernseher sitzt und jede Hoffnung .... (12) einen Arbeitsplatz aufgegeben hat, muss berichtigt werden. Der typische TV-Junkie ist nämlich tendenziell weiblich, lebt .... (13) Ostdeutschland und ist .... (14) 65 Jahre alt. Es ist die Lebensphase, ... (15) der die Menschen weder .... (16) Erwerbsarbeit noch .... (17) intensiven Familienkontakt eingebunden sind.

10. Berichten Sie über eins der folgenden Themen.

   1. Berichten Sie über Ihr eigenes Fernsehverhalten, Ihre Lieblingssendung und Sendungen, die Sie überhaupt nicht mögen.
   2. Stellen Sie Ihr ideales Fernsehprogramm zusammen und begründen Sie Ihre Auswahl.
   3. Hat Ihrer Meinung nach der hohe Anteil von Gewaltszenen im Fernsehen Einfluss auf das menschliche Verhalten und den Umgang der Menschen miteinander? Begründen Sie Ihre Meinung.

11. Bilden Sie aus den vorgegebenen Wörtern Sätze.

    1.   viele Jugendliche – ganz, Nachmittag – Fernseher – sitzen

           ....

    2.   Kinderprogramme – hoch, Anteil – Gewaltszenen – selbst – aufweisen

           ....

    3.   Gewaltverherrlichung – Fernsehen – Hemmschwelle – Jugendliche – aktiv, Gewalt-ausübung – senken – können

           ....

    4.   Staat – Maßnahmen – Einschränkung – Gewaltszenen – Jugendprogramme – ergreifen – sollten

           ....

    5.   Einschaltquoten – Gestaltung – Programme – groß, Einfluss – ausüben

           ....

12. Ergänzen Sie die fehlenden Verben zum Wortfeld *sehen: bestaunen – glotzen – mustern – entdecken – beobachten – betrachten – besichtigen – blinzeln.*

    1.   Der Dieb wurde beim Einbruch aus einer gegenüberliegenden Wohnung ....

    2.   Im Vorbeigehen .... er die blonde Frau.

    3.   Er .... das Bild länger als eine halbe Stunde.

    4.   Sie können das Haus morgen von 15.00 bis 17.00 Uhr ....

    5.   .... nicht andauernd in den Fernseher!

    6.   Die Sonne schien ihm direkt ins Gesicht, so dass er .... musste.

    7.   Sie .... den neuen Diamantring ihrer Freundin.

    8.   Bei näherem Hinsehen .... er auf dem Bild den Hauch eines Schattens.

13. Finden Sie für die zusammengesetzten Verben mit *-sehen* Synonyme.

    1.   Dieses schlechte Resultat war bei seiner
Faulheit <u>abzusehen</u>.   ....

    2.   Ich werde mich nach einer anderen
Arbeit <u>umsehen</u>.   ....

    3.   Er hat es nicht mit Absicht gemacht,
du solltest ihm das <u>nachsehen</u>.   ....

    4.   Wenn man sich das Bild genau <u>ansieht</u>,
fällt einem die besondere Maltechnik auf.   ....

    5.   Die Anwälte kamen, um die Akten
<u>einzusehen</u>.   ....

    6.   Warum kannst du nicht <u>einsehen</u>,
dass das nicht richtig war?   ....

    7.   Der Weg ist gefährlich, du musst dich
<u>vorsehen</u>.   ....

    8.   Den Tippfehler habe ich leider
<u>übersehen</u>.   ....

Kapitel 6	**Gehörtes und Gesagtes**
Teil B	*Hinweise zu Grammatik und Prüfungsaufgaben*

1.   Möglichkeiten der Wiedergabe von fremden Meinungen, Gerüchten, Gehörtem und Gesagtem

---

Das wörtliche Zitat
Der Politiker sagte : „Diese Entscheidung ist notwendig und wird zu einer Verbesserung auf dem Arbeitsmarkt führen."

Die indirekte Wiedergabe
a)   Der Politiker sagte, dass diese Entscheidung notwendig <u>ist</u> und zu einer Verbesserung auf dem Arbeitsmarkt führen <u>*wird*</u>.
    Indikativ (Abstand des Sprechers zur Aussage ist gering.)
b)   Der Politiker sagte, dass diese Entscheidung notwendig <u>sei</u> und zu einer Verbesserung auf dem Arbeitsmarkt führen <u>*werde*</u>.
    Konjunktiv I (neutralste Form der Wiedergabe)
c)   Der Politiker sagte, dass diese Entscheidung notwendig <u>wäre</u> und zu einer Verbesserung auf dem Arbeitsmarkt führen <u>*würde*</u>.
    Konjunktiv II (Abstand zur Aussage ist am größten)
Möglichkeiten der Einleitung:
  – Der Politiker sagte, meinte, erklärte, teilte mit ...
  – Der Politiker vertritt die Ansicht/Auffassung/Meinung ...
  – Entsprechend/laut Ansicht/Meinung des Politikers ...
  – Seiner Aussage zufolge/nach ...

Modalverben *sollen* und *wollen* *(siehe Kapitel 3)*
Sollen und *wollen* verwendet man oft für die Wiedergabe von Gehörtem/Gelesenem oder von Gerüchten. Der Abstand zur Aussage ist groß, bei *wollen* sehr groß.
– In den Nachrichten habe ich gehört, dass die Preise durchschnittlich um 2 % steigen.
  ⇨   Die Preise <u>sollen</u> durchschnittlich um 2 % steigen.
– Mein Nachbar behauptet: „Ich habe den Krach nicht gehört."
  ⇨   Mein Nachbar <u>will</u> den Krach nicht gehört haben. *(aber ich glaube es ihm nicht)*

---

2.   Bildung des Konjunktiv I

Konjunktiv I = Präsensstamm + Konjunktivendung (*-e, -est, -e, -en, -et, -en*)
Achtung!   Ist die Form des Konjunktiv I mit der Form des Indikativ identisch, wird sie durch die Konjunktiv II-Form ersetzt.

	z. B. **haben**	**werden**	**sein** (Sonderform)
ich	hab-e (hätte)	werd-e (würde)	sei
du	hab-est	werd-est	sei(e)st
er/sie/es	hab-e	werd-e	sei
wir	hab-en (hätten)	werd-en (würden)	seien
ihr	hab-et	werd-et (würdet)	seiet
sie/Sie	hab-en (hätten)	werd-en (würden)	seien

Vergangenheit: *(es gibt nur eine Vergangenheitsform)*

Aktiv   *Passiv*
Er sagte,   Er sagte,
Hans <u>sei</u> schon gegangen.   der Fehler <u>sei</u> sofort verbessert worden.
Hans <u>habe</u> nicht danach gefragt.   der Motor <u>habe</u> nicht mehr repariert werden können.

3.   Wiedergabe einer Frage

a)   „Warum kommst du nicht?"   „Warum bist du nicht gekommen?"
          ⇨ Er fragte,   ⇨ Er fragte,
Ind.   warum ich nicht komme.   warum ich nicht gekommen bin.
K I   warum ich nicht (komme) käme.   warum ich nicht gekommen sei.
K II   warum ich nicht käme.   warum ich nicht gekommen wäre.

b)   „Willst du etwas trinken?"
          ⇨ Er fragte,
Ind.   ob ich etwas trinken will.
K I   ob ich etwas trinken wolle.
K II   ob ich etwas trinken wollte.

4.   Wiedergabe einer Aufforderung

„Rufe mich bitte so schnell wie möglich an!"
          ⇨ Er sagte,
Ind.   ich soll ihn so schnell wie möglich anrufen.
K I   ich solle/möge ihn so schnell wie möglich anrufen.
K II   ich sollte ihn so schnell wie möglich anrufen.

5.   Möglichkeiten der Umschreibung der direkten Rede

Man kann Sprechakte auch mit Hilfe eines Verbs umschreiben:
Er sagte: „Guten Tag, Frau Müller. Herzlich willkommen in unserer Firma."
⇨ Er <u>begrüßte</u> Frau Müller in der Firma.
Sie sagte: „Herr Nachbar, könnten Sie bitte ihre Musik etwas leiser stellen?"
⇨ Sie <u>bat</u> den Nachbarn darum, seine Musik etwas leiser zu stellen.

6.   Hinweise zur Verwendung des Konjunktiv I/II als indirekte Rede im Aufsatz

Man kommt im Aufsatz, vor allem bei literarischen Themen, nicht umhin, Meinungen
bestimmter Personen und Gesagtes wiederzugeben. Diese Meinungen und Aussagen
kann man sehr gut mit Hilfe des Konjunktivs kennzeichnen. Achten Sie beim Schreiben
auf Schlüsselwörter wie: *er sagte, behauptete, dachte, war der Meinung, bildete sich
ein, glaubte, ...*

Genau das, was er/sie dachte, sagte usw. setzen Sie in den Konjunktiv I oder II, danach
schreiben Sie im Indikativ weiter.
Z. B.: Edgar glaubte, dass Charlie ihn <u>liebe/lieben würde</u>.
          Edgar war der Meinung, mit Erwachsenen <u>könne/könnte</u> man nicht richtig reden.

Kapitel 6   **Gehörtes und Gesagtes**
Teil C   *Übungen*

1. Geben Sie die Sätze des Ministers in der indirekten Rede wieder.

    0. „Die Arbeitslosigkeit wird in den nächsten Jahren halbiert."
       Den Aussagen des Ministers zufolge werde die Arbeitslosigkeit in den nächsten Jahren halbiert.

    1. „Eine Steuerreform ist notwendig und muss deshalb innerhalb kürzester Zeit durchgeführt werden."
       ....
       ....

    2. „Ein Ausbau der europäischen Zusammenarbeit ist die Grundlage weiteren Wachstums."
       ....
       ....

    3. „Die Bekämpfung der organisierten Kriminalität hat in Europa einen besonderen Stellenwert."
       ....
       ....

    4. „Untersuchungen darüber wurden vor kurzem in Auftrag gegeben."
       ....
       ....

    5. „Zur Entspannung der Lage auf dem Arbeitsmarkt müssen auch die Unternehmen umdenken."
       ....
       ....

2. Geben Sie die Aufforderungen in der indirekten Rede wieder.

    Der Chef sagte zu seiner Sekretärin:

    0. „Bitte beantworten Sie die Anfrage sofort."
       Er sagte, sie solle die Anfrage sofort beantworten.

    1. „Vereinbaren Sie für mich bitte einen Termin mit Dr. Kurz."
       ....

    2. „Bringen Sie die Briefe bitte gleich zur Post."
       ....

    3. „Erinnern Sie bitte die Transportfirma an die Einhaltung des Liefertermins."
       ....

    4. „Informieren Sie die Kunden über die Preisänderung."
       ....

    5. „Rufen Sie bitte meine Frau an und sagen Sie ihr, dass ich heute später komme."
       ....

3.   Geben Sie die Fragen in der indirekten Rede wieder.

0.   Marie – Klaus: „Warum kommst du nie pünktlich?"
     Marie fragte Klaus, warum er nie pünktlich komme.

1.   Patient – Arzt: „Haben Sie die Untersuchungsergebnisse schon?"
     ....

2.   Leser – Bibliothekar: „Kann ich die Ausleihfrist noch um zwei Wochen verlängern?"
     ....

3.   Wähler – Politiker: „Was tun Sie konkret gegen die Arbeitslosigkeit?"
     ....

4.   Student – Dozent: „Bis wann müssen die Arbeiten abgegeben werden?"
     ....

5.   Lehrer – Susi und Anette: „Aus welchem Grund vergesst ihr so oft eure Hausaufgaben?"
     ....

4.   Ergänzen Sie bei den folgenden Kurznachrichten die Verben bzw. Hilfsverben in der indirekten Rede.
Formulierungshilfe: *haben – sein – werden – reduzieren – befinden – arbeiten – zwingen – fürchten – einschränken – gehen – liegen – ausgeben – erfüllen – erzielen – vorbeugen – erwarten – machen – können – verlaufen – enthalten – dürfen – kommen – bedenken*

4a.   Deutsche geben weniger Geld aus

Das Konsumklima in Deutschland trübt sich laut Marktforschungsinstitut GFK wieder ein. GfK-Vorstandschef Klaus Wübbenhorst sagte vier Tage vor Veröffentlichung des neuen Monatberichts, er *fürchte* (0), die jüngste Erholung .... (1) nur eine vorübergehende Episode. Die Krisen bei Karstadt-Quelle und Opel .... (2) den Deutschen vor Augen geführt, dass ihre Angst vor Arbeitslosigkeit begründet .... (3). Im Schnitt .... (4) ein wegfallender Arbeitsplatz 150 Menschen Angst, die daraufhin ihren Konsum .... (5).

4b.   Preiskampf im Supermarkt

Nach Aussagen des Verbandes der Einzelhändler .... (1) die Kaufzurückhaltung der Deutschen die Geschäfte dazu, ihre Preise massiv zu senken. Fleisch und Milchprodukte .... (2) im Moment zu Tiefstpreisen über den Ladentisch. Ein Sprecher des Verbandes betonte, dass man den Grund dafür nicht nur in der schlechten Wirtschaftslage suchen .... (3), sondern dass die Deutschen im Vergleich zu anderen Ländern ohnehin viel weniger Geld für Nahrungsmittel .... (4).

4c.   Deutschland und die Euro-Stabilitätskriterien

Der Finanzminister musste heute in Brüssel eingestehen, dass Deutschland zum wiederholten Mal die Euro-Stabilitätskriterien nicht .... (1). Es .... (2) eine

Neuverschuldung von 3,4 % erwartet, was deutlich über der in Maastricht festgelegten Stabilitätsgrenze .... (3).

4d. Optimismus bei der Regierung

Trotz der anhaltenden Proteste gegen die geplanten Sozialreformen hält die Regierung an den getroffenen Maßnahmen fest. Der Bundeswirtschaftsminister betonte, dass dies der einzig richtige Weg .... (1). Man .... (2) nur mit einer Umgestaltung des bisherigen Systems den Schuldenberg des Staates senken und damit ein neues Investitionsklima schaffen. Eine Änderung der Reformen .... (3) nicht mehr in Frage. Man .... (4) bereits im nächsten Jahr eine deutliche Verbesserung auf dem Arbeitsmarkt.

4e. Kampf gegen Raubkopien zeigt erste Erfolge

Im Kampf gegen das Brennen und Herunterladen von Filmen hat die deutsche Filmwirtschaft nach eigenem Bekunden einen Etappensieg errungen. Eine starke Zunahme von Raubkopien, die man angesichts der sprunghaft angestiegenen Ausstattung der Verbraucher mit DVD-Brennern erwartet .... (1), ... (2) im ersten Halbjahr ausgeblieben, heißt es bei der Filmförderungsanstalt. Zwar .... (3) es sowohl beim Herunterladen als auch beim Brennen Zuwächse gegeben, diese .... (4) aber moderat ausgefallen, wenn man .... (5), dass die Anzahl von DVD-Brennern in deutschen Haushalten um 500 Prozent gestiegen .... (6).

4f. Sicherheitslücken bei Ebay verunsichern Internetgemeinde

Vor einigen Tagen wurde bekannt, dass durch eine Sicherheitslücke beim Internet-Auktionsportal Ebay Passwörter gestohlen werden .... (1). Angeblich .... (2) ein Computerspezialist die Sicherheitslücke schon vor über einem Jahr entdeckt und Ebay gegen Honorar Details angeboten. Außerdem, so heißt es, ... (3) sich derzeit im Netz ein kleines Programm, mit dem es möglich .... (4), sich selbst ein positives Ebay-Bewertungsprofil zu schreiben. Ein Ebay-Vertreter versicherte den Kunden, dass man bei Ebay an den Sicherheitsmängeln .... (5) und dass die Mehrheit aller Ebay-Transaktionen zur Zufriedenheit von Käufern und Verkäufern .... (6).

4g. Schokolade als neuer Schönmacher

Schokolade macht süchtig und dick? Diese Meinung ist überholt. Wissenschaftliche Untersuchungen ergaben völlig neue Einsichten: Alles, was Schokolade oder Kakaobutter .... (1), meinten die Wissenschaftler, ... (2) voll im Schönheitstrend. Der Grund dafür .... (3), dass die süße Versuchung Wirkstoffe .... (4), die einen hautstraffenden und feuchtigkeitsspendenden Effekt .... (5) und somit der Hautalterung .... (6).

5.   Erzählen Sie die nachfolgende Geschichte im Konjunktiv I.

Eine wahre Geschichte

Der Schauspieler Manfred Krug fuhr spät abends nach seiner Arbeit mit der Straßenbahn nach Hause. Er bezahlte die Fahrt und bat den Schaffner, ihn kurz vor der Haltestelle, wo er aussteigen muss, zu wecken, damit er ein bisschen schlafen kann.
Der Schaffner vergaß das und Manfred Krug wachte an der Endstation auf. Er beschloss, mit derselben Bahn wieder zurückzufahren. Da kam der Schaffner wieder und wollte erneut Fahrgeld kassieren. Der Schauspieler weigerte sich, denn schließlich war es nicht seine Schuld, dass er eine zweite Fahrt antreten musste. Aber der Schaffner bestand darauf: Fahrschein oder keine zweite Fahrt!

Es kam zu einem Streit mit dem Schaffner und Krugs Personalien wurden festgestellt. Er musste die Straßenbahn verlassen und mitten in der Nacht zu Fuß nach Hause laufen.
Nach einer Weile kamen Zahlungsaufforderungen: erst waren es fünf Mark Strafgebühr, dann zehn, dann zwanzig, plus Mahnkosten, wegen Benutzung der Bahn ohne Fahrschein. Nachdem sich der Schwarzfahrer noch immer geweigert hatte, das Geld zu bezahlen, drohte man ihm mit einer Gefängnisstrafe. Selbst das veranlasste ihn nicht zum Nachgeben und ein paar Wochen später fand sich Manfred Krug in sauber gewaschenem Zustand, mit Zahnbürste, zum Absitzen seiner Strafe im Gefängnis ein.

Beginnen Sie so: *Ich habe letztens folgende Geschichte gehört: Der Schauspieler Manfred Krug* **sei** *spät abends nach seiner Arbeit mit der Straßenbahn nach Hause* **gefahren**. *Er ...*

(Die Erzählung Manfred Krugs können Sie bei *Stefan Heym: Der Winter unseres Missvergnügens, Wilhelm Goldmann Verlag, München 1996* nachlesen.)

6.   Geben Sie die Sätze des Politikers wieder und betonen Sie Ihre Zweifel.

    0.   „Leider schlief ich, als das Unglück passierte."
        Der Politiker will geschlafen haben, als das Unglück passierte.

    1.   „Ich wusste nichts von der Vergabe des Millionenauftrags an meinen Schwager."
        ....
        ....

    2.   „Ich hatte keine Ahnung von dem Vorfall."
        ....
        ....

    3.   „Ich bin dafür nicht zuständig."
        ....
        ....

    4.   „Ich habe diesen Brief nicht unterschrieben."
        ....
        ....

    5.   „Ich wurde über dieses Projekt erst heute Morgen informiert."
        ....
        ....

7. Geben Sie die folgenden Informationen aus den Nachrichten weiter.

0. Das Erdbeben kostete etwa 1000 Menschen das Leben.
   Hast du schon gehört, bei dem Erdbeben sollen 1000 Menschen gestorben sein.

1. In dem berühmten Juweliergeschäft „Diamant" wurde gestern zum fünften Mal eingebrochen.
   ....
   ....

2. Das königliche Paar besuchte einen Freund im Krankenhaus.
   ....
   ....

3. Die Feier fand nicht wie geplant im Schlossgarten, sondern in der Pauluskirche statt.
   ....
   ....

4. Neugierige behinderten die Rettungsmannschaft bei der Versorgung der Unfallopfer.
   ....
   ....

5. Morgen scheint in weiten Teilen des Landes die Sonne.
   ....
   ....

8. Umschreibungen
Beschreiben Sie die Äußerung des Sprechers mit Hilfe eines Verbs.

Sie sagte:

0. „Peter, ich gratuliere dir zu deinem Erfolg."
   Sie *beglückwünschte* Peter zu seinem Erfolg.

1. „Du solltest dich vor Haustürgeschäften in Acht nehmen."
   Sie .... ihn vor Haustürgeschäften.

2. „ Ich schlage vor, wir treffen uns am Dienstag um 13.00 Uhr."
   Sie .... mit ihm einen Termin.

3. „Zeigen Sie mir bitte Ihren Ausweis."
   Sie .... um den Ausweis.

4. „Nein, diesen Anzug kannst du nicht kaufen. Der steht dir nicht."
   Sie .... ihm vom Kauf des Anzugs ....

5. „Nimm das blaue Hemd. Das passt zu deinem Pullover."
   Sie .... ihm das blaue Hemd.

6. „Ich brauche deine Hilfe nicht. Ich komme auch allein zurecht."
   Sie .... seine Hilfe ....

7. „Du, Michael hat angerufen. Er kommt später."
   Sie .... ihm ...., dass Michael später kommt.

8. „Rege dich nicht auf, Rudolf. Es wird schon alles gut werden."
   Sie .... Rudolf.

9. „Nein, ich schaffe das heute nicht mehr. Ich mache diese Arbeit morgen."
   Sie .... ihre Arbeit auf morgen.

151

Kapitel 6
Teil D

Gehörtes und Gesagtes
Themen für Vortrag und Aufsatz

Kommunikation

1. Welchen Stellenwert hat Kommunikation in der heutigen Gesellschaft? Belegen Sie Ihre Ausführungen auch mit Beispielen.

2. Beschreiben Sie die Ihrer Meinung nach häufigsten Kommunikationsfehler und geben Sie eventuelle Lösungsmöglichkeiten an. Belegen Sie Ihre Ausführungen auch mit Beispielen.

Zeitungen

3. Beschreiben Sie Ihre „Idealzeitung" und erläutern Sie, warum die von Ihnen ausgewählte Zusammensetzung auch für andere Menschen interessant sein könnte.

Pressefreiheit

4. Es gibt Zeitungen, die so genannte Regenbogenpresse, die sich darauf spezialisiert haben, Detailliertes aus dem Privatleben von Adligen, Schauspielern, Politikern oder anderen Personen des öffentlichen Interesses zu berichten. Wie weit darf Ihrer Meinung nach diese Berichterstattung gehen? Sollte der Staat die Freiheit der Presse zum Schutz der Personen mit bestimmten Maßnahmen einschränken? Begründen Sie Ihre Meinung.

Lesen und Fernsehen

5. Berichten Sie an ausgesuchten Beispielen über Literatur und Autoren Ihres Heimatlandes. Welche Rolle spielen Lesen und Literatur in Ihrem Land?

6. Als Freizeitbeschäftigung hat das Fernsehen das Lesen längst überholt. Wie beurteilen Sie diese Entwicklung? Erläutern Sie Vor- und Nachteile beider Medien.

7. Weltweit erweitern immer mehr Fernsehsender ihr Programm durch Sendungen wie „Reality-TV", in denen Gewaltverbrechen, Unfälle oder Naturkatastrophen live in die Wohnzimmer übertragen werden, um ihre Einschaltquoten zu erhöhen. Wie beurteilen Sie diese Entwicklung und das offenkundige Interesse nicht weniger Menschen an diesen Sendungen? Gehen Sie auch auf Ursachen und Folgen dieser Entwicklung ein.

Kapitel 7   Aktives und Passives
Teil A   *Texte und Textarbeit*

I. Das 19. Jahrhundert

1.   Lesen Sie den folgenden Text.

Das 19. Jahrhundert

Hat uns das 19. Jahrhundert heute noch etwas zu sagen? Können wir überhaupt noch Zugang zu ihm finden?

Wer über diese Zeit nachdenkt, wird zu überraschenden Antworten gelangen. Es gibt kaum eine Phase der Geschichte, die so sehr mit unserem Leben, unserer Politik und den Einrichtungen unserer Gesellschaft verknüpft ist, wie das 19. Jahrhundert. Der Grund dafür ist einfach: An der Wende zum 19. Jahrhundert begann mit der Aufklärung und der französischen Revolution die Moderne oder – wenn man so will – die Gegenwart. Mit den Revolutionen von 1830 und 1848/49, der Verfassungsentwicklung, der Bildung organisierter Parteien, der Industrialisierung und der Entstehung der Arbeiterbewegung, dem Aufkommen des Nationalismus und territorial gebundener Nationalstaaten sowie der umfassenden Erweiterung politischer Dimensionen zur Weltpolitik setzte sich dieser Prozess der Herausbildung der Moderne fort. Es war eine Zeit der Erneuerung, des Durchbruchs neuer Ideen und Entwicklungen – ein revolutionäres Zeitalter in vielerlei Hinsicht, allen antirevolutionären Kräften und Beharrungsversuchen zum Trotz.

Und die Ergebnisse dieser Umwälzungen prägen und bestimmen unser Denken und Handeln bis heute. Deshalb ist die Beschäftigung mit dem 19. Jahrhundert die Voraussetzung zum Verständnis unserer eigenen Zeit. Deshalb fällt es uns so leicht, das 19. Jahrhundert zu erschließen und der Beschäftigung mit ihm Interesse abzugewinnen.

Aus: M. Görtemaker: Deutschland im 19. Jahrhundert

---

2.   Verbalisieren Sie die nominalen Wendungen.

    0.   die Entwicklung der Verfassung   *die Verfassung wurde entwickelt*

    1.   die Bildung organisierter Parteien   ....

    2.   die Entstehung der Arbeiterbewegung   ....

    3.   das Aufkommen des Nationalismus   ....

    4.   die Erweiterung der politischen Dimensionen   ....

    5.   das Durchbrechen neuer Ideen   ....

3.   Ergänzen Sie die fehlenden Verben.

    1.   Können wir überhaupt noch Zugang zum 19. Jahrhundert ....?

    2.   Wer über diese Zeit ...., wird zu überraschenden Antworten ....

    3.   Es gibt kaum eine Phase der Geschichte, die so sehr mit unserem Leben .... ist, wie das 19. Jahrhundert.

    4.   Die Ergebnisse dieser Umwälzungen .... unser Denken und Handeln bis heute.

    5.   Deshalb .... es uns so leicht, das 19. Jahrhundert zu erschließen.

4. Formulieren Sie mit den angegebenen Informationen Sätze im Passiv.
Formulierungshilfe (einige Verben können mehrmals verwendet werden): *eröffnen – herstellen – erfinden – bauen – veröffentlichen – konstruieren – gründen – entwickeln – erlassen – durchführen*
Das geschah im 19. Jahrhundert:

  0. 1825: 1. Eisenbahnstrecke für Personenverkehr – England – 61 km
     Die erste Eisenbahnstrecke für Personenverkehr wurde 1825 in England eingeweiht. Sie war 61 km lang.

  1. 1833: Carl Friedrich Gauß/Wilhelm Weber: elektromagnetische Telegrafenverbindungen
     ....

  2. 1835: 1. deutsche Dampfeisenbahnstrecke Nürnberg–Fürth (6,1 km)
     ....

  3. 1837: Samuel Morse: 1. brauchbarer Schreibtelegraf
     ....

  4. 1848: Karl Marx/Friedrich Engels: „Manifest der kommunistischen Partei"
     ....

  5. 1849: James B. Francis: Hochdruckwasserturbine
     ....

  6. 1859–69: Suez-Kanal
     ....

  7. 1861: Johann Philipp Reis: 1. Fernsprecher
     ....

  8. 1869: Wilhelm Liebknecht/August Bebel: „Sozialdemokratische Arbeiterpartei"
     ....

  9. 1878: Alexander Bell: elektromagnetischer Fernsprecher
     ....

  10. 1878: „Gesetz gegen die gemeingefährlichen Bestrebungen der Sozialdemokratie"
     ....

  11. 1883: Gottlieb Daimler: gebrauchsfähiger Benzinmotor
     ....

  12. 1884: Carl Benz: dreirädriges Automobil mit Viertaktmotor
     ....

  13. 1890–96: Otto Lilienthal: Gleitflugversuche
     ....

  14. 1893–97: Rudolf Diesel: Dieselmotor
     ....

5. Beantworten Sie eine der folgenden Fragen.
  1. Welches Jahrhundert spielt für die Entwicklung Ihres Heimatlandes eine besondere Rolle? Belegen Sie Ihre Ausführungen mit Beispielen.
  2. Welche Erfindung (egal aus welcher Zeit) ist für Sie persönlich die wichtigste? Begründen Sie Ihre Meinung.

6.   Lesen Sie den folgenden Text.

Nicht im Sinne des Erfinders

„Anstandswidriges und geistesverwirrtes Betragen" wurde Karl Friedrich Drais zur Last gelegt – wegen seines 1817 erfundenen Laufrades, Grundlage des Fahrrades. Der Karlsruher Beamte verlor Job und Pensionsanspruch und starb völlig verarmt.

Rudolf Diesel musste mit seiner Idee für einen effizienteren Motor jahrelang <u>hausieren gehen</u>, bis er endlich Finanziers fand. Der Dieselmotor wurde schließlich in der Industrie eingesetzt. Doch das Geld, das er mit dem Patent verdiente, verlor Diesel an der Börse. Als er 1913 Selbstmord beging, ahnte er nichts vom späteren überwältigenden Erfolg seiner Erfindung bei Lokomotiven und Autos. Und Johann Martignoni verhungerte nach dem Zweiten Weltkrieg in Leipzig. Noch heute werden in der ganzen Welt Spiralbohrer nach dem von ihm entwickelten Prinzip hergestellt.

Extreme Beispiele, sicher. Doch in jedem Fall gilt, <u>dass es mit einer guten Idee allein nicht getan ist</u> – ein Erfinder braucht viel Geduld und auch ein bisschen Glück. Und manchmal kommt am Schluss sogar etwas völlig anderes heraus, als der Erfinder <u>im Sinn hatte</u>. Spencer Silver beispielsweise wollte Ende der 1960er Jahre im Auftrag des US-Chemie-Konzerns 3M einen neuen Superklebstoff entwickeln. Bei einem der Versuche mischte er die Substanzen ein wenig unorthodox zusammen: „Wenn ich vorher in der Fachliteratur nachgeschlagen hätte, wie es sich gehört, hätte ich sicher die Finger von dem Experiment gelassen", sagte Silver später. Heraus kam ein Kleber, der zwar für eine Art Haftung sorgte, aber nicht für eine dauerhafte Klebebindung.

Ein Fehlschlag also, der in irgendeiner Firmenschublade vergessen worden wäre, wenn der 3M-Mitarbeiter Art Fry nicht im Kirchenchor gesungen hätte. Ihn ärgerte es, dass die Lesezeichen immer aus dem Gesangsbuch fielen. „Man müsste sie auf die Seiten kleben können", überlegte er. Dann erinnerte er sich an die scheinbar nutzlose Erfindung, die sein Kollege fünf Jahre zuvor gemacht hatte. Die beiden setzten sich zusammen, experimentierten – und entwickelten die „Post-it-Notes", die 1978 auf den amerikanischen und 1981 auf den europäischen Markt kamen. Heute <u>sind sie aus den Büros nicht mehr wegzudenken</u>, übersäen Schreibunterlagen und Monitore, Telefone und Schreibtischlampen.

Auch die Karriere des Wunderstoffes Polytetrafluorethylen, besser bekannt unter dem Namen Teflon, verlief <u>über viele Umwege</u>. Viele Jahre wusste niemand <u>etwas damit anzufangen</u>. Der Chemiker Roy Plunkett suchte in den 1930er Jahren für DuPont ein neues Kältemittel für Kühlschränke. Eine Flasche Tetrafluorethylen ließ er <u>aus Versehen</u> bei Zimmertemperatur stehen – und der Inhalt wurde zur festen Masse, die chemisch mit nahezu keiner Substanz reagierte. Doch erst 1943 erinnerte man sich bei DuPont an die Entdeckung und fünf Jahre später startete die Firma die kommerzielle Produktion von Teflon für Beschichtungen, Dichtungen und Isolationsmaterial.

Aus: Die ZEIT

---

7.   Fassen Sie den Text in etwa fünf Sätzen zusammen.

8.   Erklären Sie die unterstrichenen Teile mit eigenen Worten und nehmen Sie eventuell notwendige Umformungen vor.

     1.   Rudolf Diesel <u>musste</u> mit seiner Idee jahrelang <u>hausieren gehen</u> ...

     ....

2. Doch in jedem Fall gilt, dass es mit einer guten Idee allein <u>nicht getan ist</u>.

   ....

3. Und manchmal kommt am Schluss sogar etwas völlig anderes heraus, als der Erfinder <u>im Sinn hatte</u>.

   ....

4. Heute sind sie aus den Büros <u>nicht mehr wegzudenken</u>.

   ....

5. Auch die Karriere des Wunderstoffes Polytetrafluorethylen verlief <u>über viele Umwege</u>.

   ....

6. Viele Jahre wusste niemand <u>etwas damit anzufangen</u>.

   ....

7. Eine Flasche Tetrafluorethylen ließ er <u>aus Versehen</u> bei Zimmertemperatur stehen.

   ....

9. Wortschatz
Ergänzen Sie die Verben.

Der Weg einer Erfindung zum Patent

Eine Erfindung wird .... (1).

⇩

Die Erfindung wird zum Patent .... (2) und diese Anmeldung wird beim Patentamt .... (3).

⇩

Beim Patentamt wird die Erfindung auf Neuheit, erfinderische Tätigkeit und gewerbliche Anwendbarkeit .... (4).

⇩

Vom Patentamt wird das Patent für die Erfindung .... (5).

II. Suchen und finden

1. Berichten Sie.

1. Wozu und wie oft nutzen Sie das Internet?

2. Was ist Ihnen durch das Internet erleichtert oder überhaupt erst ermöglicht worden?

3. Was stört Sie bei der Benutzung bzw. welche Probleme sind aufgetaucht?

4. Was ist das Ungewöhnlichste/Seltsamste/Lustigste, was Ihnen im Internet bisher begegnet ist?

2. Haben Sie sich schon mal im Internet loben lassen, weil es sonst keiner tut? Wenn nicht, dann lesen Sie den folgenden Text.

Besser geht's nicht

Hat Ihnen schon mal jemand gesagt, dass Sie ein Genie sind? Nein? Und Ihre rosarote Brille haben Sie heute auch verlegt? Ihr Hirn ist schwer, Ihre Gedanken sind grau? Dann wird es Zeit, dass Ihnen jemand mal deutlich sagt, wie toll Sie eigentlich sind. „Du siehst jeden Tag jünger und schöner aus. Wie machst du das?" Klingt gut, lässt sich aber noch steigern: „Du bereicherst die Welt durch deine bloße Existenz." Beziehungsweise: „Da soll noch mal jemand sagen, Intelligenz und gutes Aussehen gingen nicht zusammen".

Sollten Sie in der bedauerlichen Lage sein, dass kein Mensch Ihnen <u>derlei</u> Dinge freiwillig sagt, können wir Ihnen die Internet-Seite *www.lobgenerator.de* empfehlen. Sie überhäuft jeden, der <u>einen Mausklick hinbekommt</u>, mit Lobpreisungen in den Kategorien „Job", „Aussehen" und – besonders <u>ersprießlich</u> – „Allgemein".

All die oben zitierten, ganz und gar wunderbaren Sätze stammen vom Lobgenerator. Mit dieser brillanten Erfindung wird der Tatsache <u>Rechnung getragen</u>, dass der Mensch Lob braucht wie die Blume Dünger. Schmeicheln ist eine bewährte Kulturtechnik, das wusste Machiavelli[1], das weiß jeder Management-Trainer.

Natürlich sagt Ihnen nun Ihr messerscharfer Verstand: Wer lobt, will manipulieren. Wer lobt, wird nicht nach seiner Legitimation gefragt. Loben kostet nichts. Wenn wir uns alle nur noch loben, reden wir vielleicht bald wie die Moderatoren im Home Order TV („dieser unglaubliche Wischmopp"[2]), oder wir stehen da wie Generäle einer Bananenrepublik, bei denen man vor lauter Orden die Uniform nicht mehr sieht. Das ist alles sehr gut beobachtet – herzlichen

Glückwunsch! –, aber was bedeutet das im Vergleich mit den einzigartigen Vorteilen des Lobens? „Lob durchdringt Panzerschilde", schreibt ein Motivations-Coach, „Komplimente öffnen Türen".

Die <u>durchweg</u> positiven Urteile des Lobgenerators <u>mögen</u>, wenn man ehrlich ist, nicht unbedingt in allen Fällen verdient sein. Schließlich kennt der Apparat Sie ja gar nicht. Es zeigt sich aber, dass dieser Haken die subjektive Wirkung des Lobs kaum beeinträchtigt. Lob befriedigt <u>den</u>

Du bist eindeutig ein Glücksfall für diese Welt!

<u>Hunger</u> nach Anerkennung in unserer von Wettbewerb geprägten Welt. Eine sexy Intelligenzbestie wie Sie sollte immer wieder daran erinnert werden, <u>was die anderen an Ihnen haben</u>.

Möchten Sie, möchte nicht jeder Mensch öfter emotional ergreifende und wundervoll orchestrierte Sätze hören wie – wir zitieren: „Für deinen Charme sollte man einen Waffenschein verlangen."? Erzeugen solche Worte nicht ein einzigartiges Wohlgefühl und machen damit die Welt zu einem fabelhaften Ort? Ja, Loben kommt von Lieben. Und wenn Ihnen dabei irgendwann <u>die Worte ausgehen</u>, dann hauchen Sie einfach mal ein unwiderstehliches „Wow!".

Aus: Die ZEIT

---

1   Machiavelli = italienischer Politiker und Geschichtsschreiber (1469–1527)
2   Wischmopp = Haushaltsgerät zum Wischen von Fußböden

3.   Wie wirkt der Text auf Sie?

3a. Beschreiben Sie die Textwirkung mit Hilfe von Adjektiven: *unterhaltsam – anspruchs-voll – ergreifend – analytisch – langweilig – banal – humorvoll – ironisch – kämpferisch – sachlich – lustig – analytisch – traurig – zweideutig – verwirrend – inspirierend – wohltuend – beruhigend ...*

3b. Welche Meinung hat der Autor über den Lobgenerator?

4.   Beantworten Sie die folgenden Fragen.

    1.   Sind Sie überrascht, dass es so etwas gibt?

    2.   Glauben Sie, dass der Lobgenerator oft genutzt wird?

    3.   In welchen Bereichen kann das Internet Lebenshilfe bieten? Begründen Sie Ihre Meinung und nennen Sie Beispiele.

5.   Erfinden Sie in Gruppen oder allein drei „Lobessätze" als Bereicherung für den Lobgenerator.

    1.   ....

        ....

    2.   ....

        ....

    3.   ....

        ....

6.   Erklären Sie die Wörter/Wendungen nach ihrer Bedeutung im Text mit eigenen Ausdrücken.

    1.   <u>derlei</u> Dinge

        ....

    2.   die Internet-Seite überhäuft jeden, <u>der einen Mausklick hinbekommt</u>, mit ...

        ....

    3.   besonders <u>ersprießlich</u>

        ....

    4.   mit dieser Erfindung wird der Tatsache <u>Rechnung getragen</u>

        ....

    5.   Die <u>durchweg</u> positiven Urteile des Lobgenerators <u>mögen</u> nicht unbedingt ...

        ....

    6.   Lob befriedigt <u>den Hunger</u> nach Anerkennung.

        ....

    7.   Eine Intelligenzbestie wie Sie sollte daran erinnert werden, <u>was die anderen an Ihnen haben</u>.

        ....

    8.   Und wenn Ihnen dabei irgendwann <u>die Worte ausgehen</u>, dann ...

        ....

7. Ergänzen Sie die fehlenden Endungen der Artikel und Possessivpronomen, wenn nötig, und die Adjektive/Partizipien in der richtigen Form. Achtung! Nicht alle vorgegebenen Wörter passen.

brillant – positiv – subjektiv – ergreifend – glücklich – rosarot – toll – messerscharf – grau – einzigartig – bloß – bedauerlich – objektiv

Haben Sie Ihr.... .... (1) Brille heute verlegt oder .... (2) Gedanken? Dann wird es Zeit, dass Ihnen jemand mal deutlich sagt, wie .... (3) Sie eigentlich sind. „Du bereicherst die Welt durch dein.... .... (4) Existenz." Klingt doch gut, oder? Sollten Sie in d.... .... (5) Lage sein, dass kein Mensch Ihnen derlei Dinge freiwillig sagt, können wir Ihnen die Internet-Seite *www.lobgenerator.de* empfehlen.

Mit dies.... .... (6) Erfindung wird der Tatsache Rechnung getragen, dass der Mensch Lob braucht wie die Blume Dünger. Natürlich sagt Ihnen nun Ihr.... .... (7) Verstand: Wer lobt, will manipulieren. Aber was bedeutet Ihr Einwand im Vergleich mit d.... .... (8) Vorteilen des Lobens?

D.... durchweg .... (9) Urteile des Lobgenerators mögen nicht unbedingt in allen Fällen verdient sein. Schließlich kennt der Apparat Sie ja gar nicht. Es zeigt sich aber, dass dieser Haken d.... .... (10) Wirkung des Lobs kaum beeinträchtigt. Möchten Sie, möchte nicht jeder Mensch öfter emotional .... (11) Sätze hören wie „Für deinen Charme sollte man einen Waffenschein verlangen."?

8a. Wortschatz rund um den Computer
Ergänzen Sie die fehlenden Worthälften, Silben, Buchstaben.

0. das Gehäu*se*	9. die unerwü................ Mail
1. der Rech................	10. die Sound................
2. das DVD-Lauf................	11. der ....schirm
3. das Pass................	12. die Leit................
4. die Speicherkapa................	13. die Speichererwei................
5. die Tasta................	14. das Antiviren................
6. die Festpl................	15. die Zugangsbe................
7. die Internetver................	16. der Arbeitsspei................
8. die Suchma................	17. die Grafikkar................

8b. Mit einem Textver................programm kann man Texte:

a) schr................	b) aus................	c) ein................
d) kop................	e) sp................	und f) lö................

9. Beantworten Sie die folgenden Fragen

1. Spielen Sie Computerspiele? Wenn ja, welche? Beschreiben Sie ein Spiel. Wenn nein, warum spielen Sie nicht?

2. Können Computerspiele Ihrer Meinung nach Menschen beeinflussen/verändern? Wenn ja, auf welche Weise und in welchen Bereichen? Nennen Sie Beispiele.

10. Ergänzen Sie die fehlenden Verben.

Gewalttätige Computerspiele machen aggressiv – unter bestimmten Bedingungen. Das ist das zentrale Ergebnis einer deutschen Studie, die von zwei Psychologen der Ruhr-Universität Bochum .... (1) wurde. Kinder und Jugendliche im Alter zwischen acht und vierzehn Jahren durften sich mit einem von drei Computerspielen .... (2): einem gewaltfreien Spiel, einem Problemlösespiel und einem Kampfspiel. Anschließend wurden sie mit einem Bildersatz konfrontiert, der positive und negative Bilder .... (3). Die Kinder konnten selbst darüber .... (4), wie viele der Bilder sie sich wie lange .... (5) wollten.

Um die Reaktionen der jungen Versuchspersonen .... (6), versahen die Forscher sie mit einer Elektrode am Zeigefinger. Das Ergebnis war eindeutig: Kinder, die vorher ein Kampfspiel gespielt hatten, ... (7) freiwillig mehr belastende Bilder als Kinder, denen ein gewaltfreies Computerspiel zugeteilt worden war. Bei den Jungen konnten die Psychologen auch eine Abstumpfung in der mimischen Reaktion .... (8): Sie .... (9) deutlich weniger emotionale Betroffenheit bei belastenden Bildern als die anderen Kinder.

Gewalttätige Spiele, so das Resümee aus der Studie, sollten nicht unterschätzt werden. Die Beschäftigung mit ihnen .... (10) dauerhaft zu einer emotionalen Abstumpfung und würde langfristig die Hemmschwelle für aggressives Verhalten herabsetzen.

III. Senden und gesendet werden

1. Inwieweit hat das Mobiltelefon das gesellschaftliche Leben verändert?
Berichten Sie darüber und belegen Sie Ihre Ausführungen mit Beispielen.

.... ⌐   ¬ ....

.... ⌐   ┌──────────────┐   ¬ ....

.... ⌐   │ *Einfluss des* │   ¬ ....

.... ⌐   │ *Mobiltelefons* │ ¬ ....

.... ⌐   └──────────────┘   ¬ ....

2. Lesen Sie den folgenden Text.

Leben auf Empfang

Noch nie hat ein <u>schlichtes</u> Gerät die Welt so schnell <u>für sich eingenommen</u> und zugleich aufgewühlt wie das Mobiltelefon. Was für ein Segen, dass ich jeden erreiche! Was für ein Fluch, dass auch mich und den Tischnachbarn jeder erreicht! Meist kämpfen Hass und Liebe in ein und derselben Person. Studien zeigen, dass selbst die heftigsten Nutzer <u>sich</u> der Nachteile <u>Gewahr sind</u> und oft mit ihrem Gerät <u>hadern</u>. Dennoch führt kein Weg zurück. Erstaunlich viele Menschen, zumal die jungen, können sich ein Leben ohne Mobiltelefon gar nicht mehr vorstellen. Man drückt ein paar Tasten, und ein ferner Mitmensch greift sich hastig in die Jackentasche. Kein Vergleich zu früher. Da rief man einen Ort an, an dem ein Telefon stand, und hoffte das Beste. Heute meldet sich genau die angepeilte Zielperson, wo immer sie sich aufhalten mag: in der Schlange vorm Skilift, im Bett der Nebenbuhlerin oder auf dem Flughafenklo (es gibt Leute, die gehen einfach überall ran). Das ist die wahre Magie des Mobiltelefons: Es ist eine Fernbedienung, die abwesende Menschen <u>unverzüglich</u> aus jeder Lebenslage herbeizaubert – ja, es muss dem Anrufer vorkommen, als steckten diese allesamt schon im Gerät.

Forscher aller Art <u>beäugen</u> nun das Volk der Mobilfunker und den Wandel seiner Sitten. Anthropologen vermessen die Daumen von Jugendlichen, um zu sehen, ob sie vom vielen SMS-Tippen angeschwollen sind – schließlich schwirren jeden Tag schätzungsweise mehr als eine Milliarde Textbotschaften durch die Netze der Welt. Das kann nicht ohne Folgen bleiben. Manche Vielschreiber sind in der Tat schon so geübt, dass sie beim Tippen nicht mehr hinsehen müssen. Für junge Menschen ist die SMS zum Lebensmedium geworden. Nichts ist praktischer, wenn es gilt, Verbindungen mit Freunden zu halten. Das ermöglicht lose Gruppen, deren Mitglieder voll beweglich bleiben: Sie können sich beliebig über die Stadt verteilen – jeder zu seinen Geschäften – und bleiben doch zusammen.

Auch die Älteren benutzen das Handy vor allem zur Beziehungspflege im kleinen Kreis. Die meisten Telefonate beschränken sich auf Freunde und Verwandte – also Leute, die man ohnehin andauernd sieht. In der Familie dient das Handy <u>zudem</u> als Werkzeug des Managements: Auch im wirrsten Getriebe des flexibilisierten Lebens muss man sich nicht mehr <u>aus den Augen verlieren</u>. Die Mutter, wenn sie mittags ins Büro stürmt, bestellt beim Vater, der auf dem Heimweg ist, etwas Safran vom Wochenmarkt – und die Zwillinge muss er nicht abholen, das macht die Große, die hat sich eben aus dem Bus gemeldet.

Im handybegeisterten Finnland kommt so manches Kind zu seinem Erstgerät, ehe es überhaupt den Sinn des Teils erahnt. Die kleinen Neubürger im Reich des Mobilfunks lassen sich aber weiter nicht beirren, wie eine Studie ergab. Sie geben ihren piependen Rätselwesen Namen und ziehen ihnen Puppenkleider an.

Wenn die Kinder größer werden, müssen sie nicht unbedingt umdenken: Das Studium der Erwachsenen bestätigt ihnen ja, dass es sich bei dem famosen Gerät um einen Fetisch handelt. Zwölfjährige sind oft schon ziemlich gerätefixiert. In diesem Alter etwa fangen die Kinder an, ihre Telefone <u>schier</u> grenzenlos zu hätscheln mit neuen Logos und Klingeltönen. Dafür ist ihnen so schnell nichts zu teuer: Allein für Klingeltöne gab die meist jugendliche Kundschaft im vergangenen Jahr weltweit rund dreieinhalb Milliarden Dollar aus. Kein Wunder, dass das Gerät von heute sich durch satten, symphonischen Klingelklang auszeichnen muss. Niemand hatte zuvor dieses Merkmal vermisst – ebenso wenig wie die Möglichkeit, mit dem Telefon Fotos zu machen. Und dennoch wurden im vergangenen Jahr mehr Fotohandys verkauft als Digitalkameras.

Die Kundschaft nimmt jede Neuerung dankbar hin; nun erforscht sie rege, wofür ein Handy mit Objektiv gut sein könnte. In Singapur filmte ein Schüler einen Lehrer, wie der einen Klassenkameraden drangsalierte und dessen Arbeit zerriss. Der Schüler stellte das Video ins Internet – und löste eine nationale Kontroverse aus. Darf man das?

Die japanische Medienforscherin Mizuko hat beobachtet, was die Leute mit dem Kamerahandy am liebsten anfangen. Sie nutzen es als ambulantes Fotoalbum für die kleinen Denkwürdigkeiten des Tages: das dumme Gesicht des Nachbarn im Treppenhaus oder den Hamster, wie er am Topflappen nagt – nichts, was man aufheben müsste, aber ein paar Freunde könnten es lustig finden. So was ist nicht zu unterschätzen. Das Gerät hat ja schon gezeigt, welche Leidenschaften es freisetzt, sobald die Benutzer eine gemeinschaftsstiftende Verwendungsweise entdecken.

Die nächste verheißungsvolle Funktion ist schon marktreif: Telefone mit eingebautem GPS-Chip. Damit hält die Satellitennavigation auch im Handy Einzug. Sie könnte einem Grundmangel des mobilen Telefonierens abhelfen: der Ungewissheit über den Ort. Fast jedes Gespräch beginnt damit, dass die Partner einander umständlich erklären, wo sie gerade sind. Wäre es da nicht schön, ein jeder erschiene dem anderen gleich als Leuchtpunkt auf dem Stadtplan?

Aus: Der SPIEGEL

3. Fassen Sie den Inhalt des Textes mündlich oder schriftlich mit eigenen Worten zusammen. Gehen Sie dabei auf die Anwendungsgebiete und die Veränderungen ein, die das Mobiltelefon für das menschliche Zusammenleben bewirkt hat.

4. Erklären Sie die Wörter/Wendungen nach ihrer Bedeutung im Text mit eigenen Worten.

1. ein schlichtes Gerät ....
2. die Welt für sich eingenommen ....
3. die sich der Nachteile Gewahr sind ....
4. mit ihrem Gerät hadern ....
5. unverzüglich ....
6. Forscher beäugen nun das Volk ....
7. dient das Handy zudem ....
8. sich aus den Augen verlieren ....
9. schier grenzenlos ....
10. Telefone hätscheln ....
11. Lehrer, der einen Klassenkameraden drangsalierte ....
12. was die Leute mit dem Kamerahandy anfangen ....
13. eine verheißungsvolle Funktion ....
14. einem Grundmangel des mobilen Telefonierens abhelfen ....

5. Formen Sie den Text so um, dass Sie die auf der rechten Seite angegebenen Wörter bzw. Hinweise in den Text einarbeiten.

Noch nie hat ein schlichtes Gerät die Welt so schnell <u>für sich eingenommen</u> wie das Mobiltelefon. Was für ein Segen, dass <u>ich jeden erreiche</u>! Was für ein Fluch, dass auch mich jeder erreicht!	Sympathie
Studien <u>zeigen</u>, dass sich selbst die heftigsten Nutzer der Nachteile des Mobiltelefons <u>Gewahr sind</u> und oft mit ihrem Gerät hadern. Dennoch <u>führt</u> kein Weg zurück. Erwachsene <u>benutzen</u> das Handy vor allem zur Beziehungspflege im kleinen Kreis. Die meisten ihrer Telefonate <u>beschränken</u> sich auf Freunde und Verwandte. In der Familie <u>dient</u> das Handy außerdem als Werkzeug des Managements: Auch im wirrsten Getriebe des flexibilisierten Lebens <u>muss man sich nicht mehr aus den Augen verlieren</u>. So bestellt die Mutter beim Vater, <u>der sich gerade auf dem Heimweg befindet</u>, etwas Safran vom Wochenmarkt. Auch Zwölfjährige sind oft schon ziemlich gerätefixiert. In diesem Alter etwa fangen die Kinder an, ihre Telefone grenzenlos zu <u>verwöhnen</u>. Allein für Klingeltöne <u>gab</u> die meist jugendliche Kundschaft im vergangenen Jahr weltweit rund dreieinhalb Milliarden Dollar <u>aus</u>. Kein Wunder, dass sich Geräte <u>von heute</u> durch satten, symphonischen Klingelklang <u>auszeichnen</u> müssen. Die Kundschaft <u>nimmt</u> jede Neuerung <u>dankbar hin</u>. Die japanische Medienforscherin Mizuko <u>hat beobachtet</u>, dass Leute das Kamerahandy am liebsten als ambulantes Fotoalbum für die kleinen Denkwürdigkeiten <u>des Tages</u> benutzen. Ein paar Freunde finden sie <u>vielleicht</u> lustig. So etwas <u>ist nicht zu unterschätzen</u>. Das Gerät hat ja schon gezeigt, welche Emotionen es erzeugen kann, sobald die Benutzer <u>seinen gemeinschaftsbildenden</u> Beitrag erkennen.	erreichbar zufolge kennen geben / dienen gelten werden Kontakt bleiben (Partizipialattribut) (Substantiv) investieren (Adjektiv) aufmerksam machen freuen Beobachtungen (Adjektiv) (Modalverb) (Passiv) Gemeinschaftsbildung

6. Formen Sie die Aktivsätze in Passivsätze um.

0. Erwachsene <u>benutzen</u> das Handy vor allem zur Beziehungspflege.
   Das Handy wird von Erwachsenen vor allem zur Beziehungspflege benutzt.

1. Die Entwicklung des Mobiltelefons <u>ist nicht mehr umkehrbar</u>.
   ....

2. Man <u>drückt</u> ein paar Tasten und ein ferner Mitmensch greift sich hastig in die Jackentasche.
   ....

3. Forscher aller Art <u>beäugen</u> nun das Volk der Mobilfunker.
   ....

4. Die kleinen Neubürger in Finnland <u>sind</u> von Handys <u>nicht so leicht zu beeindrucken</u>.
   ....

5. Sie <u>ziehen</u> ihren Mobiltelefonen Puppenkleider <u>an</u>.
   ....

6. Im vergangenen Jahr <u>ließen</u> sich mehr Fotohandys als Digitalkameras <u>verkaufen</u>.
   ....

7.   Ergänzen Sie die fehlenden Präpositionen.

Junge Menschen haben das Mobiltelefon längst .... (1) sich entdeckt, aber sie benutzen es beileibe nicht nur .... (2) Telefonieren. .... (3) der sinkenden Lese- und Schreibfähigkeit, die man Jugendlichen nachsagt, erfreut sich das Versenden schriftlicher Kurzmitteilungen allerhöchster Beliebtheit. .... (4) sechs SMS (short messages), die durchschnittlich .... (5) Tag geschickt und empfangen werden, spielt dieser Service .... (6) Deutschland eine größere Rolle als Handytelefonate oder E-Mail-Kontakte. Die kurzen Textbotschaften sind .... (7) allem .... (8) ihrer Unaufdringlichkeit, ihrer geräuschlosen Übermittlung und ihrer Diskretion besonders gefragt. .... (9) einer Studie werden die SMS am häufigsten .... (10) zu Hause aus verschickt, seltener als Zeitvertreib .... (11) Warten und nur .... (12) die 20 Prozent der Jugendlichen schreiben SMS .... (13) der Schule. Inhalt der meisten Textbotschaften ist die Planung gemeinsamer Unternehmungen, dicht gefolgt .... (14) Mitteilungen .... (15) das eigene Befinden. Besonderen Spaß macht auch das Flirten .... (16) SMS.

8.   Ergänzen Sie die fehlenden Substantive in der richtigen Form. (Nicht alle Substantive passen.)

Quartal – Spitzenzeiten – Ziel – Marktanteile – Schwäche – Machtverhältnisse – Talfahrt – Stärke – Jahresvergleich – Sieg – Kundenwünsche – Prozentpunkte – Absicht – Boden – Wettbewerb – Vergleich – Weltrangliste – Zufall – Strategien – Hälfte

Der Weltmarkt für Mobiltelefone ist nach einer saisonalen .... (1) zu Jahresbeginn im zweiten Quartal wieder kräftig gewachsen. Die Zahl der verkauften Handys stieg im .... (2) um rund 37 Prozent auf fast 164 Millionen, hat das amerikanische Marktforschungsunternehmen IDC ermittelt. Die .... (3) auf dem Handy-Markt schwankten im zweiten .... (4) abermals sehr stark. Die Hersteller Samsung, Sony-Ericsson und LG Electronics haben ihre .... (5) kräftig ausgeweitet. Dagegen geht die .... (6) des Weltmarktführers Nokia weiter: Nach IDC-Berechnungen haben die Finnen zwischen April und Juni weitere 1,6 .... (7) gegenüber dem ersten Quartal verloren und erreichen nur noch einen Anteil von 27,7 Prozent am Weltmarkt. In .... (8) hat Nokia rund 38 Prozent des Weltmarktes besetzt. Auch Siemens verliert rasant Anteile: Im .... (9) zum ersten Quartal rutschten die Münchner um zwei Prozentpunkte auf nur noch 6,4 Prozent Marktanteile ab. Vom erklärten .... (10), 10 Prozent Anteil zu erreichen, entfernt sich das Unternehmen immer weiter. Motorola hat nach einigen erfolgreichen Quartalen ebenfalls an .... (11) verloren. Die Amerikaner konnten ihren zweiten Platz in der .... (12) nur knapp vor Samsung verteidigen. Für IDC-Analysten sind die starken Schwankungen kein .... (13). Samsung und

LG haben gezeigt, wie man mit kreativen Mittelklassemodellen Marktanteile gewinnen kann. Demgegenüber verfolgten Nokia und Siemens konventionelle .... (14), die aus einer Zeit stammen, als der .... (15) noch nicht so hart war. Diese Anbieter sollten sich die .... (16) besser anschauen.

IV. Waldsterben

1. Lesen Sie den folgenden Text.

Ein Schritt vor, einer zurück

Ein Schritt vor, ein Schritt zurück – die Bekämpfung der Luftverschmutzung und damit des Waldsterbens scheint nicht richtig voranzukommen: Zwar ist eines der schlimmsten Waldgifte weitgehend <u>ausgeschaltet</u> worden, aber ein anderes ist dafür wirksamer denn je. Die Folge ist, dass das im Jahre 1981 entdeckte erste Waldsterben von einem zweiten Waldsterben überlagert und teilweise abgelöst wird.

Knapp zwei Drittel der Wälder in der Bundesrepublik sind mittlerweile geschädigt. Der Anteil der stark <u>lädierten</u> Bäume ist seit Beginn der systematischen Zustandsermittlung im Jahre 1984 um ein Drittel gestiegen. Dazu kommt, dass die Zahlen ungleich höher wären, wenn nicht regelmäßig tote Bäume abgeholzt und damit auch aus der Statistik <u>getilgt</u> würden.

Hauptursache der klassischen Waldschäden waren die schwefelhaltigen Rauchgase aus den hohen Schloten von Kohlekraftwerken, die als *Saurer Regen* europaweit über den Wäldern niedergehen. Der Ausstoß des Schornsteingiftes Schwefeldioxid trägt zwar noch immer erheblich zum Vegetationssterben bei, aber mit sinkender Tendenz. Die Schwefelemissionen, unter denen vor allem die Nadelbäume zu leiden hatten, sind in Ost wie West reduziert worden, dank Umweltschutz und deutscher Einheit. Der Einbau von Rauchgas-Entschwefelungsanlagen und der Zusammenbruch der Industrien im Osten (die weitgehend auf stark schwefelhaltiger Braunkohle basierten) haben den Schwefeldioxid-Ausstoß deutlich verringert. Diese Entwicklung hat in vielen Gegenden dazu beigetragen, dass die klassischen Waldschäden an Bedeutung verlieren, mancherorts sich bei den Tannen sogar Erholungsanzeichen zeigen.

Parallel zum ersten Waldsterben hat sich eine zweite Variante des Waldsterbens <u>angebahnt</u>, deren Folgen überproportional Laubbäume treffen. Stark <u>mitgenommen</u> ist selbst die lange Zeit als besonders robust geltende Eiche: 83 % der Eichen in Deutschland weisen Schäden auf, fast der Hälfte der Eichen fehlen mehr als ein Viertel der Blätter. Bei den Buchen ist der

165

Anteil der schwach bis stark geschädigten Exemplare binnen zehn Jahren von 11 % auf 75 % emporgeschnellt.

Hauptursache dieses zweiten Waldsterbens ist neben Kohlenwasserstoffen, Schwermetallen und Ozon ein Element, das eigentlich ungiftig ist: Stickstoff (N). Dieser Stoff bewirkt Positives wie Negatives. Er ist unverzichtbares Nährmittel für Felder und Wälder, Wiesen und Wasserleben.

Es gibt aber Stickstoffverbindungen, die negative Folgen haben.

Eine Ursache solcher „negativen Verbindungen" ist seit langem bekannt. Es sind die dem Autoauspuff entweichenden Stickoxide, die ebenso wie Schwefelverbindungen zur Bildung von *Sauren Niederschlägen* beitragen. Diese Erkenntnis hat 1984 zu dem Beschluss geführt, nur noch Neuwagen mit Katalysator zuzulassen. Die positiven Auswirkungen des Katalysators, der einen Teil der Stickoxide zurückhält, werden jedoch dadurch zunichte gemacht, dass die Zahl der Autos allein in den alten Bundesländern von 24 auf 33 Millionen gestiegen ist.

Eine wachsende Zahl von Wissenschaftlern stimmt mittlerweile darin überein, dass neben Schwefeldioxid und den Stickoxiden aus den Autos noch ein dritter gewichtiger Faktor das Waldsterben vorantreibt: eine Gruppe von Stickstoffverbindungen, die der Landwirtschaft entstammen und massiv in die natürlichen Stickstoffkreisläufe eingreifen.

Es sind Kunstdünger aus Ammoniak, der aus Luftstickstoff gewonnen und zur Pflanzenmast eingesetzt wird (von den 24 Millionen Tonnen Düngerstickstoff entweicht ein Großteil in die Atmosphäre), und Kunstfutter für die Massentierhaltung, deren Nährstoffe vom Vieh zu einem Drittel verwendet werden und wovon ca. 700 000 Tonnen Ammoniak mit tierischen Exkrementen in die Umwelt geraten.

Aus: SPIEGEL spezial

2. Fassen Sie den Inhalt des Textes mit eigenen Worten zusammen.

3. Berichten Sie über Umweltprobleme und deren Bewältigung in Ihrem Heimatland.

4. Erklären Sie die Wörter nach ihrer Bedeutung im Text mit synonymen Wendungen.

1. das Gift ist ausgeschaltet worden   ....

2. lädierte Bäume   ....

3. aus der Statistik getilgt werden   ....

4. eine zweite Variante hat sich angebahnt   ....

5. Eiche ist stark mitgenommen   ....

6. der Anteil ist emporgeschnellt   ....

7. unverzichtbares Nährmittel   ....

8. zunichte gemacht   ....

9. mittlerweile   ....

5. Ergänzen Sie die fehlenden Präpositionen.

1. Hauptursache der klassischen Waldschäden waren die schwefelhaltigen Rauchgase .... den hohen Schloten .... Kohlekraftwerken, die als *Saurer Regen* europaweit .... den Wäldern niedergehen.

2. Der Ausstoß des Schornsteingiftes Schwefeldioxid trägt zwar noch immer erheblich .... Vegetationssterben bei, aber .... sinkender Tendenz.

3. Die Schwefelemissionen, ... denen .... allem die Nadelbäume zu leiden hatten, sind .... Ost wie West reduziert worden, ... Umweltschutz und deutscher Einheit.

4. Die Industrien .... Osten basierten .... stark schwefelhaltiger Braunkohle.

5. Parallel .... ersten Waldsterben hat sich eine zweite Variante des Waldsterbens angebahnt.

6. Bei den Buchen ist der Anteil der geschädigten Exemplare .... zehn Jahren .... 11 % .... 75 % emporgeschnellt.

7. Es sind Kunstdünger .... Ammoniak, der .... Luftstickstoff gewonnen und zur Pflanzenmast eingesetzt wird, und Kunstfutter .... die Massentierhaltung, deren Nährstoffe vom Vieh .... einem Drittel verwendet werden und wo........ ca. 700 000 Tonnen Ammoniak .... tierischen Exkrementen .... die Umwelt geraten.

6. Ergänzen Sie die fehlenden Verben.

1. Eines der schlimmsten Waldgifte ist weitgehend .... worden.

2. Das im Jahre 1981 entdeckte erste Waldsterben wird von einem zweiten Waldsterben ....

3. Knapp zwei Drittel der Wälder in der Bundesrepublik sind mittlerweile ....

4. Der Anteil der stark lädierten Bäume ist seit 1984 um ein Drittel ....

5. Die Zahlen wären ungleich höher, wenn nicht regelmäßig tote Bäume .... und damit auch aus der Statistik .... würden.

6. Stickstoff .... Positives wie Negatives.

7. Eine wachsende Zahl von Wissenschaftlern .... mittlerweile darin überein, dass noch ein dritter gewichtiger Faktor das Waldsterben ....: eine Gruppe von Stickstoffverbindungen, die der Landwirtschaft .... und massiv in die natürlichen Stickstoffkreisläufe ....

7. Ergänzen Sie die fehlenden Verben.

Umweltschutz heute

1. Früher landeten wertvolle Rohstoffe achtlos auf Mülldeponien, heute .... man sich, die Rohstoffe ....

2. Die vor Jahren abgeholzten Wälder werden seit einigen Jahren mit viel Mühe ....

3. Mit Artenschutzgesetzen .... man, Tiere vor dem Aussterben ....

4. Katalysatoren in Autos sollen dazu ...., den Schadstoffausstoß ....

5. Es werden Maßnahmen ...., das ungebremste Wachstum der Millionenstädte ....

6. Doch die Aktivitäten .... bei weitem nicht aus, um die Umweltbelastung drastisch .... und unseren Lebensraum ....

8.   Bilden Sie aus den vorgegebenen Wörtern Sätze.

1.   Kunden – Einkaufen – Umweltverträglichkeit – Produkte – immer mehr – achten

....

2.   Industrie – gezielt, Einsatz – Umweltargumente – Käufer – versuchen, gewinnen

....

3.   Öko-Werbung – Firmen – Umsatz – 30 Prozent – einige – steigern

....

4.   Werbeinformationen – Verbraucher – doch – häufig – irreführend – wirken

....

5.   80er Jahre – Werbung – kein Mangel – Öko-Lügen – herrschen

....

6.   neu, Grundsätze – besser, Öko-Werbung – dringend – müssen – entwickeln – werden

....

9.   Erklären Sie die folgenden Substantive mit eigenen Worten

0.   Naturschutz   *Schutz zur Pflege und Erhaltung der Tier- und Pflanzenwelt*
1.   Brandrodung   ....
2.   Massentourismus   ....
3.   Mülltrennung   ....
4.   Treibhauseffekt   ....
5.   Aufforstung   ....
6.   Recycling   ....
7.   Artenschutz   ....
8.   Bodenerosion   ....
9.   Pauschalreisen   ....
10. Luftverschmutzung   ....

10.   Beschreiben Sie das folgende Bild und äußern Sie Ihre Meinung dazu.

Kapitel 7
Teil B

Aktives und Passives
Hinweise zu Grammatik und Prüfungsaufgaben

1.   Zeitformen des Passivs

Indikativ		*mit Modalverb*
Präsens	Ich werde operiert.	Ich muss operiert werden.
Präteritum	Ich wurde operiert.	Ich musste operiert werden.
Perfekt	Ich bin operiert worden.	Ich habe operiert werden müssen.
Plusquamperfekt	Ich war operiert worden.	Ich hatte operiert werden müssen.
Futur	Ich werde operiert werden.	Ich werde operiert werden müssen.
Futur II	Ich werde operiert worden sein.	
		in Vermutungsbedeutung
Präsens		Das Bild könnte gestohlen werden.
Vergangenheit		Das Bild könnte gestohlen worden sein.
Konjunktiv		
Präsens	Ich würde operiert.	Ich müsste operiert werden.
Vergangenheit	Ich wäre operiert worden.	Ich hätte operiert werden müssen.
Futur	Ich würde operiert werden.	Ich würde operiert werden müssen.

2.   Satzstellung des Modalverbs im Nebensatz

> Nach einer eingehenden Untersuchung stellte der Arzt fest, dass er sofort operiert wer-den *musste.*
>
> *Das Modalverb steht im Nebensatz an letzter Stelle.*

3.   Passiversatzmöglichkeiten

> **a)**   Der Apparat wird durch eingebaute Sensoren gesteuert.
> Der Apparat *lässt sich* durch eingebaute Sensoren *steuern.*
> Der Apparat *ist* durch eingebaute Sensoren *zu steuern.*
> Der Apparat *ist* durch eingebaute Sensoren *steuerbar.*
>
> **b)**   Das Theaterstück wurde gestern uraufgeführt.
> Das Theaterstück *hatte* gestern *Uraufführung.*
> Das Theaterstück *gelangte* zur *Uraufführung.*
>
> *Das Verb (**Partizip II** des Passivsatzes) wird durch ein **Substantiv + Verb** ersetzt.*

4.   Passivunfähigkeit

Kein Passiv können bilden:	
a) reflexive Verben	Ich verliebe mich.
b) Verben der Fortbewegung	Ich fahre Auto. Ich laufe durch den Park.
c) Verben der Zustandsveränderung	Die Blume verblüht. Der Patient ist gestorben.
d) Verben der Meinungsäußerung	Da stimme ich Ihnen zu.
e) Verben des Geschehens ohne Subjekt.	Es schneit.

5.   *Von* oder *durch* in Passivsätzen

von:	**durch:**
bei Personen/Institutionen bei Gegenständen	bei Personen als Vermittler/Überbringer bei Vorgängen bei Überträgern (z. B. von Krankheiten, Daten, Informationen) bei Substantiven, die Bereiche voneinander trennen

6.   Schritte für Umformungen von Aktiv- in Passivsätze

Umzuformende Sätze	**Umgeformte Sätze**
a) *Man* arbeitet hier die ganze Woche durch. *Man* wird zu *es* bei subjektlosen Hauptsätzen ohne Akkusativobjekt.	*Es* wird die ganze Woche durchgearbeitet.
b) Der Arzt operiert *den Patienten.* Das **Akkusativobjekt** wird zum **Subjekt** im Passivsatz.	*Der Patient* wird (vom Arzt) operiert.
c) Die Opfer wollen, dass die Regierung ihnen hilft. *Wollen* wird zu *sollen*, wenn sich der Wunsch auf andere Personen bezieht.	Den Opfern soll (von der Regierung) *geholfen werden.*
d) Der Chef hat *mir* gekündigt. **Dativ** bleibt **Dativ.**	*Mir* wurde gekündigt.

7.   Zustandspassiv

Vorgang	**Zustand**
Die Ware wurde bestellt. Die Ware ist bestellt worden.	Die Ware *ist bestellt. (Präsens)* Die Ware *war bestellt. (Präteritum)*
Reflexiver Vorgang	**Zustandsreflexiv**
Er hat sich verliebt.	Er *ist verliebt. (Präsens)* Er *war verliebt. (Präteritum)*

Kapitel 7   **Aktives und Passives**
Teil C   *Übungen*

1. Ergänzen Sie die fehlenden Verben im Passiv.

    0.   Heute Abend .... der Präsident der Vereinigten Staaten vom Bundeskanzler ....

       Heute Abend <u>wurde</u> der Präsident der Vereinigten Staaten vom Bundeskanzler <u>empfangen/begrüßt/willkommen geheißen. (ist ... worden)</u>

    1.   Die Internationale Deutschlehrertagung .... feierlich ....

    2.   Zwischen beiden Staaten .... ein Abkommen ....

    3.   Bei den Ausschreitungen .... zehn Demonstranten von der Polizei ....
       Weitere Übergriffe auf Geschäfte konnten ....

    4.   Anlässlich des Jahrestages .... ein feierlicher Empfang ....

    5.   Die Ursachen des Unglücks .... noch nicht ....

    6.   Der Putschversuch in dem afrikanischen Land war erfolgreich. Der Präsident ....

    7.   Gegen den mutmaßlichen Täter .... heute Anklage ....

    8.   Durch die Kraft des Wirbelsturms .... ganze Dörfer .... Die Bevölkerung konnte rechtzeitig in Sicherheit ....

2. Setzen Sie die Sätze in die angegebene Vergangenheitsform.

    0.   Die Bluse muss gewaschen werden. *(Präteritum)*
       Die Bluse <u>musste gewaschen werden</u>.

    1.   Durch die anhaltende Dürre wird die gesamte Ernte vernichtet. *(Perfekt)*
       ....

    2.   Hier darf geraucht werden. *(Präteritum)*
       ....

    3.   Der Betrag kann vom Computer viel schneller errechnet werden. *(Perfekt)*
       ....

    4.   Der Motor wird neu eingebaut. *(Perfekt)*
       ....

    5.   Der Täter muss nach kurzer Zeit aus Mangel an Beweisen wieder freigelassen werden. *(Perfekt)*
       ....

    6.   Die alten Häuser müssen abgerissen werden. *(Präteritum)*
       ....

    7.   Der Wahlvorgang wird wiederholt. *(Präteritum)*
       ....

    8.   Der Drucker wird neu installiert. *(Perfekt)*
       ....

3.   Bilden Sie Beispielsätze im Passiv mit *von* oder *durch*.

   0.   Auftrag – bekannt, Installationsfirma – ausführen
      Der Auftrag wurde von einer bekannten Installationsfirma ausgeführt.

   1.   Untersuchungen – betriebsinternen Kommission – leiten
      ....

   2.   schwer, Krankheit – Virus – übertragen
      ....

   3.   Grundstücke – Zaun – trennen
      ....

   4.   älteste Lebewesen, Welt – deutsche Forscher – entdecken
      ....

   5.   Examen – zwei externe Prüfer – abnehmen
      ....

   6.   Fußgänger – herunterfallen, Dachziegel – verletzen
      ....

   7.   Regierung – Gesandter – vertreten
      ....

   8.   gewaltsames Öffnen, Paket – Inhalt – beschädigt
      ....

4.   Formen Sie, wo es möglich ist, die Aktivsätze in Passivsätze um.

   0.   Sie haben wichtige Daten auf Ihrem Computer gespeichert?
      Wichtige Daten wurden (von Ihnen) auf Ihrem Computer gespeichert?

   1.   Informationen sammeln, das Profil einer Zielperson erstellen, Verwertbares melden – das ist nicht die Tätigkeit eines Geheimagenten, sondern das passiert auf Ihrem PC!
      ....

   2.   Ein Programm spioniert Sie aus.
      ....

   3.   Die Schnüffel-Software schaut Ihnen beim Surfen über die Schulter.
      ....

   4.   Die Programme registrieren jede gedrückte Taste, Ihre Passwörter und Kreditkarten-daten.
      ....

   5.   Die wissensdurstige Software nennt sich „Spyware“ oder „Adware“.
      ....

   6.   Meist verbreitet ein Virus oder ein Wurm diese Überwachungsprogramme.
      ....

   7.   Man muss Spyware als unmittelbare Gefahr einstufen, weil diese Software oft einen kriminellen Hintergrund hat.
      ....

8. Wenn Spyware Ihre Vorlieben beim Surfen durchs Internet herausgefunden hat, sendet man Ihnen entsprechende Werbemails zu.

   ....

9. Wenn man sich kostenlose Programme aus dem Internet herunterlädt, könnte Spyware darin versteckt sein.

   ....

10. Vorsicht! Auch nachdem Sie das Trägerprogramm gelöscht haben, bleibt Spyware auf Ihrem Rechner.

    ....

5. Vervollständigen Sie die Sätze und verwenden Sie das Passiv im Konjunktiv II.

0. Er ist rechtzeitig operiert worden. *(er – sterben)*
   Wenn er nicht rechtzeitig <u>operiert worden wäre</u>, wäre er gestorben.

1. Der Brief wurde rechtzeitig abgeschickt. *(wir – Terminänderung – nichts erfahren)*
   Wenn der Brief nicht ....
   ....

2. Das Theaterstück wurde von den Schülern vier Monate geprobt. *(es – kein Erfolg – werden)*
   Wenn das Theaterstück nicht vier Monate ....
   ....

3. Ihm wurde das wertvolle Ölgemälde gestohlen. *(er – Bild – viel Geld – verkaufen können)*
   Wenn ihm das wertvolle Ölgemälde nicht ....
   ....

4. Jemand hat ihn beim Fußball verletzt. *(er – Meisterschaft – teilnehmen können)*
   Wenn er beim Fußball nicht ....
   ....

5. Die Einsparvorgaben wurden realisiert. *(Betrieb – Mitarbeiter – entlassen müssen)*
   Wenn die Einsparvorgaben nicht ....
   ....

6. Der Wagen wurde gestern repariert. *(wir – Urlaub – nicht – fahren können)*
   Wenn der Wagen nicht ....
   ....

6. Nachträgliche Feststellungen: Setzen Sie die Sätze in die Vergangenheit.

0. Unsere Produktpalette müsste erweitert werden.
   Unsere Produktpalette <u>hätte erweitert werden müssen</u>.

1. Hier müsste unbedingt ein Hinweisschild angebracht werden.

   ....

2. Die Untersuchungsergebnisse dürften nicht verheimlicht werden.

   ....

3. Die Geräte sollten sofort nach Gebrauch gereinigt werden.

   ....

4. Das Haus müsste mal neu gestrichen werden.

   ....

5. Der Kunde sollte über den Vorfall gleich informiert werden.

   ....

6. Das Rundschreiben müsste von allen Mitarbeitern gelesen werden.

   ....

7. Der Brief müsste sofort beantwortet werden.

   ....

8. Die Abrechnung sollte noch einmal kontrolliert werden.

   ....

7. Beantworten Sie die Frage und verwenden Sie das Passiv in der Vermutungbedeutung. Was könnte passiert sein? *(siehe Kapitel 3)*

    0. Haus – bereits – verkaufen
   Das Haus <u>könnte</u> bereits <u>verkauft worden sein</u>.

    1. Antrag – abweisen

   ....

    2. Geldbörse – aus der Handtasche – stehlen

   ....

    3. er – vorher – warnen

   ....

    4. Sitzung – in einen anderen Raum – verlegen

   ....

    5. der ganze Besitz – versteigern

   ....

    6. Dateien – löschen

   ....

    7. beim Hausbau – unsachgemäß arbeiten

   ....

    8. ihm – Falle – stellen

   ....

    9. sie – vom Immobilienmakler – betrügen

   ....

    10. Ware – schon – abholen

   ....

8. Formen Sie die Aktivsätze in Passivsätze um.

    0. Der Telekommitarbeiter soll die Telefonleitungen neu verlegen.
   Die Telefonleitungen sollen vom Telekommitarbeiter neu verlegt werden.

    1. Die Polizei hat zehn Demonstranten festgenommen.

   ....

    2. Jemand muss die Rechnung noch bezahlen.

   ....

3. Man gibt die Ursachen des Unglücks noch bekannt.

   ....

4. Den Motor musste man zweimal auswechseln.

   ....

5. Der Bürgermeister weiht die neue Rennstrecke am Samstag ein.

   ....

6. Das Messer müsste man mal schleifen.

   ....

7. Ich habe gehört, dass man den Präsidenten entmachtet hat.

   ....

8. Er behauptet, dass niemand ihn gesehen hat.

   ....

9. Die Nachrichten berichteten über Entlassungen von 1000 Mitabeitern bei OPEX.

   ....

10. Hätte der Stadtrat den Bau der Autobahn nicht genehmigt, hätte man hier ein Naher-
    holungszentrum errichten können.

    ....

11. Hätte man den Brief rechtzeitig abgeschickt, hätte man den Schaden begrenzen kön-
    nen.

    ....

12. Hätten doch alle diesen Protestbrief unterschrieben!

    ....

13. Der Chef will, dass man ihn über alles informiert.

    ....

9. Passiversatzformen: Formen Sie die Passivsätze in Aktivsätze um, indem Sie eine Ersatz-
       form mit *lassen, ist ... zu* oder *-bar verwenden.*

   0. Der Raum muss jeden Abend abgeschlossen werden.
      Der Raum ist jeden Abend abzuschließen.

   1. Das Fenster kann nur sehr schwer geöffnet werden.

      ....

   2. Man kann die beiden Teile miteinander verschrauben.

      ....

   3. Der Feuerlöscher darf nur im Notfall verwendet werden.

      ....

   4. Dieses Gedicht kann nicht übersetzt werden.

      ....

   5. Der Aufsatz muss nochmals gründlich überarbeitet werden.

      ....

   6. Das neu entwickelte Gerät kann bei Regen nicht eingesetzt werden.

      ....

10. Passiversatzformen: Formen Sie die Passivsätze in Aktivsätze um, indem Sie eine Nomen-Verb-Verbindung verwenden.

    0. Die Vorschläge der Gewerkschaft *wurden* vom Vorstand des Betriebes *abgelehnt*. *(Ablehnung)*
       Die Vorschläge der Gewerkschaft <u>stießen</u> beim Vorstand des Betriebes <u>auf Ablehnung</u>.

    1. Seine Forschungsergebnisse wurden auf der Konferenz besonders beachtet. *(Beachtung)*

    ....

    2. Der zu Lebzeiten berühmte Dichter wurde wenige Jahre nach seinem Tod vergessen. *(Vergessenheit)*

    ....

    3. Der zu spät eingereichte Antrag kann nicht mehr berücksichtigt werden. *(Berücksichtigung)*

    ....

    4. Der mutmaßliche Entführer wurde seit Tagen von der Polizei beobachtet. *(Beobachtung)*

    ....

    5. Die Themen werden auf der heutigen Besprechung diskutiert. *(Diskussion)*

    ....

    6. Seine Bemühungen um eine friedliche Lösung des Konflikts wurden auf der ganzen Welt anerkannt. *(Anerkennung)*

    ....

    7. Die Verbesserungsvorschläge wurden sofort in der Praxis angewendet. *(Anwendung)*

    ....

    8. Der Junge wurde von seinen Freunden immer wieder negativ beeinflusst. *(Einfluss)*

    ....

    9. Das Theaterstück wurde seit vielen Jahren nicht mehr aufgeführt. *(Aufführung)*

    ....

    10. Manche Wünsche werden nie erfüllt. *(Erfüllung)*

    ....

11. Bilden Sie Sätze im Zustandspassiv/Zustandsreflexiv.

    0. ich – Zustände, dieses Haus – sich empören
       Ich bin über die Zustände in diesem Haus empört.

    1. er – Werdegang, junger Mann – sich interessieren

    ....

    2. viel, Tierarten – Aussterben – bedrohen

    ....

    3. Geschäft – drei Wochen – schließen

    ....

4. ich – Schicksal, Kind – betreffen

    ....

5. er – lauter Fachidioten – umgeben

    ....

6. er – sofortig, Handeln – zwingen

    ....

7. Gerät – drei Zwischenschalter – einbauen

    ....

8. Schwimmbad – seit Juni – öffnen

    ....

9. er – Sabine – sich verlieben

    ....

10. Auto – Alarmanlage – ausrüsten

    ....

12. Formen Sie die Sätze um, ohne ihren Sinn zu verändern.

0. Spionageprogramme können nur schwer vom PC entfernt werden.
    Spionageprogramme sind nur schwer von PC zu entfernen.

1. Spyware kann Ihre Surfgewohnheiten im Internet ausspionieren.

    a) Spyware ...., Ihre Surfgewohnheiten im Internet ....

    b) Spyware .... das Ausspionieren Ihrer Surfgewohnheiten im Internet.

    c) .... Spyware ist es möglich, dass Ihre Surfgewohnheiten im Internet ....

2. Die Täter, die hinter krimineller Software stecken, sind in der Regel nicht zu fassen.

    a) ...., die Täter, die hinter krimineller Software stecken, zu fassen.

    b) Die Täter, die hinter krimineller Software stecken, ... in der Regel nicht fassen.

    c) Nur .... die Täter, die hinter krimineller Software stecken, gefasst werden.

3. Es ist notwendig, dass Maßnahmen gegen die Computerspione ergriffen werden.

    a) Gegen die Computerspione .... Maßnahmen ....

    b) .... Maßnahmen gegen die Computerspione zu ....

Kapitel 7   **Aktives und Passives**
Teil D   *Themen für Vortrag und Aufsatz*

Technik und Fortschritt

1. Was ist für Sie persönlich die wichtigste Erfindung der letzten Zeit? Begründen Sie Ihre Meinung.

2. Ist die rasante technische Entwicklung ein Segen für die Menschheit oder eine Gefahr? Begründen Sie Ihre Meinung und belegen Sie sie mit Beispielen.

3. „Es werden Milliarden Euro für die Weltraumforschung ausgegeben. Man sollte dieses Geld aber besser zur Bekämpfung von Problemen auf der Erde (Hunger/Überbevölkerung/ Umweltschutz) verwenden."
   Nehmen Sie zu dieser These Stellung und begründen Sie Ihre Meinung.

Essen und Ernährung

4. Die moderne Technik macht es möglich, Nahrungsmittel mit Hilfe von Genmanipulation gegen Schädlinge oder andere negative Einflüsse resistenter zu machen. Wo sehen Sie persönlich Chancen und Gefahren genmanipulierter Nahrungsmittel? Begründen Sie Ihre Meinung.

5. Inwieweit haben sich die Essgewohnheiten in Ihrem Heimatland durch das weltweite Angebot an „Fastfood" verändert? Wie bewerten Sie diese Entwicklung? Begründen Sie Ihre Meinung und belegen Sie Ihre Ausführungen mit Beispielen.

Umwelt

6. Beschreiben Sie die Umweltprobleme, die Sie am meisten stören, und machen Sie Vorschläge, wie man sie verringern oder abschaffen könnte. Begründen Sie Ihre Meinung.

7. Für einige Politiker sind die Einführung der Öko-Steuer und die drastische Erhöhung der Benzinpreise die wichtigsten sofortigen Maßnahmen zur Rettung der Umwelt. Äußern Sie Ihre Meinung dazu und begründen Sie sie.

Kapitel 8   **Formelles und Informelles**
Teil A   *Texte und Textarbeit*

I. Verhandlungskunst

1. Lesen Sie den folgenden Text.

Schluss mit dem Tauziehen

Verhandlung oder Machtkampf? In Besprechungen und Verkaufsgesprächen ist die Grenze zwischen Argumentation und Aggression häufig fließend. Dabei sollte es in Verhandlungen nicht darum gehen, den anderen <u>über den Tisch zu ziehen</u>. Partnerschaftliches Verhalten <u>ist angesagt</u>. Gesprächstechniken sind nützlich, doch wichtiger ist es, für die Interessen der Gegenseite offen zu sein. Und last but not least sollten Verhandler durch ihre Persönlichkeit überzeugen.

Welche Gesprächsfertigkeiten erfolgreiche Verhandler brauchen, war Ausgangspunkt für eine Studie, bei der in über 100 Verhandlungen Verhandlungsführer beobachtet und die entscheidenden Verhaltensweisen identifiziert wurden, die erfolgreiche von <u>durchschnittlichen</u> Verhandlern unterscheiden.

Danach wirken folgende Gesprächstechniken im Gespräch **positiv**:

○ **Verhandlungsweisen ankündigen:** Anstatt z. B. direkt einen Vorschlag zu machen, sagen erfolgreiche Verhandler: „Wenn ich einen Vorschlag machen darf ...“

○ **Nachhaken und Zusammenfassen:** Um Missverständnisse und Irrtümer zu vermeiden, <u>haken</u> erfolgreiche Verhandler <u>nach</u>, ob eine Aussage oder ein Vorschlag verstanden worden ist. Aus gleichem Grund fassen sie vorangegangene Diskussionspunkte in regelmäßigen Abständen zusammen.

○ **Fragen stellen:** Die Vorteile liegen u. a. darin, dass Fragen Informationen über Meinungen und Standpunkte des Gesprächspartners liefern. Sie helfen, die Diskussion zu kontrollieren und geben Zeit zum Nachdenken.

○ **Gefühle zeigen:** Erfolgreiche Verhandler teilen ihrem Gesprächspartner innere Beweggründe und Motive mit. Sie sprechen über persönliche Dinge wie die augenblickliche Stimmung oder die Zufriedenheit mit dem erreichten Stand.

Neben diesen Erfolg versprechenden Gesprächstechniken gibt es mindestens ebenso viele Verhaltensweisen, die Verhandler besser **meiden** sollten, z. B.:

○ **Verwässerung der Argumente:** Je mehr Argumente, desto besser? Dies ist ein <u>Trugschluss</u>. Eine Reihe von Gründen

---

zur Stützung der eigenen Position vorzubringen, wirkt sich nachteilig aus, denn die zunehmende Anzahl der Argumente bietet dem Gegner mehr Angriffsfläche und verwässert die eigene Argumentation. Besser ist es, weniger, dafür aber stichhaltige Argumente vorzubringen.

O **Eigenlob:** Ausdrücke wie „fair" oder „großzügiges Angebot" haben keine Überzeugungskraft, wenn sie als Eigenlob benutzt werden. Sie führen eher zur Verärgerung des Verhandlungspartners, der glauben könnte, er selbst erscheint als unfair.

O **Gegenvorschläge:** Gegenvorschläge kommen in der Regel zu einem ungünstigen Zeitpunkt, da der andere mit seinem eigenen Vorschlag beschäftigt ist. Es könnte auch als Abblocken oder Widersprechen gedeutet werden.

O **Verteidigungs-Angriffs-Spirale:** Verteidigung und Angriff sind oft schwer voneinander zu unterscheiden. Was der eine als legitime Abwehr empfindet, sieht der andere als ungerechtfertigten Angriff und der Teufelskreis „Verteidigung – Angreifen" setzt ein.

Aus: ManagerSeminare

2. Nehmen Sie Stellung zu den Empfehlungen.

Worauf sollte man Ihrer Meinung nach noch achten, wenn man eine erfolgreiche Verhandlung führen will?

3. Erklären Sie die Wörter nach ihrer Bedeutung im Text mit synonymen Wendungen.

    1.   jmdn. über den Tisch ziehen   ....

    2.   etwas ist angesagt   ....

    3.   durchschnittliche Verhandler   ....

    4.   nachhaken   ....

    5.   Trugschluss   ....

    6.   Argumente verwässern   ....

    7.   stichhaltige Argumente   ....

4. Ergänzen Sie die fehlenden Präpositionen.

    1.   .... Besprechungen und Verkaufsgesprächen ist die Grenze .... Argumentation und Aggression häufig fließend. Dabei sollte es .... Verhandlungen nicht darum gehen, den anderen .... den Tisch zu ziehen.

    2.   Welche Gesprächsfertigkeiten erfolgreiche Verhandler brauchen, war Ausgangspunkt .... eine Studie, ... der .... über 100 Verhandlungen Verhandlungsführer beobachtet wurden.

    3.   Die Vorteile liegen u. a. darin, dass Fragen Informationen .... Meinungen und Standpunkte des Gesprächspartners liefern.

    4.   Gegenvorschläge kommen .... der Regel .... einem ungünstigen Zeitpunkt, da der andere .... seinem eigenen Vorschlag beschäftigt ist.

5. Ergänzen Sie die fehlenden Verben.

    1.   Eine gute Vorbereitung .... als Voraussetzung für den positiven Abschluss einer Verhandlung.

    2.   Als Erstes müssen erreichbare Ziele .... werden.

3. Stärken und Schwächen beider Verhandlungspartner sollten vorher .... und die Realisierbarkeit der Ziele .... werden.

4. Als Nächstes sind Verhandlungspunkte und Prioritäten ...., um Überraschungen während der Verhandlung ....

5. Mögliche Alternativen sind wichtig als Rückzugsposition, wenn die Verhandlung zu .... droht.

6. Bilden Sie aus den vorgegebenen Wörtern Sätze.

1. Ziele – Verhandlung – nicht – zu hoch – ansiedeln – dürfen – werden

....

2. Analyse – Verhandlungspartner – Konfliktbereiche – Vorfeld – helfen – erkennen

....

3. Vertragspartner – Verhandlung – beide – eingehend – sich vorbereiten – sollten

....

II. Andere Länder – andere Sitten

1. Lesen Sie den folgenden Text.

Andere Länder – andere Sitten

Im Süden Europas sind die Zeitbegriffe etwas <u>dehnbarer</u> als z. B. in Deutschland. Das berühmte spanische „Manana" („Morgen") bedeutet zwar nicht gerade, dass alles auf den nächsten Tag verschoben wird, doch die Verspätung von einer halben Stunde wundert in den Spanisch sprechenden Ländern (auch in Südamerika) niemanden. Man selber sollte daher zu einer Verabredung nie zu früh kommen, denn das wäre eine grobe Unhöflichkeit. Wichtig ist auch, die so genannte Siesta, die Mittagsruhe, die sich in den heißen Monaten bis vier Uhr nachmittags ausdehnen kann, nicht zu stören.

Da man in Italien, Spanien und in Portugal recht <u>förmlich</u> ist, sollte man sich vor einer Reise nach den Titeln erkundigen, die mögliche Kontaktpersonen haben. In den romanischen Ländern ist es <u>enorm</u> wichtig, die Geschäftspartner (auch die Damen) mit akademischem oder militä-

---

rischem Titel anzureden. Titel werden übrigens auch in Österreich nach wie vor gern gehört. In allen südeuropäischen Staaten sind die Visitenkarten ein wichtiges Requisit zur gesellschaftlichen Verständigung. Wer nicht nur aus touristischen Gründen in Spanien, Portugal oder Italien einige Tage verbringen will, kann gar nicht genug Visitenkarten einstecken. Auch in den osteuropäischen Ländern bilden Visitenkarten ein Statussymbol und <u>untermauern</u> die Bedeutung ihrer Besitzer.

Wenn man die Landessprache nicht beherrscht, ist es ratsam, sich im Ausland den offiziellen Regeln anzupassen. Zum Beispiel <u>gehört</u> es in den Mittelmeerländern nicht <u>zum guten Ton</u>, als Frau tief dekolletiert, in Shorts, ohne Kopfbedeckung oder überhaupt nur <u>dürftig</u> bekleidet eine Kirche zu besichtigen.

In den romanischen und den meisten osteuropäischen Ländern werden in guter Gesellschaft (nicht in Touristenlokalen) sehr feine Tischmanieren eingehalten. In Frankreich beispielsweise ist es <u>verpönt</u>, sich am Tisch mit einem Zahnstocher umständlich die Zähne zu reinigen. Reist man in die Türkei oder nach Griechenland, kann es passieren, dass das Essen nur lauwarm auf den Tisch kommt. Das liegt daran, dass man in der Türkei und in Griechenland nicht gewohnt ist, die Teller im Backofen oder auf Wärmeplatten vorzuwärmen. Außerdem wird dort nicht so heiß gegessen wie in anderen Ländern Europas, wo sehr heiß serviert wird.

Wohin man auch kommt, es ist immer ratsam, die Landessitten zu achten und nicht zu versuchen, seine eigenen Bräuche woanders einzuführen.

Aus: 1 x 1 der guten Umgangsformen

2. Fassen Sie den Text mit eigenen Worten zusammen.

3. Sprechen Sie über Umgangsformen in Ihrem Heimatland. Was sollte man als Ausländer unbedingt beachten?

4. Erklären Sie die Wörter nach ihrer Bedeutung im Text mit synonymen Wendungen.

　　1. <u>dehnbarer</u> Zeitbegriff　　　　　...

　　2. <u>förmlich</u>　　　　　　　　　...

　　3. <u>enorm</u> wichtig　　　　　　　...

　　4. etwas <u>untermauern</u>　　　　　...

　　5. <u>gehört zum guten Ton</u>　　　　...

　　6. <u>dürftig</u> bekleidet　　　　　　...

　　7. <u>verpönt</u>　　　　　　　　　　...

5. Ergänzen Sie die fehlenden Präpositionen.

    1. Das berühmte spanische „Manana" („Morgen") bedeutet zwar nicht gerade, dass alles .... den nächsten Tag verschoben wird, doch die Verspätung .... einer halben Stunde wundert .... den Spanisch sprechenden Ländern (auch .... Südamerika) niemanden.

    2. Da man .... Italien, Spanien und .... Portugal recht förmlich ist, sollte man sich .... einer Reise .... den Titeln erkundigen, die mögliche Kontaktpersonen haben.

    3. Zum Beispiel gehört es .... den Mittelmeerländern nicht .... guten Ton, als Frau tief dekolletiert, ... Shorts, ... Kopfbedeckung eine Kirche zu besichtigen.

6. Beantworten Sie eine der folgenden Fragen.

    1. Wie würden Sie das Verhalten von Touristen in Ihrem Heimatland beschreiben? Was fällt Ihnen unangenehm auf? Nennen Sie Beispiele.

    2. Wie benehmen sich Landleute von Ihnen, wenn sie als Touristen ins Ausland fahren? Können Sie bestimmte spezifische Verhaltensweisen beschreiben?

7. Lesen Sie den folgenden Text und ergänzen Sie die fehlenden Verben.

Alles inklusive – auch schlechtes Benehmen

Wenn einem in Thailand ein Geldschein vor die Füße .... (1), sollte man möglichst nicht drauftreten. Dies kann als Majestätsbeleidigung .... (2) werden, denn des Königs Kopf .... (3) jede Banknote. Aber man muss nicht erst nach Thailand .... (4), um unwissend eine Straftat zu .... (5). Es reicht schon, wenn man sich in Rom im Trevi-Brunnen die Beine kühlen will. In beiden Fällen ließen sich die unter Umständen teuren Fehltritte leicht .... (6), wenn man sich nur vor der Reise über die örtlichen Gepflogenheiten .... (7). Nach Meinung von Experten .... (8) ein direkter Zusammenhang zwischen der Erziehung und Bildung eines Urlaubers und dessen Verhalten in einem Gastland. Sie unterscheiden zwei Gruppen von Reisenden: die eine Gruppe, die sich vorher informiert und sich für unterschiedliche Mentalitäten .... (9) – die andere Gruppe, die davon .... (10), dass bei ihrer All-Inclusive-Schnäppchenpreis-Reise auch der Rezeptionist Deutsch .... (11). Einen grundlegenden Wandel im Verhalten der Touristen in den letzten Jahren konnten die Reiseexperten nicht .... (12). Die desinteressierten Touristen, die sich nach wie vor um nichts kümmern, ... (13) immer wieder dieselben Fehler. Sie .... (14) in kurzen Hosen Kathedralen und .... (15) in Badehose durch historische Altstädte. Vor allem in islamischen Ländern .... (16) sie Kleidungs- und Verhaltensvorschriften. Doch die deutschen Touristen sind nicht alleine – sie .... (17) sich in guter bzw. schlechter Gesellschaft mit englischen, holländischen oder italienischen Urlaubern. Nach Einschätzung eines Chef-Reiseleiters wären die Italiener am lautesten und die Deutschen und Engländer würden am meisten trinken – aber sonst würden sie sich nicht .... (18). Fakt ist aber: .... (19) sich eine Touristen-Gruppe daneben, ... (20) das ein schlechtes Licht auf die jeweilige Nation.

8. Bilden Sie aus den vorgegebenen Wörtern Sätze.

1. Deutsche – Leben – Privatleben – Berufsleben – teilen

   ....

2. zwei Bereiche – sie – strikt – genau – voneinander – getrennt sein – achten – dass

   ....

3. Berufsleben – formell, Kleidung – Kollegen – man – höflich sein – tragen – und

   ....

4. geschäftlich, Termine – Arbeit – man – pünktlich – müssen (2 x) – einhalten – erscheinen – werden – und

   ....

5. Scherze – formell, Gelegenheiten – nicht besonders – beliebt sein

   ....

6. Privatleben – Deutsche – lockerer – kleiden – benehmen – und

   ....

7. Grüßen – gesamt, deutsch, Leben – Rolle – wichtig – spielen

   ....

III. Deutsche und fremde Wörter

1. Das schönste deutsche Wort

Im Jahre 2004 gab es eine weltweite Umfrage, in der das schönste deutsche Wort gesucht
wurde. Zu diesem erstmals ausgerufenen Wettbewerb gab es rund 23 000 Einsendungen
aus über 100 Ländern.

Spielen Sie mit.

a) Welches ist Ihr schönstes deutsches Wort?

b) Hier finden Sie einige Vorschläge, unter denen sich auch der Gewinner des Wettbewerbs
   befindet. Wenn Sie Jurymitglied gewesen wären, welche drei Wörter hätten bei Ihnen
   Platz 1, 2 und 3 belegt? Begründen Sie Ihre Auswahl.
   (Die Wettbewerbsgewinner finden Sie im Lösungsschlüssel.)

○ Fernbedienung	○ Plaudertasche	○ Hintergrundrauschen
○ Doppelhaushälfte	○ Pusteblume	○ Zeitlupe
○ auseinandersetzen	○ schweigen	○ Sommerregen
○ Habseligkeiten	○ Weltschmerz	○ Wirrwarr
○ Geheimratsecken	○ Zweisamkeit	○ Schlaraffenland
○ Herbstzeitlose	○ zwar	○ Rhabarbermarmelade
○ zärtlich	○ Wolkenkratzer	○ Sehnsucht
○ Geborgenheit	○ Geistesblitz	○ Liebling
○ nichtsdestotrotz	○ Pampelmuse	○ Lesesessel
○ lieben	○ Quatsch	○ immerhin
○ Augenblick	○ schön	○ Anrufbeantworter
○ Heimat	○ Mitgefühl	○ Staatsangehörigkeits-
○ Herzblut	○ Kulturbeutel	angelegenheiten

2.   Beantworten Sie eine der folgenden Fragen.

     1.   Gibt es in Ihrer Muttersprache aus einer anderen Sprache übernommene Wörter? Wenn ja, welche übernommenen Wörter halten Sie für sinnvoll, welche nicht? Nennen Sie Beispiele.

     2.   Inwieweit wird Ihre Muttersprache (wenn sie nicht englisch ist) vom Englischen beeinflusst? Berichten Sie darüber auch anhand von Beispielen.

     3.   Gibt es in Ihrem Heimatland Gesetze, die Ihre Sprache vor fremden Einflüssen schützen sollen? Halten Sie solche Maßnahmen überhaupt für sinnvoll? Begründen Sie Ihre Meinung.

3.   Lesen Sie den folgenden Text.

Er designs, sie hat recycled, und alle sind chatting

Wie werden eigentlich englische Wörter in deutscher Schriftsprache behandelt; kann man sie deklinieren und konjugieren wie deutsche Wörter? Oder gelten für sie andere Regeln? Diese Fragen beschäftigen alle, die recyceln, designen, chatten und simsen. Ein paar Gedanken über die Einbürgerung von Fremdwörtern.

Fremdwörter, egal welcher Herkunft, werden mit Ehrfurcht und Respekt behandelt, manche Menschen <u>fassen sie mit Samthandschuhen an</u>, andere <u>nur mit spitzen Fingern</u>. Man ist im Allgemeinen froh, wenn man weiß, was sie bedeuten, aber man vermeidet es, sie zu deklinieren oder zu konjugieren. Doch je mehr man sich an sie gewöhnt, desto geringer werden die Berührungsängste. Und irgendwann, wenn das Fremdwort schon gar nicht mehr aus unserer Sprache <u>wegzudenken</u> ist, betrachtet man es als ein Wort wie jedes andere auch und behandelt es entsprechend. Und dagegen ist im Prinzip auch nichts einzuwenden.

Andere Sprachen machen es genauso. Zum Beispiel heißt die Mehrzahl von „bratwurst" auf Englisch nicht etwa „bratwuerste", sondern „bratwursts". Kein Brite oder Amerikaner käme

auf die Idee, sich über die „undeutsche" Plural-Endung aufzuregen. Und das kuriose Verb „to abseil", aus dem deutschen Bergsteigerwort „abseilen" gebildet, wird problemlos ins Gerundium gesetzt: abseiling.

Also <u>halten</u> wir es genauso. Wir haben Wörter wie „design" und „recycle" in unsere Sprache aufgenommen, und nun, da sie unentbehrlich geworden sind, hängen wir ihnen unsere eigenen Endungen an: Ich designe eine Kaffeemaschine, du designst ein Auto, der Architekt designt ein Haus; ich recycle Papier, du recycelst Plastik, er recycelt Biomüll. Im Perfekt zu sprechen: Er hat ein Haus designt, wir haben Autoreifen recycelt.

Was wäre die Alternative? Sollte man die englischen Formen benutzen? Er hat ein Haus designed, wir haben Papier recycled – das <u>mag</u> im Perfekt noch <u>angehen</u>.

Aber wie sieht es im Präsens aus? Er designs ein Haus, wir recycle Papier? Es sieht nicht nur befremdlich aus, es klingt auch äußerst seltsam.

Die Einbürgerung von Fremdwörtern verläuft nicht nach festen Regeln, irgendjemand traut sich irgendwann das erste Mal „geshoppt" oder „gemailt" zu schreiben, ein anderer macht es nach, und langsam verbreitet sich der deutsche „Look". Nach einer Weile hat man sich dran gewöhnt. Wer wollte ein Wort wie „surfen" (ich habe gesurft, ich will nächsten Sommer wieder surfen, surfst du mit mir?) heute noch anders beugen wollen als nach deutschen Regeln?

Natürlich gibt es Ausnahmen: ein frisierter Motor ist „getuned" und nicht „getunt", und perfektes Timing wird im Perfekt zu „getimed", nicht „getimt". So steht es jedenfalls im Duden. Andere englische Wörter werden dafür vom Deutschen derart absorbiert, dass sie kaum noch wieder zu erkennen sind: Das englische Wort „tough" ist im Deutschen zu „taff" geworden, und für „pushen" findet man auch schon die Schreibweise „puschen".

Boxkämpfe werden „promotet", Flüge „gecancelt" und Mitarbeiter „gebrieft". Doch nicht jedes englische Verb, das sich in unseren Sprachraum verirrt hat, braucht ein deutsches Perfektpartizip. Die Antwort auf die Frage, ob es „downgeloadet" oder „gedownloadet" heißen muss, lautet: Weder noch, es heißt „heruntergeladen". Es ist auch nicht nötig, sich den Kopf darüber zu zerbrechen, ob es „forgewardet" oder „geforwardet" heißt, wenn man stattdessen einfach „weitergeleitet" schreibt. Fremdwörter sind willkommen, wenn sie unsere Sprache bereichern; sie sind unnötig, wenn sie gleichwertige deutsche Wörter ersetzen oder verdrängen. Statt „gevotet" kann man ebenso gut „abgestimmt" schreiben, statt „upgedated" „aktualisiert", und wer seine Dateien „gebackupt" hat, der hat sie auf gut Deutsch „gesichert".

Während sich der Ausdruck „gekidnappt" für entführte Personen durchgesetzt hat, auch wenn es sich dabei um Erwachsene handelt (kidnapping bedeutete ursprünglich Kinder neppen), ist der Ausdruck „gehijackt" für entführte Flugzeuge in stilistischer Hinsicht inakzeptabel.

Wörter wie „gestylt", „gepixelt" und „gescannt" sind hingegen akzeptabel, da sie kürzer oder prägnanter als ihre deutschen Entsprechungen sind.

Auch „chatten" und „simsen" sind bereits in die deutsche Sprache übergegangen: Chatter chatten im Chat, und wer täglich dreißig Kurzmitteilungen per SMS verschickt, der simst, was das Zeug hält. Es ist allerdings denkbar, dass diese Wörter wieder aus unserem Wortschatz verschwinden, noch ehe sie Eingang in ein deutsches Wörterbuch gefunden haben. In ein paar Jahren kann die Technik des Simsens völlig veraltet und Chatten plötzlich aus der Mode gekommen sein.

Dann wird man ein paar Ideen recyceln und etwas Neues designen. Oder ein paar Ideen wiederverwerten und etwas Neues gestalten. Warten wir's ab.

Aufsatz aus der Online-Kolumne „Zwiebelfisch" der Zeitschrift „Der SPIEGEL". Diesen Text sowie weitere Aufsätze über die deutsche Sprache finden Sie in dem Buch: „Der Dativ ist dem Genitiv sein Tod" von Bastian Sick, Kiepenheuer & Witsch (ISBN: 3-462-03448-0).

4.   Beantworten Sie die Fragen zum Text kurz mit eigenen Worten.

1.   Welche Einstellung haben deutsche Muttersprachler gegenüber Fremdwörtern?

....

2.   Wie werden Fremdwörter in die deutsche Sprache „eingebürgert"?

....

3. Welche gelungenen Beispiele der „Einbürgerung" werden genannt und wann sollten wir Fremdwörter übernehmen?

    ....

4. Welche Beispiele der „Einbürgerung" führt der Autor an, die seiner Meinung nach unnötig sind?

    ....

5. Erklären Sie die unterstrichenen Teile mit eigenen Worten und nehmen Sie eventuell notwendige Umformungen vor.

1. Manche Menschen <u>fassen</u> Fremdwörter <u>mit Samthandschuhen an</u>, andere <u>nur mit spitzen Fingern</u>.

    ....

2. Wenn das Fremdwort schon gar nicht mehr aus unserer Sprache <u>wegzudenken ist</u>, betrachtet man es als ein Wort wie jedes andere auch.

    ....

3. Also <u>halten</u> wir es genauso.

    ....

4. Wir haben Papier recycled – das <u>mag</u> im Perfekt noch <u>angehen</u>.

    ....

5. Irgendjemand <u>traut sich</u> irgendwann das erste Mal „geshoppt" oder „gemailt" zu schreiben.

    ....

6. Es ist auch nicht nötig, sich <u>den Kopf darüber zu zerbrechen</u>, ob es „forgewardet" oder „geforwardet" heißt.

    ....

7. Wer täglich dreißig Kurzmitteilungen per SMS verschickt, der simst, <u>was das Zeug hält</u>.

    ....

6. Ergänzen Sie die fehlenden Verben.

Fremdwörter werden im Allgemeinen mit Ehrfurcht und Respekt .... (1). Man ist froh, wenn man weiß, was sie .... (2), aber man .... (3) es, sie zu deklinieren oder zu konjugieren. Doch je mehr man sich an sie .... (4), desto geringer .... (5) die Berührungsängste. Und mit der Zeit .... (6) man es als ein Wort wie jedes andere auch. Die Einbürgerung von Fremdwörtern .... (7) nicht nach festen Regeln. Irgendjemand .... (8) sich irgendwann das erste Mal „geshoppt" oder „gemailt" zu schreiben, ein anderer macht es nach, und langsam .... (9) es sich, zum Beispiel über die Medien. Doch nicht jedes englische Verb, das wir .... (10), bereichert unsere Sprache. Fremdwörter sind unnötig, wenn sie gleichwertige deutsche Wörter .... (11).

7. Verkürzen Sie die Sätze, indem Sie die Nebensätze in Präpositionalgruppen umformen.

1. Einige Politiker wollen ihre Muttersprache vor fremden Einflüssen schützen, <u>indem sie neue Gesetze einführen.</u>

   ....

2. <u>Erst nachdem ein Wort in ein deutsches Wörterbuch aufgenommen worden ist</u>, gilt es als „eingebürgert".

   ....

3. Viele Menschen vermeiden die Benutzung von Fremdwörtern, <u>weil sie Angst haben,</u> einen Fehler zu begehen.

   ....

4. Fremde Wörter können auch wieder aus dem Wortschatz verschwinden, <u>noch ehe sie</u> „eingebürgert" <u>worden sind.</u>

   ....

5. <u>Dadurch, dass sie gleichwertige deutsche Wörter verdrängen</u>, steigt die Zahl der benutzten Fremdwörter vor allem im Bereich der neuen Medien.

   ....

8. Nehmen Sie mündlich oder schriftlich zu der folgenden Aussage Stellung.

„Fremdwörter sind willkommen, wenn sie unsere Sprache bereichern; sie sind unnötig, wenn sie gleichwertige deutsche Wörter ersetzen oder verdängen."
Halten Sie diesen Satz auch in Bezug auf Ihre eigene Muttersprache für richtig? Begründen Sie Ihre Ausführungen und nennen Sie Beispiele.

IV. Formelle Briefe – Einladungen und gute Wünsche

Formelle Briefe zu schreiben ist nicht so schwierig, wie allgemein angenommen wird. Die folgenden Tipps und Beispiele sollen Ihnen beim Briefeschreiben ein wenig helfen.

Unsere Tipps:
Formelle Briefe sollten **einfach** und **verständlich** sein, das heißt:
– Beschränken Sie sich auf das Wesentliche.
– Verwenden Sie geläufige Wörter und einfache Sätze.
– Gliedern Sie den Brief inhaltlich und optisch.
– Schreiben Sie in einem höflichen und persönlichen Stil.

Bei der **Anrede für Einladungen und Wünsche** kann man sowohl *Sehr geehrte/ sehr geehrter* als auch *Liebe/lieber* verwenden. (Bei Aufträgen, Auftragsbestätigungen, Mängelrügen oder ähnlichen Briefen, schreibt man fast immer *Sehr geehrte/sehr geehrter.*)

Zum **Schluss des Briefes** sind folgende Grußformeln möglich: *Mit freundlichen Grüßen, Mit besten Grüßen, Mit besten Empfehlungen, Mit herzlichen Grüßen* (als Ausdruck besonderer persönlicher Beziehungen).

Unterschrieben wird mit Vor- und Nachnamen.

1. Lesen Sie die folgenden Briefbeispiele.

Geburtstagswünsche an einen Mitarbeiter

Sehr geehrter Herr Mitschke,

zu Ihrem 50. Geburtstag möchte ich Ihnen, auch im Namen aller Mitarbeiter der Abteilung, ganz herzlich gratulieren.

Für das nächste Lebensjahr wünsche ich Ihnen Gesundheit, Glück und Schaffenskraft.

Hoffentlich gefällt Ihnen unser kleines Geschenk. Es ist auch ein Dankeschön für die bisherige gute Zusammenarbeit.

Alles Gute und beste Grüße

(Unterschrift)
Martin Spengler

Weihnachts- und Neujahrswünsche

Liebe Frau Sommer,

wir wünschen Ihnen und Ihrem Mann ein frohes Weihnachtsfest, gesegnete Feiertage und ein gesundes, glückliches und erfolgreiches Neues Jahr.

Mit herzlichen Grüßen

(Unterschrift)
Rosemarie und Heinz Kolbach

Einladung zu einem Vortrag

Sehr geehrte Frau Dr. Schmitz-Stöber,

das Gesundheitswesen befindet sich im Wandel. Gerade in den vergangenen Monaten sind sehr kontroverse Diskussionen über neue Entwicklungen geführt worden.

In Zusammenarbeit mit der „**Vertragsärztlichen Vereinigung Miesbach**" laden wir Sie zu einer Veranstaltung mit Herrn Rechtsanwalt Karl-Gerhard Schädlich ein:

Kassenarzt – ein Auslaufmodell?
Überlebensstrategien für die
kassenärztliche Praxis

Termin: 26. Oktober 2004
Beginn: 19.00 Uhr (Einlass 18.30 Uhr)
Ort:　　Waitzinger Keller, Miesbach

Die Veranstaltung dauert ca. 3 Stunden. Für den Hunger danach steht im Anschluss ein kleines Buffet für Sie bereit. Bitte geben Sie uns mit beiliegender Faxantwort bis zum 15. Oktober Bescheid, ob Sie an dieser Veranstaltung teilnehmen.

Wir freuen uns auf Ihr Kommen!

Mit freundlichen Grüßen

(Unterschrift)
Kurt Hirmer

Absage einer Einladung

Sehr geehrter Herr Krause,

haben Sie vielen Dank für Ihre freundliche Einladung.

Zu meinem Bedauern muss ich Ihnen mitteilen, dass es mir nicht möglich ist zu kommen. Ich trete am Mittwoch eine zweiwöchige Dienstreise an.

Mit besten Empfehlungen

Ihr
(Unterschrift)
Heinz Kubelick

**Neujahrswünsche
eines Direktors an seine Mitarbeiter**

Liebe Mitarbeiterinnen,
liebe Mitarbeiter,

das Jahr geht seinem Ende entgegen und wir können stolz darauf zurückblicken. Für die hervorragenden Ergebnisse, die wir in diesem Jahr erzielt haben, danke ich jedem von Ihnen.

Im Neuen Jahr werden wir mehr denn je unsere Vorstellungskraft und Kreativität nötig haben, wir müssen offen sein und unseren Teamgeist weiterentwickeln, um unsere Leistungs- und Konkurrenzfähigkeit auf dem internationalen Markt noch weiter zu verbessern.

Ich wünsche Ihnen ein sehr gutes und glückliches Neues Jahr!

(Unterschrift)
Dr. Franz Wohlfahrt

Einladung zu einem formellen Essen

Lieber Herr Professor Hagenmüller,

am 20. Februar d. J. wird der Ehrenvorsitzende unseres Aufsichtsrates, Herr Dr. Wolfgang Röller, 70 Jahre alt.

Aus diesem Anlass gebe ich gemeinsam mit meinem Kollegen ein Abendessen in unserer Bank. Dazu möchte ich Sie und Ihre Frau sehr herzlich einladen.

Ich würde mich freuen, Sie am

2. März 2005 um 18.30 Uhr
im Klubraum
der Gallusanlage 8, 6. OG.

begrüßen zu dürfen. Bitte lassen Sie unser Vorstands-Sekretariat, Frau Zink, wissen, ob Sie teilnehmen können.

Mit besten Grüßen

(Unterschrift)
Bernhard Walter

Kondolenzbrief an die Frau eines Mitarbeiters

Sehr geehrte Frau Schumann,

über die Nachricht vom plötzlichen Tod Ihres Mannes sind wir tief betroffen.

Ihr Mann war ein liebenswerter und hilfsbereiter Mensch, der durch seinen Einsatz, seine Kooperationsfähigkeit und seine Arbeit viel zum Erfolg des Unternehmens beigetragen hat.

Der Tod Ihres Mannes bedeutet auch für uns einen schweren Verlust.

Wir wünschen Ihnen für die nächste Zeit Kraft und Stärke, den Schmerz und die Trauer zu überwinden.

Unser herzlichstes Beileid.

Mit tröstenden Gedanken und besten Grüßen

(Unterschrift)
Dr. Herbert Knaup

2.   Schreiben Sie drei kurze formelle Briefe Ihrer Wahl.

Kapitel 8   **Formelles und Informelles**
Teil B   *Hinweise zu Grammatik und Prüfungsaufgaben*

1.   Konjunktiv II als Ausdruck der Höflichkeit und Zurückhaltung

> – Würden Sie bitte das Fenster zumachen, es zieht!
>   *(mündliche Aufforderung)*
> – Wir würden uns freuen, Sie bei uns als Gast begrüßen zu dürfen.
>   *(Höflichkeitsfloskel)*
> – Wie wäre es, wenn wir uns auch von anderen Firmen einen Kostenvoranschlag
>   zuschicken lassen?
>   *(höflicher Vorschlag)*
>
> Wenn Sie höflich, formell oder etwas zurückhaltend sein wollen/müssen, dann verwenden Sie bitte den Konjunktiv II in direkten und indirekten Bitten und Aufforderungen sowie bei Vorschlägen oder vorsichtig angebrachter Kritik.

2.   Nomen-Verb-Verbindungen

> Nomen-Verb-Verbindungen bestehen, wie der Name schon sagt, aus einem Nomen und einem Verb.
> Beispiele: *einen Antrag stellen*
>   *Berücksichtigung finden*
>
> Das Nomen beschreibt die Handlung und das Verb wird seiner eigentlichen Bedeutung enthoben.
>
> Oft lassen sich Nomen-Verb-Verbindungen durch einfache Verben ersetzen.
> Beispiele: *Antrag stellen – beantragen*
>   *Berücksichtigung finden – berücksichtigt werden.*
>
> Wenn Sie die Nomen-Verb-Verbindung verwenden, bekommt die Sprache einen formelleren Charakter.
>
> Sehr gebräuchlich ist die Verwendung von Nomen-Verb-Verbindungen z. B. im Geschäftsleben, auf Ämtern und in allen Situationen, wo man sich etwas formeller ausdrücken möchte.

3.   Nominalstil – Schriftsprache

> – *Wenn das Flugzeug startet,* bitten wir Sie das Rauchen einzustellen. *(Verbalstil)*
> – *Beim Start (des Flugzeugs)* bitten wir Sie das Rauchen einzustellen. *(Nominalstil)*
> Der Nominalstil wirkt formeller als der (eher erzählerisch wirkende) Verbalstil.
>
> Er wird vor allem (aber nicht ausschließlich) in der Schriftsprache und im Amtsdeutsch verwendet.

Schritte für Umformungen von Sätzen in Nominalgruppen

Umzuformende Sätze:
a) Die Zahlung ist fällig, *wenn die Lieferung eintrifft.*
b) *So weit man bis jetzt weiß,* gibt es bei diesem neuen Medikament keine Nebenwirkungen.

1. Streichen Sie die Konjunktion: *wenn, so weit*

2. Substantivieren Sie das Verb:
   eintrifft – das Eintreffen
   weiß – das Wissen, die Erkenntnis

3. Suchen Sie die passende Präposition:
   bei/nach dem Eintreffen
   nach dem Wissen/nach der Erkenntnis/dem Wissen nach

4. Fügen Sie den Rest der Aussage als Attribut hinzu:
   Bei/nach (dem) Eintreffen der Lieferung
   nach der jetzigen/bisherigen Erkenntnis

5. Passen Sie die Präpositionalgruppe in den Rest des Satzes ein.

Umgeformte Sätze:
a) Die Zahlung ist *bei Eintreffen der Lieferung* fällig.
b) *Nach der bisherigen Erkenntnis* gibt es bei diesem neuen Medikament keine Nebenwirkungen.

---

4.   Einige Präpositionen der Schriftsprache

anhand (G)	*anhand der erdrückenden Beweise*
anlässlich (G)	*anlässlich des 100. Todestages*
auf Grund (G)	*auf Grund sich häufender Beschwerden*
Bezug nehmend auf (A)	*Bezug nehmend auf Ihr Schreiben vom*
binnen (G/D)	*binnen der nächsten 14 Tage*
dank (G/D)	*dank seiner Hilfe*
gemäß (D)	*gemäß Artikel 1 der Straßenverkehrsordnung*
der Form halber (G)	*der Form halber*
hinsichtlich (G)	*hinsichtlich seiner körperlichen Verfassung*
infolge (G)	*infolge schlechter Wetterumstände*
kraft (G)	*kraft seines Amtes*
laut (G/D)	*laut neuester Umfrageergebnisse*
mangels (G)	*mangels ausreichender finanzieller Unterstützung*
mittels (G)	*mittels gewaltiger Maschinen*
seitens (G)	*seitens der Staatsanwaltschaft*
trotz (G)	*trotz seiner Bemühungen*
ungeachtet (G)	*ungeachtet der Zwischenrufe*
zeit (G)	*zeit seines Lebens*
zu Gunsten (G)	*zu Gunsten des Angeklagten*
zufolge (D)	*einem Bericht der FAZ zufolge*
zuliebe (D)	*meiner Mutter zuliebe*
zwecks (G)	*zwecks besserer Kommunikation*

Kapitel 8   **Formelles und Informelles**
Teil C   *Übungen*

1. Konjunktiv II als Ausdruck der Höflichkeit/Zurückhaltung
   Bilden Sie den Hauptsatz im Konjunktiv II.

   0. ich – vorschlagen // nächste Sitzung – 10. September – 15.00 – stattfinden
       Ich würde vorschlagen, dass die nächste Sitzung am 10. September um 15.00 Uhr
       stattfindet.

   1. ich – sich vorstellen können // Preiserhöhung – Kunde – Kritik stoßen

       ....

   2. ich – abraten // andere Werbefirma – beauftragen

       ....

   3. wir – sich freuen // weitere Aufträge – Sie – erhalten

       ....

   4. ich – Sie – bitten // Rechnung – umgehend – begleichen

       ....

   5. ich – Vergnügen sein // Sie – begleiten – dürfen

       ....

   6. ich – hinweisen dürfen // Fehler – Jahresabrechnung – sein

       ....

   7. es – besser gewesen // zuständiger Kollege – Rücksprache halten

       ....

   8. Sie – etwas ausmachen // Gast – Bahnhof – bringen

       ....

2. Nomen-Verb-Verbindungen
   Ergänzen Sie die passenden Verben und die fehlenden Präpositionen.

   1. Die Autofahrer haben wegen der Verteuerung des Benzins .... der Regierung Kritik
       ....

   2. Die Polizei befürchtet, dass der entflohene Häftling wieder ein Verbrechen ....

   3. Für diese Fehlentscheidung muss der Manager die Verantwortung ....

   4. Er wurde deshalb vom Aufsichtsrat .... Rechenschaft .... Da musste er
       Rede und Antwort ....

   5. Wer muss .... den Schaden ....? Wer wird die Kosten ....

   6. Gestern wurde in dem Prozess das Urteil ....

   7. Niemand wollte den Reisenden Glauben ....

   8. Das neue Gesetz .... zu Beginn nächsten Jahres .... Kraft.

   9. Gegen den drastischen Fall des Dollars müssen Maßnahmen .... werden.

   10. .... Sie bitte .... Kenntnis, dass die Bearbeitung des Antrags ca. zehn Monate
       dauert.

11. Für den Posten des Abteilungsleiters .... insgesamt drei Mitarbeiter .... Betracht.

12. Ich .... meine Unterlagen gern .... Verfügung.

13. Sie hat das Vertrauen Ihres Chefs ....

14. Ich bitte Sie, ... dem Vorschlag Stellung zu ....

15. Man kann ihr wirklich keine Bitte ....

3. Ergänzen Sie die bei den Nomen fehlenden Verben.

Was hat sie getan? Sie hat

1. einen Antrag ....

2. ihren Standpunkt ....

3. sich mit dem zuständigen Beamten in Verbindung ....

4. mit ihrem Antrag großes Aufsehen ....

5. damit alle in Erstaunen ....

6. mögliche Einwände in Erwägung ....

7. eine Auswahl möglicher Änderungen ....

8. einige Zweifel ....

9. keine Niederlage ...., sondern einen Sieg ....

4. Formen Sie die Sätze um und verwenden Sie eine Nomen-Verb-Verbindung.

0. Seine guten Noten haben uns überrascht. (Staunen)
   Seine guten Noten haben uns in Staunen versetzt.

1. Der Ministerpräsident wird auch verschiedene Hilfsorganisationen besuchen. (Besuch)

   ....

2. Der Staat kann in bestimmten Fällen helfen. (Unterstützung)

   ....

3. Wir haben den Diebstahl sofort bei der Polizei gemeldet. (Anzeige)

   ....

4. Ich empfehle dir, nicht so streng zu sein. (Nachsicht)

   ....

5. Die Bank hat sich nach seinem Einkommen erkundigt. (Auskünfte)

   ....

6. Sie hat mal wieder erreicht, was sie wollte. (Willen)

   ....

7. Das Ehepaar ist bei einem Autounfall tödlich verunglückt. (Leben)

   ....

8. Die Frau wurde von ihrem Mann ständig unterbrochen. (Wort)

   ....

9. Die Nachbarn haben sich wieder miteinander versöhnt. (Streit)

   ....

10. Die Bank hat uns für die nächste Rückzahlung noch Zeit gegeben. (Aufschub)

....

11. Er hat über den Vorfall nichts gesagt. (Stillschweigen)

....

12. Der Politiker hat zu den Vorwürfen der Presse geschwiegen. (jedes Kommentars)

....

13. Vielleicht haben Sie nicht bemerkt (Aufmerksamkeit), dass die Rechnung vom 3. des vergangenen Monats von Ihnen noch nicht bezahlt worden ist.

....

....

14. Über die Konstruktionspläne darf nicht gesprochen werden. (Geheimhaltung)

....

15. Von den Mitarbeitern wird immer mehr verlangt. (Forderungen)

....

5. Nominalisierung
Formen Sie die Sätze um, ohne einen Nebensatz zu bilden.

0. Wie die Regierung gestern beschlossen hat, werden die Steuern ab 1.1. nächsten Jahres erhöht.
   Auf Beschluss der Regierung werden die Steuern ab 1.1. nächsten Jahres erhöht.

1. Obwohl wir uns intensiv bemüht haben, ist uns eine Umsatzsteigerung nicht gelungen.

....

2. Um Krankheitsübertragungen zu vermeiden, müssen die hygienischen Vorschriften genau beachtet werden.

....

3. Wenn Sie es wünschen, senden wir Ihnen die Ware ins Haus.

....

4. Weil er Angst hatte, schwieg er.

....

5. Wenn wir auf das kommende Jahr blicken, sollten wir uns Gedanken über neue Projekte machen. (Hinblick)

....

6. Wenn wir alle Faktoren berücksichtigen, dürfte bei dem Vorhaben nichts schief gehen.

....

7. Nachdem die Sitzung beendet ist, gibt es im Zimmer des Direktors ein Glas Wein. (Anschluss)

....

8. Wie die Gewerkschaften meinen, wird sich die Lage auf dem Arbeitsmarkt auch im nächsten Jahr nicht verbessern.

....

9. <u>Wenn der Ehepartner nicht unterschreibt</u>, wird der Antrag nicht bearbeitet.

   ....

10. <u>Um die Schädlinge effektiver zu bekämpfen</u>, wird ein neues Mittel ausprobiert.

   ....

11. <u>Wenn alle Sicherheitsregeln beachtet werden</u>, ist ein Unglück ausgeschlossen.

   ....

12. <u>Um Sie rechtzeitig zu informieren</u>, senden wir Ihnen unsere neue Preisübersicht.

   ....

6.   Feste Verbindungen mit Präpositionen

      Bilden Sie aus den vorgegebenen Wörtern Sätze. Suchen Sie die passenden Präpositionen.

      0.   Beschluss – Regierung – Steuern – 1.1. – nächstes Jahr – erhöhen – werden
            Auf Beschluss der Regierung werden die Steuern ab 1.1. nächsten Jahres erhöht.

      1.   Dr. Braun – Kapazität – Gebiet – Immunforschung – sein

   ....

      2.   Anlass – zehnjährig, Firmenjubiläum – wir – Sie – festlich, Empfang – einladen

   ....

      3.   Verlauf – Veranstaltung – mehrere Zwischenfälle – kommen – es

   ....

      4.   Rahmen – seine Tätigkeit – Korrespondent – Herbst – Krisengebiet – reisen

   ....

      5.   Grund – Sitzung – er – fernbleiben

   ....

      6.   schlecht, Wetterverhältnisse – Bau – termingerecht – können – beenden – werden

   ....

      7.   Mangel – Beweise – Angeklagte – Gericht – freisprechen – werden

   ....

      8.   Erfahrung – man – klug – werden

   ....

      9.   Anbetracht – Tatsache – wir – rote Zahlen – Sparmaßnahmen – schreiben – ergreifen – müssen – werden – dass

   ....

   10.   Angaben – Polizei – Unfall – niemand – verletzen – werden

   ....

   11.   Interesse – Kunden – Einhaltung – Termine – wir – achten

   ....

   12.   Voraussetzung – Preise – weiter, Zusammenarbeit – stabil – wir – bleiben – interessiert sein – dass

   ....

13. Prozess – Ausschluss – Öffentlichkeit – stattfinden

   ....

14. Schutz – Seuchen – Maßnahmen – schnell – ergreifen – werden

   ....

15. Basis – freundschaftlich, Zusammenarbeit – Gespräche – stattfinden

   ....

16. Aussage – Zeuge – Bank – drei, maskiert, Männer – sein

   ....

7. Ergänzen Sie die fehlenden Präpositionen der Schriftsprache: *anhand, anlässlich, auf Grund, Bezug nehmend auf, binnen, dank, gemäß, halber, hinsichtlich, infolge, kraft, laut, mangels, mittels, seitens, trotz, ungeachtet, zeit, zu Gunsten, zufolge, zuliebe, zwecks.*

1. .... der erdrückenden Beweise wurde der Angeklagte zu einer lebenslänglichen Freiheitsstrafe verurteilt.

2. .... Ihr Schreiben vom 25. dieses Monats möchte ich Ihnen mitteilen, dass wir mit den von Ihnen genannten Bedingungen einverstanden sind.

3. .... seiner Hilfe konnten wir die Arbeit rechtzeitig beenden.

4. .... sich häufender Beschwerden sehen wir uns gezwungen, das Produkt vorläufig vom Markt zu nehmen.

5. Wir erwarten Ihre Antwort .... der nächsten 14 Tage.

6. .... Artikel 1 der Straßenverkehrsordnung gilt im Straßenverkehr Vorsicht und gegenseitige Rücksichtnahme.

7. .... schlechter Wetterumstände mussten die Bergungsarbeiten unterbrochen werden.

8. Du musst seine Ehefrau mit einladen, schon der Form ....

9. .... seiner körperlichen Verfassung muss der Radsportler bis zum Rennen noch einiges tun.

10. .... neuester Umfrageergebnisse stößt die Umweltpolitik der Regierung bei der Bevölkerung auf heftige Kritik.

11. .... seines Lebens war er um die Rettung vom Aussterben bedrohter Tierarten bemüht.

12. Im Zweifel muss das Gericht .... des Angeklagten entscheiden.

13. .... gewaltiger Maschinen konnten die Rettungsmannschaften zu den verschütteten Bergleuten vordringen.

14. .... ausreichender finanzieller Unterstützung konnte das Projekt nicht zu Ende geführt werden.

15. .... seines Amtes erließ der Minister ein Gesetz zum Verbot solcher Medikamente.

16. .... der Staatsanwaltschaft liegen keine Gründe zur Befragung weiterer Zeugen vor.

17. .... besserer Kommunikation wird im Betrieb eine neue Telefonanlage installiert.

18. .... seiner Bemühungen schaffte er das Examen nicht.

19. .... der Zwischenrufe hielt der Politiker eine zweistündige Rede.

20. .... des 100. Todestages fanden überall Lesungen zur Erinnerung an den Dichter statt.

21. Einem Bericht der FAZ .... wurden in der Arzneimittelfabrik auch chemische Waffen produziert.
22. Meiner Mutter .... kaufen wir für Weihnachten einen großen Tannenbaum.

8. Textvariationen
Formen Sie die Texte so um, dass Sie die auf der rechten Seite angegebenen Wörter bzw. Hinweise in den Text einarbeiten.

Brauchtum und Feste

Brauchtum ist ein Gruß aus guter alter Zeit – <u>sagt der Volksmund</u>, obwohl die alte Zeit manchmal gar nicht so gut war.	laut
Viele Bräuche, <u>die uns bis heute romantisch und erhaltenswert erscheinen und</u> an denen unser Herz hängt, <u>gehen</u> auf recht prosaische Ereignisse <u>zurück</u>.	(Partizipialattribut) zurückführen
Brauchtum und Feste <u>gehören</u> oft <u>zusammen</u>, <u>denn</u> zu den großen kirchlichen, historischen, bäuerlichen oder heidnischen Festen entfaltet das Brauchtum seine ganze Pracht und andererseits <u>gestalten</u> die überlieferten Bräuche örtliche Feierlichkeiten <u>zu besonderen Festen aus</u>. <u>Und es ist bemerkenswert</u>, dass in unserer hoch technisierten, computergesteuerten Zeit immer mehr junge Menschen ihre Liebe zur Tradition entdecken und pflegen.	Zusammenhang weil Beitrag, Gestaltung man, Staunen
Das gilt, abgesehen von den <u>allerorts zu findenden</u> Volksmusikveranstaltungen und Trachtenumzügen vor allem für die bäuerlichen Feste <u>im Jahresverlauf</u>.	(Relativsatz) jährlich, stattfinden
Mit lärmendem <u>Herumtollen</u> abschreckend vermummter Gestalten wird den bösen Geistern der Garaus gemacht <u>und</u> das neue Jahr vor ihnen geschützt.	tollen herum um ... zu
Und daneben <u>versuchen</u> die Menschen sich ein wenig Glück und Wohlstand für die kommenden zwölf Monate <u>zu sichern</u>. Sie <u>schenken</u> sich Glückssymbole wie Kleeblätter, Hufeisen oder kleine Schornsteinfeger aus allen möglichen Materialien, <u>verwahren</u> eine Schuppe des Silvesterkarpfens im Portemonnaie oder <u>versuchen</u>, beim Bleigießen ihr bevorstehendes Schicksal zu deuten.	hoffen beschenken aufbewahren Versuch
<u>Das berühmteste aller historischen Feste</u> ist das Münchner Oktoberfest, zu dem Besucher aus der ganzen Welt kommen, um das eigens für dieses Ereignis gebraute süffige Bier zu trinken und besondere Leckereien zu verzehren. Sie bummeln <u>an den</u> Schaustellerattraktionen <u>vorbei</u> und genießen den Nervenkitzel in den Fahrgeschäften.	(Satzbeginn:) Zu ... (Apposition) entlang
Das erste Oktoberfest im Jahre 1810 <u>sah</u> allerdings ganz anders <u>aus</u>. König Max Joseph <u>lud</u> seinerzeit <u>die Bürger ein</u>, <u>um</u> die <u>Hochzeit</u> des Prinzen Ludwig mit der Prinzessin Therese von Sachsen <u>zu feiern</u>.	Aussehen (Passiv) Hochzeitsfeier

Dieses Fest war ein solcher Erfolg, dass die Gardekavallerie <u>beantragte</u>, die Festwiese nach der Braut <u>zu benennen</u>
und die Stadt München <u>beschloss</u>, das Fest Jahr für Jahr
zu wiederholen.

Und weil <u>anlässlich</u> der Hochzeit die Münchner in feierlichem Zuge an der Residenz vorbei zur Festwiese zogen,
ist es Brauch geblieben, einen Trachten- und Festzug durch
München zu veranstalten.

Zum Festzug, <u>der in seiner Farbenpracht und Vielfältigkeit</u>
<u>für jeden Zuschauer ein unvergessliches Erlebnis bleibt,</u>
kommen Trachtengruppen aus dem ganzen Land.

Antrag	
Namen geben	
Beschluss	
Anlass	
(Partizipialattribut)	

Aus: Kulturelles Leben in der BRD

9. Umgangssprachliche Redewendungen
Ergänzen Sie die unten stehenden Sätze mit einer der folgenden Redewendungen und
suchen Sie synonyme Ersatzmöglichkeiten.

auf der Nase herumgetanzt   *hat ... die Hosen an*
auf den Arm nehmen   *Jacke wie Hose*
der Kragen geplatzt   *red(e) nicht ... um den heißen Brei herum*
steht ... unter dem Pantoffel   *keinen Finger krumm gemacht*
den Braten gerochen   *letztes Hemd hergegeben*
in den sauren Apfel beißen

0. *Meinst du das ernst oder willst du mich <u>auf den Arm nehmen</u>? (veralbern, verschaukeln,
   willst du dich über mich lustig machen)*

1. Hat er schon was gemerkt? – Ja, ich glaube er hat ....
   ....

2. Das ist mir völlig gleichgültig, das ist ....
   ....

3. Wir haben alle wie die Irren geschuftet und er hat dagesessen und ....
   ....

4. Der Vertretungslehrer konnte in der Klasse nicht für Ruhe sorgen, die Schüler sind
   ihm ....
   ....

5. Wie bitte, Peters Frau will nicht mehr, dass er zu unserem Skatabend kommt?
   Ja, sie hat zu Hause ...., Peter .... bei ihr ganz schön
   ....
   ....

6. Nach einer Viertelstunde wurde ihm alles zu viel und ihm ist ....
   ....

7. Sie hätte dieses Stück so gerne in ihrer Sammlung, dafür würde sie ihr
   ....
   ....

8. Nun sag schon endlich, was Sache ist und .... ständig ....
   ....

9. Aufgrund von Sparmaßnahmen müssen wir beim Betriebsumzug alle Umzugskisten
   selber packen. Es geht nicht anders, wir werden .... müssen.
   ....

Kapitel 8   **Formelles und Informelles**
Teil D   *Themen für Vortrag und Aufsatz*

Verhandlungskunst

1. Welche Maßnahmen halten Sie für geeignet, um aus Mitarbeitern gute Verhandlungsführer zu machen? Welche Rolle spielt Weiterbildung in Ihrem Betrieb und für Sie selbst? Begründen Sie Ihre Ausführungen.

Höflichkeit und Umgangsformen

2. Höflichkeit ist immer auch Heuchelei, denn es gehört Unehrlichkeit dazu, zu Leuten nett zu sein, die man nicht mag. Lügt man, wenn man höflich ist? Nehmen Sie dazu Stellung und erläutern Sie Ihre Meinung anhand von Beispielen.

3. Das Einhalten der Etikette ist vor allem im Geschäftsleben sehr wichtig. Erläutern Sie, warum das so ist und geben Sie Beispiele aus Ihrem Heimatland.

Weitere Aufsatz- und Vortragsthemen

Vorbilder und Idole

4. Vor allem junge Menschen schwärmen für Popstars, Models, Schauspieler oder Sportler. Welche Gründe gibt es Ihrer Meinung nach dafür und welche Einflüsse kann die Schwärmerei auf das Leben der Jugendlichen haben? Begründen Sie Ihre Meinung.

5. Kann ein Idol oder Vorbild auch negativen Einfluss, z. B. auf Jugendliche ausüben? Nehmen Sie zu dieser Frage Stellung und beschreiben Sie, wenn Sie dieser Meinung sind, eventuelle Lösungsmöglichkeiten.

Arbeit

6. Arbeitslosigkeit stellt sowohl für die Gesellschaft als auch für die Betroffenen ein großes Problem dar. Ist Arbeitslosigkeit für Sie ein notwendiges Übel der modernen Industrie? Was kann der Staat zur Bekämpfung der Arbeitslosigkeit tun und was sollte Ihrer Meinung nach der Betroffene unternehmen, um Arbeit zu finden? Begründen Sie Ihre Meinung.

7. Frauen in höheren Positionen sind in Deutschland noch nicht zur Normalität geworden. Was müsste sich Ihrer Meinung nach ändern, um das Verhältnis von Männern und Frauen in höheren Positionen auszugleichen? Wie ist die Situation in Ihrem Heimatland?

Entwicklungshilfe

8. Manche Leute weigern sich, Geld oder Kleidung für Länder der Dritten Welt zu spenden, weil sie der Meinung sind, es käme bei den Notleidenden sowieso nicht an. Nehmen Sie dazu Stellung und erläutern Sie, was man Ihrer Meinung nach für eine optimale und erfolgreiche Unterstützung und Förderung bedürftiger Länder tun kann.

Sport

9. Um erfolgreich zu sein, nehmen einige Sportler freiwillig unerlaubte Mittel (Doping). Was können nationale und internationale Sportverbände dagegen tun? Welche Rolle spielen Sportfunktionäre, die vom Erfolg der Sportler leben, und welche Rolle spielt das Publikum und die Presse, für die oft nur der Sieg zählt? Begründen Sie Ihre Meinung.

Anhang	**Hinweise zu den Prüfungen**
	Zentrale Oberstufenprüfung (ZOP)

Übersicht über die Prüfungsaufgaben der Zentralen Oberstufenprüfung (ZOP)*

Schriftliche Prüfung

1. **Texterklärung** (90 Minuten)
   - Lesen eines authentischen Textes (z. B. aus einer Zeitschrift) von ca. 800–1000 Wörtern Länge
   - Beantwortung von Fragen zum Textinhalt (in ganzen Sätzen)
   - Erklärung einzelner Textstellen
   - Umformungen einzelner Textstellen mit Hilfe synonymer Wendungen
   - Erklärung einzelner Ausdrücke und Wörter mit synonymen Wendungen

2. **Ausdrucksfähigkeit** (90 Minuten)
   (Die Aufgaben zur Ausdrucksfähigkeit lehnen sich inhaltlich an das Thema der Texterklärung an.)
   - Ergänzungsaufgaben (Ergänzen von Präpositionen)
   - Umformung eines Textes anhand von Vorgaben (Textvariation)
   - Umformung von Sätzen anhand von Vorgaben:
     - Umformung von Nebensätzen in Nominalkonstruktionen und umgekehrt
     - Umformung von Relativsätzen in Partizipialkonstruktionen und umgekehrt
     - Umformungen von Modalverben in synonyme Ausdrücke und umgekehrt
     - Umformungen von Aktiv- in Passivkonstruktionen und umgekehrt
     - Umformungen von Aussagesätzen in z. B. irreale Bedingungssätze
   - Wortschatzaufgabe: Finden von Antonymen

3. **Aufsatz** (90 Minuten + 10 Minuten Zählen der Wörter)
   - Schreiben eines Aufsatzes von mindestens 250 Wörtern Länge
     Als Thema kann ein lektüregebundenes oder ein allgemeines Thema gewählt werden.

4. **Hörverstehen**
   - Zweimaliges Hören eines Textes (der zweite Durchgang wird in Abschnitten abgespielt) und Beantwortung offener Fragen in kurzen Sätzen oder Stichwörtern
     Zur Vorbereitung auf diesen Prüfungsteil eignen sich die Kassetten und Übungssätze des Goethe-Instituts. Bitte wenden Sie sich an ein Goethe-Institut in Ihrem Heimatland oder an die Prüfungszentrale in München. Sie können natürlich auch durch Hören eines deutschen Radiosenders oder durch das deutsche Fernsehprogramm Ihr Hörverständnis schulen.

Mündliche Prüfung (15 Minuten Vorbereitung + 20 Minuten Prüfung)

1. **Vorbereiteter Lesetext** (ca. 10 Minuten)
   - Text laut vorlesen
   - Hauptinformationen des Textes zusammenfassen
   - Äußerung zu einer von vier Aufgaben zum Text

2. **Vortrag** (ca. 5 Minuten)
   Gespräch über den Vortrag (ca. 5 Minuten)

---

*   Prüfung des Goethe-Instituts

Anhang   **Hinweise zu den Prüfungen**
Kleines Deutsches Sprachdiplom (KDS)

Übersicht über die Prüfungsaufgaben des Kleinen Deutschen Sprachdiploms (KDS)*

Teil A
Mündliche Einzelprüfung (40 Minuten Vorbereitung + ca. 20 Minuten Prüfung)

1. **Vorlesen eines vorbereiteten Textes** (ca. 3 Minuten)

2. **Vortrag** (ca. 5 Minuten)
   Thema: Von drei angebotenen Themen können Sie ein Thema auswählen.
   Gespräch über den Vortrag (10–15 Minuten)

Teil B
Schriftliche Prüfung

1. **Erklärung eines Textes nach Inhalt und Wortschatz** (90 Minuten)
   – Lesen eines anspruchsvollen literarischen Textes
   – Beantworten von Fragen zum Textinhalt (in ganzen Sätzen)
   – Erklärung einzelner Textstellen mit eigenen Worten/synonymen Wendungen
   – Erklärung einzelner Wörter mit Synonymen

2. **Ausdrucksfähigkeit** (60 Minuten)
   (Die Aufgaben zur Ausdrucksfähigkeit sind inhaltlich unabhängig von der Texterklärung)
   – Ergänzungsaufgaben: Ergänzen von Präpositionen, Ergänzen von Verben
   – Aufgaben zu Modalverben: Umformung von Sätzen mit Modalverben in Sätze mit synonymen Ausdrücken oder umgekehrt *oder* Ergänzen von Modalverben
   – Umformung von Sätzen anhand von Vorgaben: Umformung von Nebensätzen in Nominalkonstruktionen und umgekehrt, Umformungen von Relativsätzen in Partizipialkonstruktionen und umgekehrt, Umformung von Sätzen in teilweise vorgegebene Strukturen
   – Bildung von Sätzen aus vorgegebenen Wörtern

3. **Diktat** (20 Minuten)
   Schreiben eines mittelschweren, ungefähr 20 Zeilen langen Textes

Teil C
Schriftliche Prüfung

Aufgaben zur Lektüre (120 Minuten)
Schreiben von <u>zwei</u> Aufsätzen von ca. 250 Wörtern Länge zu jeweils einem Buch aus der Lektüreliste – also zu insgesamt zwei Büchern.
(Die Lektüreliste umfasst vier Bücher und wird jedes Jahr neu zusammengestellt.)

---

*   Prüfung des Goethe-Instituts, durchgeführt im Auftrag der Ludwig-Maximilians-Universität München

Anhang   **Hinweise zu den Prüfungen**
Vortrag (ZOP und KDS)

Hinweise zum Vortrag in der ZOP und für das KDS

Länge

Bei den Prüfungen ZOP und KDS sollte der Vortrag ca. <u>5 Minuten</u>, beim GDS <u>10 Minuten</u> dauern (lieber etwas länger als die vorgeschriebene Zeit statt kürzer). Unterschätzen Sie die Länge des Vortrages nicht! 5 Minuten können, wenn man frei sprechen muss, sehr lang sein.

Thema

Bei der ZOP können Sie selbst ein Thema wählen und sich zu Hause darauf vorbereiten. Das Thema muss vor der Prüfung dem Prüfungszentrum mitgeteilt werden. Sie dürfen Ihre Aufzeichnungen in der Prüfung nicht verwenden und nicht den Eindruck erwecken, Sie hätten Ihren Vortrag auswendig gelernt.

Beim KDS erhalten Sie vor der Prüfung drei Themen, von denen Sie ein Thema auswählen und auf das sie sich in der Vorbereitungszeit vorbereiten dürfen. Es ist gestattet, die Stichpunkte in der Prüfung zu verwenden. Lesen Sie sich die Themen genau und in Ruhe durch.

Inhalt

Denken Sie bei Ihrer Wahl daran, ob Sie den nötigen Wortschatz haben, ob Sie etwas Allgemeines über das Thema sagen und ob Sie Ihre Darlegungen mit Beispielen verdeutlichen können.

Bleiben Sie nicht bei Ihrer persönlichen Meinung und Ihren persönlichen Erfahrungen hängen. Versuchen Sie, die allgemeinen Aspekte in Ihren Vortrag mit einzubeziehen und machen Sie deutlich, wenn es sich um Ihre persönliche Ansicht handelt.

Gliederung

Ihr Vortrag sollte eine deutlich erkennbare Gliederung vorweisen, z. B.:

Kurze Einleitung:	– Begründung der Themenwahl
	– Erläuterung des Themas
	– Erläuterung der Gliederung o. ä.
Hauptteil :	– historische Entwicklung
	– Situationsbeschreibung
	– Pro- und Kontra-Argumente
	– Vergleiche
	– eigene Meinung
	– Beispiele o. ä.
Schluss :	– Zusammenfassung der wichtigsten Punkte des Hauptteils
	– sich daraus ergebende Forderungen, Zukunftsprognosen o. ä.

Sprache

Halten Sie Ihren Vortrag in ganzen Sätzen. Vermeiden Sie umgangssprachliche Ausdrücke und bemühen Sie sich um adäquaten Wortschatz.

Achten Sie auf grammatische Korrektheit und variationsreiche Satzverknüpfungen (z. B.: Verwenden Sie nicht immer *und, und, und*, sondern lieber *hierzu kommt ..., ein weiterer Gesichtspunkt wäre ..., zu beachten ist außerdem ...* usw.)

Außerdem: Prüfer sind auch nur Menschen und wollen Ihnen nur Gutes.

Anhang   **Hinweise zu den Prüfungen**
Aufsatz (ZOP)

Allgemeine Hinweise zum Aufsatz
bei der Zentralen Oberstufenprüfung (ZOP)

Zeit: 90 Minuten

Inhalt
Sie wählen, ob Sie einen Aufsatz über ein „freies Thema" oder einen Aufsatz über ein „lektüre-
gebundenes Thema" schreiben möchten. Der Umfang sollte mindestens 250 Wörter betragen.

Sprache
Verwenden Sie einen der Aufgabenstellung angemessenen Wortschatz und variieren Sie die
Satzverknüpfungen. Achten Sie darauf, dass Sie sich sowohl im Wortschatz als auch bei den
Strukturen nicht ständig wiederholen.

Vorgehensweise
– Lesen Sie das Thema ganz genau, klären bzw. definieren Sie die Begriffe.
– Sammeln Sie Ideen, machen Sie dazu Stichpunkte.
– Ordnen Sie die Ideen, z. B. nach Wichtigkeit, zeitlichen Abläufen o. ä.
– Suchen Sie nach Begründungen und Beispielen.
– Schreiben Sie nicht erst den gesamten, ausformulierten Text auf das Konzeptpapier, denn
   dann bekommen Sie Probleme mit der Zeit.
– Beginnen Sie mit dem „richtigen" Aufsatz, wenn Sie Ideen, Begründungen und Beispiele
   gesammelt und gegliedert haben.

Hinweise zum „freien Thema"
Sie können aus vier angegebenen Themen ein Thema auswählen. Die Themen sind aus allgemeinen Bereichen des Lebens, z. B. Erziehung, Arbeit, Reisen, mitmenschlicher Umgang, Freizeit,
technische Entwicklungen usw.
Beispiel: *Bücher über Benimmregeln erfreuen sich in Deutschland immer größerer Beliebtheit.*
          Erörtern Sie (auch anhand von Beispielen), welche Rolle Benimmregeln in Ihrem
          Heimatland und für Sie persönlich spielen.
Bemühen Sie sich, ähnlich wie beim Vortrag, um ein ausgewogenes Verhältnis zwischen
allgemeiner Darstellung und Ihrer persönlichen Meinung. Denken Sie an eine logische und
erkennbare Gliederung.

Hinweise zum „lektüregebundenen Thema"
Sie müssen aus der Lektüreliste zur Zentralen Oberstufenprüfung, die mit der Literaturliste zum
Kleinen Deutschen Sprachdiplom identisch ist, (mindestens) ein Buch gelesen haben.
Zu diesem Buch erhalten Sie in der Prüfung das zu bearbeitende Thema.
Beispiel: *Ulrich Plenzdorf: Die neuen Leiden des jungen W.*
          Wie entsteht und entwickelt sich die Beziehung zwischen Edgar und Charlie?
          Erläutern Sie dies anhand von Beispielen aus der Erzählung.
Ein paar kurze Hinweise zur Vorbereitung auf literarische Themen finden auf Seite 205.
Die Bücher dürfen während des Aufsatzschreibens nicht verwendet werden.

Anhang   **Hinweise zu den Prüfungen**
Aufsatz (KDS)

Allgemeine Hinweise zum Aufsatz
beim Kleinen Deutschen Sprachdiplom (KDS)

Zeit: 120 Minuten

Inhalt

Zwei Aufsätze von je ca. 250 Wörtern über zwei der von Ihnen ausgewählten Bücher aus der Lektüreliste zum Kleinen Deutschen Sprachdiplom, wobei Sie zu einem Buch Fragetyp A und zu dem anderen Buch Fragetyp B beantworten müssen.

Tipps zur Vorbereitung

Machen Sie sich während des Lesens unbedingt Notizen:

1. Beschreiben Sie die Hauptpersonen und ihre Charaktereigenschaften.
2. Beschreiben Sie die Konflikte (innere und/oder äußere), ihre Entstehung und ihre Lösung.
3. Schreiben Sie auf Deutsch eine Inhaltszusammenfassung von ca. ein- bis anderthalb DIN A4-Seiten.
4. Lesen Sie kurz vor der Prüfung nochmals die wichtigsten Stellen des Buches.

Hinweise zu Typ A

Beispiel: *Ulrich Plenzdorf: Die neuen Leiden des jungen W.*
Beschreiben Sie den Charakter Edgar Wibeaus. Gehen Sie dabei kurz auf folgende Punkte ein:
– Edgars Vorbilder
– Edgars Wünsche
– Edgars Verhältnis zur Arbeit
Nehmen Sie ausführlich zur folgenden Frage Stellung: Wie beurteilen Sie die Rolle von jugendlichen Außenseitern in der Gesellschaft?
(Verbinden Sie Ihre Antworten und Ihre Stellungnahme zu einem zusammenhängenden Text von ca. 250 Wörtern Länge.)

Achten Sie beim **Typ A** darauf, dass Sie wirklich nur *kurz* auf den *Inhalt den Buches* eingehen und Ihre *eigene Meinung* zur gestellten Frage *ausführlich* darstellen. Insgesamt muss ein (so weit wie möglich auch inhaltlich) zusammenhängender Text entstehen.

Hinweise zu Typ B

Beispiel: *Ulrich Plenzdorf: Die neuen Leiden des jungen W.*
„Wir sind dann zurück nach Berlin auf demselben Weg. Charlie sagte nichts, aber sie hatte es plötzlich sehr eilig. Ich wusste nicht, warum. Ich dachte, dass ihr einfach furchtbar kalt war. Ich wollte sie wieder unter die Pelerine haben, aber sie wollte nicht, ohne eine Erklärung. Sie fasste die Pelerine auch nicht an, als ich sie ihr ganz gab. Sie sagte auf der ganzen Rückfahrt überhaupt kein Wort. Ich kam mir langsam wie ein Schwerverbrecher vor. Ich fing wieder an, Kurven zu ziehen. Ich sah sofort, dass sie dagegen war. Sie hatte es bloß eilig. Dann ging uns der Sprit aus. Wir plätschelten

*bis zur nächsten Brücke. Ich wollte zur nächsten Tankstelle Sprit holen, Charlie soll-
te warten. Aber sie stieg aus. Ich konnte sie nicht halten. Sie stieg aus, rannte diese
triefende Eisentreppe hoch und war weg." (Textauszug S. 135)*

    1. Erläutern Sie den Kontext der Passage.
    2. Warum rennt Charlie weg?
    3. Beschreiben Sie das Verhältnis zwischen Charlie und Edgar.
    4. Schildern Sie Edgars Gefühle gegenüber Dieter.
    (Schreiben Sie insgesamt ca. 250 Wörter.)

Beim **Teil B** beantworten Sie die Fragen nach den angegebenen Punkten, also
1. ...
2. ...
3. ... usw.
Natürlich müssen die jeweiligen Antworten in ganzen Sätzen erfolgen.

Achten Sie bei beiden Aufsätzen auf die **Anzahl der Wörter**. Wenn Sie sehr viel mehr oder sehr
viel weniger Wörter schreiben, können Ihnen bei der Beurteilung Punkte abgezogen werden.

Hilfreiche Wendungen

Bezug zur Lektüre oder zum Autor:
– In der Erzählung/In dem Roman geht es um ...
– Die Erzählung/Der Roman handelt von ...
– Der Autor berichtet/beschreibt/will zeigen ...
– An dieser Stelle der Erzählung/des Romans wir deutlich/kann man erkennen ...
– Der wichtigste/zentrale Punkt in der Geschichte ist ...
– Das Verhalten der Personen ändert sich/nimmt eine entscheidende Wende, als ...
– Das Verhältnis zwischen/Die Einstellung von ... zu ... wird besonders deutlich, als ...

Bezug zum Leser:
– Der Leser erfährt zu Beginn der Erzählung/des Romans ...

Ihre persönliche Stellungnahme:
– Meiner Meinung/Auffassung nach ...
– Ich bin der Meinung, dass ...
– Meines Erachtens ...
– Bei mir entstand der Eindruck .../Obwohl man zuerst den Eindruck gewinnt, dass ...
– ... erscheint/scheint mir problematisch/Ich sehe durchaus Probleme in ...
– ... entspricht nicht meinen Erfahrungen/Aus meiner Erfahrung kann ich dazu sagen, dass ...

Anhang   Lösungsschlüssel

Bei manchen Übungen (z. B. bei Synonymübungen) gibt es eine Vielzahl von Lösungen.
Im Lösungsschlüssel sind nicht alle Lösungen, die möglich sind, angeführt.

Kapitel 1

Teil A

I. Prognose und Realität

4. Synonyme: **1.** Gebiet, auf dem man sich besonders gut auskennt **2.** Hinterhältigkeit und Bosheit **3.** Vorhersagen **4.** gekennzeichnet **5.** entwickelt sich **6.** erlauben/ermöglichen

5. **1.** mit allen Mitteln/auf unehrliche Weise **2.** der scheinbare Widerstand eines leblosen Dings/unberechenbare Missgeschicke/Gefahren

6. Präpositionen: **1.** zur, an, mit **2.** in, im, in/bei, von **3.** In, um, in

7. Verben: **1.** gehören **2.** lesen, geprägt **3.** gestellt, blüht auf/erwacht **4.** offenbaren/zeigen, vorhersagten/prophezeiten, gewährt/ermöglicht

9. Präpositionen: **a)** für, mit, als, zur, über, an **b)** im, als, zur **c)** am, in, von, um, von, im, im, von, mit, aus, in, auf, von

10. zusammengesetzte Wörter: Zukunftsaussicht, Zukunftsforscher/-forschung, Zukunftsmusik (*etwas ist erst später, wenn überhaupt, realisierbar*), Zukunftsplan, Zukunftsroman, zukunftsträchtig (*in der Zukunft von großer Bedeutung*), Zukunftstraum, zukunftsweisend (*zukünftige Entwicklungen fördernd*)

11. Sätze: **1.** Das Aufstellen von Prognosen ist für manche Zukunftsforscher ein einträgliches Geschäft. **2.** Nur in seltenen Fällen treffen die Vorhersagen tatsächlich ein. **3.** In der Regel vollziehen sich die Veränderungen langsamer als die Forscher vorhersagten. **4.** Zukunftsorientiertes Denken stellt einen wichtigen Faktor für die gesellschaftliche Entwicklung dar.

II. Moderne Kunst

2. **b)** Wörter: **1.** die Theateraufführung **2.** der Drehbuchautor **3.** der Vorabdruck **4.** das Bühnenbild **5.** die Schwarz-Weiß-Fotografie **6.** die Außenaufnahmen **7.** die Filmszene **8.** die Gebäudeeinweihung **9.** die Choreografie **10.** das Instrument **11.** der Hauptdarsteller **12.** die Ausstellungseröffnung **13.** der Entwurf **14.** die Generalprobe **15.** die Skulptur **16.** der Literaturkritiker **17.** das Manuskript **18.** der Ausstellungsbesucher **19.** das Theaterstück **20.** die Bestsellerliste

6. Synonyme: **1.** verunsichert **2.** in der jeweiligen Zeit lebender **3.** erfolglos **4.** zeichnen sich aus/stechen hervor **5.** bewunderte/anerkannte/beliebte **6.** herausstellen

7. Präpositionen: **1.** von, zum **2.** von, von **3.** im, von, im

8. Verben: **1.** bemerken/feststellen/sehen, steht, bemüht, interpretieren/verstehen **2.** heben **3.** weiß, entstand, dachte/meinte, bedeuten **4.** Steht

11. Text (Beispiel): Schwedische Wissenschaftler haben bewiesen, dass regelmäßiger Kunstgenuss das Immunsystem stärkt. Das Betrachten eines Bildes kann eine geistige Stimulation bewirken. Eine ungesunde Lebensweise ohne Kunst verkürzt das Leben um einige Jahre.

13. Synonyme: **1.** zeigt **2.** die sich dem Kunstgenuss hingegeben haben **3.** Menschen ohne Kunstverständnis/ohne Sinn für Kunst **4.** plaudern, reden

14. Verben: **1.** auslösen, erfreuen **2.** belegt, wirkt **3.** hingaben, frönten **4.** ausgeht **5.** nachgehen

15. Verben: **1.** gestalten **2.** formen **3.** hervorbringen/schaffen **4.** entwickeln **5.** betrachten **6.** hingeben **7.** erfreuen

III. Werbung

3. Synonyme: **1.** größte **2.** hat begonnen **3.** Angeberei **4.** ist modern/entspricht dem Zeitgeist **5.** spotten/ironische Bemerkungen machen **6.** heftig kritisieren **7.** seine Fehler/Schwächen zeigen/bloßstellen

4. Begriffe: **1.** Media (z. B. Fernsehen, Post, Radiosender, Zeitungen usw.) **2.** Inhalt, bestimmt durch das Werbeziel **3.** Geldmenge, die eine Firma/ein Unternehmen für Werbung zur Verfügung stellt **4.** Ausdrucksmittel (Werbespot, Anzeige, Werbegeschenk usw.) **5.** Gesamtheit aller gestalteten Werbemittel und deren Einsatz in ausgewählten Werbeträgern **6.** kurzer Werbefilm, ausgestrahlt in Fernsehen oder Kino

6. Verben: **1.** befriedigt, entbrannt **2.** errichteten, kauften **3.** hervorgebracht **4.** kam **5.** reagierten, zeigten/präsentierten **6.** gruppieren, aufzuwerten **7.** gemacht, ausgibt **8.** hinterlassen

7. passende Adjektive: **1.** werbefeindliche **2.** moderne **3.** namhafte **4.** übermäßige **5.** messbare **6.** harte **7.** inhaltsvolle **8.** diskreter **9.** hintergründiger

8. Übertreibungen: **1.** riesiges **2.** winziger **3.** hervorragende/ausgezeichnete **4.** saumäßige/katastrophale/miserable **5.** herrliches/wunderschönes **6.** überwältigende/großartige **7.** eisige **8.** verschwenderischer/großzügiger

9. Sätze: **1.** In den fünfziger Jahren vermittelte die Werbung eine Sehnsucht nach Wohlstand. **2.** In den sechziger Jahren hält der Humor in die/der Werbung Einzug. **3.** Gute Werbung kann zur Kunst werden. **4.** Durch die übermäßige Werbepräsenz hinterlassen immer weniger Produkte Produktbotschaften im Gedächtnis der Zuschauer. **5.** Durch häufige Werbeunterbrechungen in Spielfilmen fühlen sich viele Fernsehzuschauer von Werbung belästigt. **6.** Um die Werbeaufträge ist ein harter Konkurrenzkampf entbrannt. **7.** Hervorragende Werbung kann Kunden zum Kauf animieren.

IV. Keine Zeit

3. Synonyme: **1.** strenge **2.** haben/hegen/fühlen **3.** die Uhr bestimmt den Rhythmus des Lebens **4.** die Zeit nutzlos verbringen/verschwenden **5.** unangenehm **6.** beweist **7.** weiß die Zeit nicht sinnvoll zu nutzen **8.** übereinstimmen/gut zusammenpassen müssen

4. Präpositionen: **1.** mit, im, nach, mit, für, damit, für **2.** Auf, von, in, im, durch, an **3.** Außerhalb, bis ins, nach

5. Sätze: **1.** Er verbringt seine Freizeit in erster Linie mit Tennisspielen. **2.** Durch das neue Textverarbeitungsprogramm/Mit dem neuen Textverarbeitungsprogramm kann man viel Zeit sparen. **3.** Mit Computerspielen/Beim Computerspielen kann man jede Menge Zeit vertrödeln. **4.** Er hat sich die Wartezeit mit dem Lösen von Kreuzworträtseln vertrieben.

6.   zusammengesetzte Wörter: z. B. Zeitabschnitt, Zeitalter, Zeitansage, Zeitaufwand, zeit-
     aufwändig, Zeitbombe, Zeitdruck, Zeitersparnis, Zeitgenosse, zeitgenössisch, Zeitgeist,
     zeitgemäß, Zeitgewinn, Zeitgeschehen, Zeitlupe (*Geschwindigkeit ist langsamer als in
     Wirklichkeit*), Zeitraffer (*schnellere Geschwindigkeit als in der Realität*), Zeitmangel,
     Zeitnot, Zeitraum, Zeitspanne, zeitraubend, Zeitenwende, Zeitvergeudung, Zeitver-
     schwendung

8.   Synonyme: **1.** es ist notwendig **2.** für einen bestimmten Zeitraum **3.** Keine Eile! **4.** für
     immer **5.** ab und zu **6.** aus Langeweile etwas Belangloses tun **7.** jmdn. von etwas Wich-
     tigem abhalten **8.** (wie 3.) Jetzt noch nicht! Später! **9.** jmdn. nicht drängen **10.** versu-
     chen, Zeit zu gewinnen **11.** Das lohnt sich nicht!/Das bringt nichts!

9.   **1.** In der heutigen Zeit stehen die Menschen unter großem Zeitdruck. **2.** Zeitforscher
     schenken dem Thema „Zeitknappheit" große Aufmerksamkeit. **3.** Man sollte nur 60 %
     seiner Zeit verplanen. **4.** Nur wer sich Zeit zum Nachdenken nimmt, kann Probleme
     lösen.

11. Umformungen: „Träumen, das ist Glück – Warten ist das Leben", schreibt Victor Hugo.
     Jeder wartet täglich viele Male auf irgendetwas, *doch jeder hat/hegt beim Warten andere
     Empfindungen.* Für die einen ist es eine willkommene Pause, für andere ist es eine Qual.
     Für die Einstellung der dritten Gruppe *ist der Grund des Wartens ausschlaggebend.*
     Wartet man zum Beispiel auf ein öffentliches Verkehrsmittel, dann *lässt sich das Ende
     des Wartens absehen. Das macht vieles leichter./Dadurch wird vieles leichter.* Während
     der Wartezeit kann man *sich beispielsweise mit* Lesen, Rauchen, Essen oder Autos zählen
     *beschäftigen. Den Ergebnissen einer deutsch-amerikanischen Studie zufolge ist die Reak-
     tion von Männern und Frauen* beim Warten unterschiedlich. *Im Gegensatz zu* Frauen, die
     Wartezeiten häufig im Sinne von „Luftholen" betrachten, scheint bei Männern *von großer
     Bedeutung zu sein/eine große Bedeutung zu haben*, ob das Warten selbst bestimmt ist
     oder nicht. Das Warten an der Supermarktkasse oder im Verkehrsstau *empfanden Männer*
     durchweg *als* stressig oder nicht zumutbar. Als Grund dafür *führen* Wissenschaftler das
     negative Bild, das wir vom Nichtstun haben, *an*. Denn in unserer westlichen Gesellschaft
     betrachtet man jemanden, der ohne erkennbaren Grund herumhängt, als Nichtsnutz und
     Wartezeit als verlorene Zeit/*wird jemand (...) als Nichtsnutz* und Wartezeit als verlorene
     Zeit *betrachtet*. Das negative Bild des Wartens *macht sich* auch die Werbung zu Nutze.
     Marketingexperten *bemühen sich darum, den Absatz von Produkten* mit den durch das
     Warten hervorgerufenen Emotionen und Werbesprüchen wie „Warten Sie nicht länger!"
     oder „Warum warten?" *zu erhöhen.*

Teil C

1.   **1.** Er hielt einen Vortrag auf einer Konferenz in der Schweiz. **2.** Sie schnitt sich beim
     Zwiebelnschälen in den Finger. **3.** Die Fabrik brannte aus noch ungeklärter Ursache
     bis auf die Grundmauern ab. **4.** Sie bestahl in der ersten Klasse ihre Mitschüler. **5.** Der
     Pressesprecher wich den Fragen der Journalisten aus. **6.** Der Angestellte erwog, sich
     selbstständig zu machen. **7.** Er bat seinen Freund um Hilfe. **8.** Die Geschwister glichen
     sich im Aussehen. **9.** Er nannte seinen Freund einen Feigling. **10.** Die Schneiderin maß
     die Armlänge der Kundin. **11.** Der Schnee schmolz in manchen Gebieten erst Ende
     Mai. **12.** Er ergriff die Gelegenheit, das Haus zu einem günstigen Preis zu kaufen.
     13. Beim Anblick der Höhe schwand sein Mut. **14.** Er bewarb sich um die Stelle des
     Abteilungsleiters. **15.** Die Forscher stießen bei Grabungen auf Knochen aus der Stein-
     zeit. **16.** Die verstorbenen Könige im alten Ägypten ließen sich mit ihren Schätzen
     begraben. **17.** Das Gericht lud den Hausmeister als Zeugen vor. **18.** Er überschrieb der

Stiftung sein Vermögen. **19.** Früher rann durch diese Berge ein Gebirgsbach. **20.** Die Diebe verließen das Museum durch den Hinterausgang. **21.** Der Wein vergor zu Essig. **22.** Er lieh mir 10.000 Euro.

2.   **1.** geschah **2.** lieh **3.** riet ... ab **4.** kamen ... an **5.** gesunken **6.** gestiegen **7.** gefunden **8.** belog **9.** stahl **10.** bot ... an **11.** betrog **12.** verschoben

3.   **1.** schuf **2.** schleifte **3.** wog **4.** bewegte **5.** wiegte **6.** erschrak **7.** geschliffen **8.** erschreckte **9.** sendete **10.** geschafft **11.** bewegt **12.** geschafft **13.** bewogen **14.** gehängt **15.** gehangen **16.** wandte/wendete

4.   **Mein erster Bericht** (Fritz Pleitgen)

Es *begann* mit einem kleinen Schwindel. Der Fall ist verjährt. Man kann also darüber reden. In Bünde, einem kleinen Zigarrenmacherstädtchen, *suchte* die „Freie Presse" für den Sportteil ihrer Lokalredaktion einen freien Mitarbeiter. Honorar: sechs Pfennig pro Zeile. Die Nachricht *drang (gelangte)* auch in unser Gymnasium.

Einige *zeigten* sich interessiert, aber keiner *traute (wagte/meldete/bewarb)* sich. Für eine Zeitung zu schreiben, das hatte damals in dem kleinbürgerlichen Städtchen etwas Zwielichtiges an sich. Mich *reizte (interessierte)* die Sache, mich *reizte (interessierte)* das Geld; denn damit war es bei uns zu Hause nicht so gut bestellt. Das Ganze *hatte* nur einen Haken: Der Bewerber *sollte (musste)* wenigstens 18 Jahre alt sein und ich *war* erst 14. Aber ich hatte den Stimmbruch hinter mir, war einsfünfundsiebzig groß und der Redakteur war klein von Wuchs. Er *fragte (erkundigte sich)* erst gar nicht nach meinem Alter. Ich *bekam (erhielt)* den Job.

Meine Eltern, einfache Leute, *waren* völlig ahnungslos. Um ihnen nicht den Seelenfrieden zu rauben, *behandelte (sicherte)* ich den Presseausweis zu Hause als Geheimdokument. Ich *hielt* ihn versteckt. Am nächsten Morgen *zog* ich zur allgemeinen Verwunderung den Konfirmationsanzug an, *eilte (lief/ging/rannte)* zum Sportplatz der SG Bünde 08, *präsentierte (zeigte)* den Presseausweis und *erlebte* gleich mein blaues Wunder. Der Kassierer *schaute (sah)* mich zunächst perplex an, dann *legte* er los: „Du willst mich wohl reinlegen. Beim letzten Spiel bist du noch über den Zaun gestiegen. Jetzt versuchst du's mit einem Presseausweis. Anzeigen sollte man dich!" Die Situation war prekär. *Machte* der Mann Ernst, dann *kam* bei der Zeitung mein jugendliches Alter heraus. Also *zog* ich mich zurück, *zahlte (bezahlte)* am anderen Eingang brav meinen Eintritt und *betrat* als Reporter gewissermaßen incognito die Arena. Schon ein anderer Mensch.

Das Geschehen auf dem Platz *verfolgte (sah/beobachtete/registrierte)* ich ohne Herzensregung, *notierte (beschrieb/beobachtete/verfolgte)* emsig jeden Spielzug und *enthielt* mich jeder Sympathiekundgebung. Wer mich *kannte, kannte (erkannte)* mich nicht wieder. Nach Spielschluss *eilte (lief/ging)* ich in die Redaktion und *machte* mich mit Feuereifer an die Arbeit. Ganz Gymnasiast, ein dreiteiliger Aufsatz. Zwölf Seiten handgeschrieben. Die erste wahre Analyse der SG Bünde 08 und ihrer Spielweise. Selbstsicher *überreichte (reichte/übergab/gab)* ich dem Redakteur das Manuskript.

Am nächsten Morgen *fand (sah/entdeckte)* ich meinen Bericht nicht in der Zeitung. Nur 25 Druckzeilen über das Spiel der SG Bünde 08. Keine einzige *stammte (war)* von mir. Meine größte Enttäuschung *erlitt* ich gleich zu Beginn meiner Laufbahn. Der Redakteur *tröstete (beruhigte)* mich: das sei ein ganz normaler Anfang. Ein Zeitungsartikel sei kein Schulaufsatz, die Journalistensprache sei knapp, prägnant, griffig. Ich würde das schon lernen.

Beim nächsten Mal *brachte (nahm)* ich eine alte Ausgabe des damals populären „Sportbeobachters" mit, *wählte* ein Spiel mit dem passenden Resultat aus, *wechselte (tauschte)* in dem Artikel die Namen aus und *gab* den Bericht telefonisch an die Zentrale durch. „Schon besser!" *lobte* mich der Redakteur. Nur die Sprache sei schlechter geworden. Im Übrigen sollte ich erklären, wie in dem ostwestfälischen Bezirksklassenspiel der FC St. Pauli aus Hamburg auftauchen konnte. Seitdem *verzichtete* ich auf Anleihen.

5. **1.** Als es Nacht wurde/Als die Nacht einbrach, war er ... **2.** Solange die Sitzung dauerte, sagte sie ... **3.** Bis du mit dem Studium beginnst, solltest du ... **4.** Nachdem das Konzert beendet worden war, sprachen wir ... **5.** Bevor er abreiste, musste er ... **6.** Nachdem zum wiederholten Mal die Elektronik des Flugzeugs ausgefallen war, wurde es ... **7.** Seit sie in New York angekommen ist, hat sie sich ... **8.** Während er in England war/Während er sich in England aufhielt, trieb er ... **9.** Seit er entlassen worden ist, sucht er ... **10.** Wenn Nebel aufkommt, dürfen Sie ...

6. **1.** für **2.** über **3.** – **4.** im **5.** um **6.** Nach **7.** Seit **8.** In **9.** innerhalb **10.** – **11.** Bei **12.** Zu **13.** Während **14.** vor **15.** um/– **16.** zu/an/– **17.** bis zum **18.** von, zu **19.** auf **20.** für

7. **1.** mit früheren und heutigen Mitarbeitern **2.** gestrige Zeitung **3.** auf der morgigen Sitzung **4.** sofortige Maßnahmen **5.** damaligen Lieder **6.** die ganztägige Konferenz **7.** die tägliche Einnahme der Tabletten **8.** die zehnmonatige Ausbildung **9.** auf der wöchentlichen Sitzung **10.** die dreiwöchige Reise **11.** das einjährige Praktikum **12.** mein monatliches Gehalt
    Erklärung: wöchent<u>lich</u>, monat<u>lich</u> usw. = jede Woche, jeden Monat
    dreiwöch<u>ige</u> Reise = einmalige Reise, die drei Wochen dauert
    einjähr<u>ige</u> Ausbildung = Ausbildung, die ein Jahr dauert

8. **1.** vereinbaren **2.** verschieben **3.** vormerken **4.** verzögert/verschiebt **5.** vorverlegt **6.** datieren **7.** vertagen/verschieben **8.** anberaumt/festgesetzt

Kapitel 2

Teil A

I. <u>Mallorca – das bessere Deutschland</u>

4. Synonyme: **1.** mögen **2.** ungefähr **3.** Urlauber auf Zeit in warmen Ländern **4.** bewohnen **5.** durchsuchen **6.** erkennen **7.** nach etwas suchen **8.** bewundern

5. Verben: **1.** geschlossen **2.** formen/umbauen/verändern **3.** belegen/machen **4.** besuchen **5.** leben/wohnen **6.** genießen **7.** machen/begeben **8.** erhöht/gesteigert **9.** schwärmten/träumten **10.** kam **11.** suchen/finden

6. Sätze: **1.** Berühmte Leute schwärmten/schwärmen für die Landschaft und verbrachten/verbringen den Winter auf der Insel. **2.** Eine Folge des Massentourismus sind Müllberge und überfüllte Strände. **3.** Die Inselbewohner können oft die gestiegenen Preise der Häuser im Hinterland nicht mehr zahlen. **4.** Auf dem Düsseldorfer Flughafen werden Billig-Tickets für weniger als 100 Euro unters Volk geworfen.

10. Präpositionen: **1.** Nach **2.** in **3.** vom **4.** zum **5.** auf **6.** für **7.** für **8.** Im **9.** Vor **10.** ins **11.** zu **12.** in **13.** auf **14.** zu **15.** im **16.** auf **17.** in **18.** in **19.** Trotz **20.** in **21.** Im

II. <u>Das Europa-Haus</u>

4. Synonyme: **1.** konzipieren/entwickeln **2.** übertriebene Pracht **3.** in verwahrlostem Zustand/von niederer Gesinnung (bei einer Tat) **4.** vorwerfen/jmdn. beschuldigen **5.** normieren/einander angleichen **6.** nicht notwendige **7.** Abneigungen **8.** geholfen **9.** erklär-

lich/begreiflich **10.** in die Praxis umsetzen **11.** Verantwortung/Leitung **12.** starke Einwände **13.** nachdenken über **14.** der Streit

5. Präpositionen: **1.** von, an **2.** Von, zu **3.** In, aus **4.** über, unter

6. Verben: **1.** anzulasten, liegt **2.** verurteilt **3.** einigen **4.** gewinnen, sinken **5.** sagen **6.** geraten

7. Sätze: **1.** Eine Möglichkeit für die Zukunft der Kulturpolitik wäre die Einrichtung eines Europa-Hauses. **2.** Man könnte mit einem gemeinsamen Haus viel Geld sparen und das kulturelle Angebot erweitern. **3.** Die Verantwortlichen in den Ministerien müssten sich für die auftretenden Probleme Lösungen einfallen lassen.

8. Antonyme: **1.** verringern **2.** ausgeben **3.** sinken **4.** unerklärlich **5.** Einfachheit **6.** gesenkt

III. Die Globalisierung des Kinos

4. Synonyme: **1.** gekennzeichnete/beeinflusste **2.** vortäuscht **3.** letztendlich **4.** sich absondern **5.** vernichtet/zerstört **6.** langsam gehen **7.** Umfeld **8.** etwas/ein Hauch von Hoffnung **9.** sich begnügen

5. Verben: **1.** zeigen **2.** kommen/stammen/sind **3.** vertreten/präsent **4.** vorweisen/erreichen **5.** scheint/ist **6.** heißt/bedeutet **7.** an(zu)sehen/an(zu)gucken *(umg.)* **8.** muss/kann/könnte **9.** kauft/erwirbt **10.** bestand **11.** wiegten/glaubten/wähnten **12.** zusammenwachsen/zusammenschmelzen **13.** entstehen **14.** trat ein/geschah **15.** abzukapseln/zu isolieren **16.** beobachten/bemerken/feststellen

6. Adjektive: **1.** erfolgreichen **2.** nationalen **3.** digitalen **4.** sozialen **5.** hohen **6.** ausgewogenen **7.** nennenswerte **8.** heile

7. Sätze: **1.** In letzter Zeit erweckten Filme aus Großbritannien und Dänemark weltweit das Interesse des Publikums/das Interesse eines weltweiten Publikums. **2.** Digitale Technologien verstärken den Trend zum Globalen. **3.** Europäische Regisseure übten in der Vergangenheit Einfluss auf das amerikanische Kino aus.

9. **1.** Überreichung **2.** Filmfestival **3.** Wettbewerb **4.** Preise **5.** Jurymitgliedern **6.** Programm **7.** Eröffnungsfilm **8.** Start **9.** Sicht **10.** Beitrag **11.** Darstellerin **12.** Regie **13.** Überraschung **14.** Absage **15.** Premiere **16.** Vorgang **17.** Präsenz

IV. Nachtgedanken

2. Erklärungen: **1.** die alte Frau, die noch lange leben soll **2.** seit ich sie nicht umarmt habe **3.** Nach Deutschland habe ich keine Sehnsucht.

4. Antonyme: **1.** Fernweh/Geborgenheit **2.** sich geborgen/wohl fühlen **3.** erfreut/positiv überrascht **4.** heiteres **5.** von etwas genug haben/jmds./etwas überdrüssig sein **6.** sich öffnen/sich interessieren für

5. **1–c** Ob Osten oder Westen, zu Hause geht's am besten. **2–e** Hinter den Bergen wohnen auch Menschen. **3–h** Andere Länder – andere Sitten. **4–i** Ein guter Nachbar in der Not ist besser als ein ferner Freund. **5–d** Der Prophet gilt nirgends weniger als in seinem Vaterland. **6–j** Reiche Leute sind überall daheim. **7–k** Wenn einer eine Reise tut, dann kann er viel erzählen. **8–l** Andere Städtchen – andere Mädchen. **9–b** Viele Wege führen nach Rom. **10–g** Warum in die Ferne schweifen, sieh das Gute liegt so nah. **11–a** Überall wird nur mit Wasser gekocht. **12–f** Eigener Herd ist Goldes wert.

Teil C

1. **Made *in* Hongkong** (Franz Hohler)

   „Made *in* Hongkong" – das habt ihr sicher schon *auf einem eurer* Spielzeuge gelesen. Aber wisst ihr auch, was es heißt? Also, ich will es euch erklären.

   Was Maden sind, wisst ihr, so nennt man Käfer, wenn sie noch so klein sind, dass sie wie winzige Würmer aussehen.

   In einem Garten lebte einmal eine ganze Schar solcher Maden. Eine davon war besonders klein und wurde *von* den anderen ständig ausgelacht. „Du bringst es nie zu etwas!" sagten sie immer wieder, bis die kleine Made so wütend wurde, dass sie sagte: „Ich bringe es weiter als ihr alle. Ich komme *bis nach* Hongkong!" und schnell davonkroch.

   „Viele Grüße!" riefen ihr die anderen nach, „und lass es uns wissen, wenn du *in* Hongkong angekommen bist."

   Die Made kroch *zum* Flughafen und konnte sich dort *im* Spalt *einer* großen Kiste verstecken. Der Zufall wollte es, dass diese Kiste *nach* Hongkong geflogen wurde, aber das war noch nicht alles. Die Kiste war nämlich voll Gold und deshalb wurde sie *in* Hongkong *auf dem* Flughafen *von* Räubern gestohlen, die damit davonfuhren und sie *in einem* Keller versteckten. Nachher wollten sie eine zweite solche Kiste rauben, wurden aber dabei *von der* Polizei erschossen.

   Jetzt wusste niemand mehr, wo die Kiste *mit dem* Gold war, *außer unserer* Made. Die überlegte sich, wie sie ihren Maden *zu* Hause mitteilen konnte, dass sie *in* Hongkong angekommen war. Dabei kam ihr *in den* Sinn, dass *im* Garten, wo sie lebten, ein großer Sandhaufen war, *in dem* viele Kinder spielten. Deshalb kaufte sie *mit ihrem* Gold alle Spielzeugfabriken *in* ganz Hongkong und befahl sofort, dass man *auf jedes* Spielzeug, das *in* Europa verkauft wurde, die Nachricht draufdrucken musste: „Made in Hongkong."

   Ich kann euch sagen, die Maden machten große Augen, als sich die Kinder *im* Sandhaufen laut vorlasen, was *auf ihrem* Spielzeug stand. „Habt ihr das gehört?" flüsterten sich die Maden untereinander zu, „die ist tatsächlich angekommen."

   Viele *von* ihnen versuchten daraufhin auch, die Reise zu machen, aber keiner gelang es, die eine flog *in einer* Penduluhr *nach* Amsterdam, die andere versteckte sich *in einem* Sandwich und wurde unterwegs aufgegessen und die meisten kamen nicht einmal *bis zum* Flughafen, weil sie ihn entweder nicht fanden oder vorher *von* einem Vogel aufgepickt wurden.

   Klein sein allein genügt eben nicht, es gehört auch noch etwas Glück dazu.

2. **1.** entlang **2.** um, herum **3.** auf dem **4.** in die, auf die **5.** gegenüber **6.** Abseits, an/zwischen **7.** Außerhalb **8.** in den/in die **9.** aufs **10.** gegen das **11.** in den **12.** im **13.** auf der **14.** am **15.** an der **16.** im, auf einem **17.** vom, zum **18.** über dem, über das **19.** aus dem **20.** unter das, in der **21.** Inmitten **22.** unter das/unter dem

3. **1.** Der Sturm wehte die Ziegel vom Dach herunter. **2.** Die Katze kroch durch den Zaun. **3.** Der Hund lief hinter dem Fahrradfahrer her. **4.** Wir kamen nicht an der Post vorbei. **5.** Er lief jeden Morgen den Fluss entlang. **6.** Sie sonnte sich täglich zwei Stunden am Strand. **7.** Die Ausstellung fand in der alten Kirche statt. **8.** Der Weg zum alten Pfarrhaus führte durch den Wald.

4. **1.** hin/her **2.** hin **3.** her **4.** hin **5.** – **6.** her **7.** hin **8.** her

5. **1.** hinaus/raus **2.** hinüber/rüber **3.** hinunter/runter **4.** herauf/rauf **5.** herein/rein **6.** heraus/raus- **7.** hervor **8.** heran

6. **1.** Die Verkaufsabteilung befindet sich oben in der ersten Etage. **2.** Die Wissenschaft-
ler fanden den Sarg in der innersten Grabkammer. **3.** Der Kopierapparat steht unten
im Keller in der hintersten Ecke. **4.** Das Kind versteckt sich unter dem Bett. **5.** Das
Zimmer der Sekretärin liegt hinter dem Zimmer des Chefs. **6.** Er belegte/belegt bei
Wettkämpfen immer vordere Plätze. **7.** Das Dokument ist möglicherweise hinter den
Schreibtisch gerutscht. **8.** Der Portier steht vor der Eingangstür.

7. **1.** der Portugiese/die Portugiesin/die Portugiesen *(n-Deklination)* **2.** der Argentinier/die
Argentinierin/die Argentinier *(normale Deklination)* **3.** der Chinese/die Chinesin/die
Chinesen *(n-Deklination)* **4.** der Sudanese/die Sudanesin/die Sudanesen *(n-Deklination)*
5. der Deutsche/die Deutsche/die Deutschen *(Ausnahme)* **6.** der Ire/die Irin/die Iren
(n-Deklination) **7.** der Israeli/die Israeli/die Israelis *(Ausnahme)* **8.** der Pakistani/die Pa-
kistani/die Pakistanis *(Ausnahme)* **9.** der Chilene/die Chilenin/die Chilenen *(n-Deklination)* **10.** der Brasilianer/die Brasilianerin/die Brasilianer *(normale Deklination)*

8. **1.** Er lernte sie auf einer Messe in der Schweiz kennen. **2.** Im Sudan herrscht ein lang-
jähriger Bürgerkrieg. **3.** Er verbringt die Wintermonate auf den Kanarischen Inseln.
4. Der Autor wurde in den Niederlanden geboren und lebt jetzt auf den Antillen. **5.** Mit
18 wanderte er in die USA aus. **6.** Wir fuhren mit dem Auto die französische Küste entlang bis nach Spanien.

9. **Tante Magdalena** (Christoph Hein)
Tante Magdalena wohnte über *der* Bäckerei Theuring *in der* Mühlenstraße, wo wir unser
Brot kauften und die Brötchen und manchmal auch ein paar Plunderstücke. Der Eingang
zu ihrer Wohnung war aber nicht *in der* Mühlenstraße, man musste *um* die Ecke gehen,
in die Molkengasse, zu *dem* großen Holztor, das im Unterschied zu allen anderen Toren
in der Stadt nie offen stand und *in* das eine Tür hineingeschnitten war. Wenn man diese
öffnete, bewegten sich die beiden mächtigen Torflügel *in* den Angeln und man musste
einen Moment warten, bis sie wieder stillstanden und man *über* den Fußteil des eisernen
Türrahmens treten konnte. *Durch* einen breiten Torgang gelangte man *in den* Hof, dort
waren die Karnickelställe des Bäckers und ein Drahtverschlag für die Hühner. Es gab
auch einen winzigen, mit Draht geschützten Garten, *in dem* Tante Magdalena Kräuter
anbaute.
Links schloss sich ein Hofgang an, *von* dem man *zu* den Hintertüren der anderen Häuser
in der Molkengasse gelangte und der *bis zum* Anger reichte, wo die Garagen standen. Am
Ende des Torgangs rechter Hand führten drei Steinstufen *zu* einer Tür, *hinter* der sich ein
Treppenhaus und der Eingang *zur* Backstube von Herrn Theuring befanden.
Über eine gewundene, sehr schmale Treppe gelangte man *in den* ersten Stock *zur* Wohnung
von Tante Magdalena. Wenn man die Tür öffnete, war man *in ihrer* Wohnküche, in der
neben dem Eingang ein Gaskocher *neben einem* mit bunten Stoffgardinen verhängten Regal
stand. *Zwischen* dem Fenster und der nächsten Tür waren der Eisschrank, ein Schränkchen,
ein ausziehbarer Tisch *vor dem* Küchensofa und zwei Stühle.
An die Küche schloss sich das gute Zimmer an. *Über dem* runden Tisch mit den Intarsien
lag stets eine feine, durchbrochene Decke. Sie war so fein, dass sie eher wie ein kostbares
Netz wirkte und die Einlegearbeiten der Tischplatte nicht verhüllte, sondern hervorhob. *Um*
den Tisch standen sechs Stühle mit hohen geschnitzten Lehnen und dunklen Samtpolstern.
Neben dem Fenster, das *zum* Hof ging, war eine Vitrine. Der obere Teil hatte Glastüren,
hinter denen farbige Kelche zu sehen waren und Blumenvasen, *in die* Tante Magdalena
aber nie Blumen stellte.

Kapitel 3

Teil A

I. Lachen

4. Synonyme: **1.** wird für geringer gehalten/erfährt nicht die notwendige Beachtung **2.** zuwenden/sich beschäftigen mit **3.** bewiesene **4.** erfolgreich sein **5.** lustige/dumme/einfältige/abgeschmackte

5. Verben: **1.** unterschätzt **2.** erkannt/anerkannt **3.** bewiesen/nachgewiesen **4.** erhöht/stärkt **5.** steigt **6.** sinkt **7.** auswirken/bemerkbar machen. **8.** festgestellt/gesagt **9.** erzielen/erreichen **10.** suchen **11.** senden/schicken **12.** erlernen/trainieren

6. Präpositionen: **1.** über **2.** auf/über **3.** an **4.** auf jmdn./über etwas **5.** über **6.** auf jmdn./über etwas **7.** über/mit **8.** über **9.** wegen/über **10.** über

7. Adjektiv: **1.** heiter, traurig **2.** vergnügt, verdrossen **3.** übermütig, kummervoll **4.** fröhlich, missmutig **5.** aufgeräumt, bedrückt **6.** entzückt, verärgert

8. Sätze: **1.** Lachen gilt als spezifisch menschliche Fähigkeit. **2.** Die medizinische Kraft des Humors rückt immer mehr ins menschliche Bewusstsein. **3.** Forscher haben positive Reaktionen des Körpers auf Lachen nachgewiesen. **4.** Eine Minute Lachen ist genauso gut wie 15 Minuten Entspannungstraining. **5.** Wut und Stress haben negative Auswirkungen auf das Herz und das Immunsystem.

10. Präpositionen: **1.** in der **2.** mit **3.** über **4.** mit **5.** an **6.** in **7.** mit dem **8.** als **9.** in **10.** durch **11.** zum **12.** vor der **13.** mit **14.** in **15.** nach **16.** zwischen

II. Prima Klima im Betrieb

3. **1.** Identifikation mit der Firma – das verlangen viele Unternehmen von ihren Mitarbeitern. Zunächst geht es Malik um eine Begriffsklärung: geht es um wirkliche Identifikation oder nur um die Akzeptanz von Unternehmen oder Produkten, die Identifikation genannt wird? Wirkliche Identifikation bedeutet für ihn die unkritische Übernahme von Motiven und Idealen anderer Personen und das sei verbunden mit dem Verlust an Distanz und kritischem Urteilsvermögen. Er hält Identifikation für nicht wünschenswert. **2.** Nach Meinung des Autors ist es wichtig, dass Mitarbeiter vom Produkt überzeugt sind und in ihrer Arbeit einen Sinn sehen. Außerdem fordert er Pflichtbewusstsein, Verantwortung, Engagement, Gewissenhaftigkeit und Sorgfalt. **3.** Führungskräfte sollten ein objektives Urteilsvermögen haben, eine gesunde kritische Distanz. Die Führungskräfte müssen dafür sorgen, dass die Mitarbeiter ihre Arbeit gut, gewissenhaft, verantwortungsbewusst und ungestört erledigen können.

4. Umformung Modalverben: **1.** Es ist notwendig, dass viel für die Firma und die Produkte getan wird. **2.** Hat man den Wunsch/die Absicht, sich mit der Firma zu identifizieren? Ist es erlaubt oder sogar eine moralische Pflicht? **3.** Es ist eine Bedingung/notwendig, dass die Mitarbeiter vom Produkt überzeugt sind, sonst sind sie nicht in der Lage/fähig, es glaubhaft zu verkaufen. **4.** Es ist die Aufgabe von Führungskräften, Menschen zu einer für das Unternehmen wichtigen Leistung zu befähigen. **5.** Es ist empfehlenswert/wünschenswert, dass Führungskräfte ein gutes Urteilsvermögen besitzen.

5. Umformung Synonyme: **1.** Es ist heute modern/üblich/angesagt, von den Mitarbeitern eines Unternehmens zu erwarten, dass sie ... **2.** In weiten Kreisen hält man das für eine besonders progressive Unternehmenskultur. **3.** Es muss viel unternommen werden/Es müssen Maßnahmen ergriffen werden, ... **4.** Nach meiner Meinung/Meiner Ansicht nach

ist es nicht wichtig/sinnvoll, dass ... **5.** Selbst für den interessantesten Beruf kann man nicht ewig/bis ans Lebensende/Begeisterung empfinden/sich begeistern. **6.** ..., verliert die Fähigkeit/ist nicht mehr in der Lage, es objektiv zu beurteilen/richtig einzuschätzen.

8. Präpositionen: **1.** für **2.** seit **3.** in **4.** im **5.** an **6.** Im **7.** im **8.** am/ auf dem **9.** bei **10.** für/in **11.** bei **12.** von **13.** in/bei **14.** über **15.** unter **16.** mit **17.** an **18.** unter **19.** durch **20.** in **21.** Zu **22.** über **23.** mit **24.** in **25.** in/in den **26.** zum **27.** mit/in **28.** in **29.** in **30.** zum **31.** für **32.** zum

9. Sätze: **1.** In einer Firma für Kommunikationstechnik wurde die Mitarbeiterzahl um die Hälfte reduziert, die Anzahl der Kunden aber blieb gleich. **2.** In/Bei Untersuchungen bei IBM erwies sich Projektarbeit als spannungsgeladene Arbeitsform./Untersuchungen zufolge erwies sich bei IBM Projektarbeit als spannungsgeladene Arbeitsform. **3.** Zwei Drittel aller Beschäftigten beschweren sich über das Klima in ihrem Betrieb. **4.** Mit simplen Ratschlägen lässt sich das Problem nicht lösen.

III. Teure Langeweile

3. Synonyme: **1.** handeln **2.** (bis ins kleinste Detail) ausdenken **3.** Befolgen **4.** in großem Umfang **5.** benötigte **6.** vor Beginn **7.** wichtig **8.** streng/themenbezogen/ohne Abschweifungen zu dulden **9.** Übereinstimmung **10.** deutlich/klar

4. Verben: **1.** kosten **2.** gelten **3.** gaben, bekannten/erklärten **4.** gestalten/leiten, beherzigen/befolgen/beachten **5.** stellen **6.** Setzen/Legen, vereinbaren **7.** wegführt/abkommt **8.** aufgenommen/geschrieben

5. Präpositionen: **1.** in, um, für **2.** Bei, in, auf **3.** während, auf **4.** durch, ohne **5.** von, im, zur **6.** nach **7.** für, von **8.** auf **9.** für, über **10.** vom

6. Sie oder Ihnen: **1.** Ihnen **2.** Sie **3.** Ihnen **4.** Sie **5.** Ihnen **6.** Sie **7.** Sie, Ihnen, Ihnen **8.** Sie **9.** Sie **10.** Sie, Ihnen

7. Zum Substantiv gehörende Verben/Sätze: **1.** (nehmen/beziehen) Meines Erachtens sollte der Betriebsrat zum Vorschlag des Vorstandes Stellung nehmen/beziehen. **2.** (spielen) Meiner Meinung nach sollte das Thema auf der heutigen Sitzung eine untergeordnete Rolle spielen. **3.** (ziehen) Meiner Meinung nach sollten wir eine Erhöhung des Werbeetats in Erwägung ziehen. **4.** (kommen) Meiner Meinung nach müssen die Transportprobleme auf der nächsten Besprechung unbedingt zur Sprache kommen. **5.** (unterbreiten/machen) Meiner Meinung nach sollten wir der Firma Simpex ein neues Angebot unterbreiten. **6.** (tragen/übernehmen) Meines Erachtens muss die Versicherung die Kosten für den gesamten Schaden tragen/übernehmen.

IV. Sollen

3. Sätze: **1.** Wenn man vor hat/beabsichtigt, etwas zu lernen, ist es notwendig, viel zu üben. **2.** Es ist auch erlaubt, Fehler zu machen. **3.** Es ist nicht empfehlenswert/zu empfehlen, wichtige Dinge auf Morgen zu verschieben. **4.** Man sagt/Ich habe gehört, er sei der beste Schüler seines Jahrgangs gewesen.

Teil C

1. **1.** muss **2.** sollen **3.** solltest **4.** kann/könnte **5.** soll/will **6.** müsste **7.** kann/könnte **8.** hätten ... sollen **9.** dürfte **10.** soll

2. *(Es sind auch andere Lösungen denkbar.)* **1.** Das Fahrrad könnte entwendet worden sein. **2.** Er wird/dürfte gleich kommen. **3.** 2100 könnten die ersten Häuser auf dem Mars

gebaut werden. **4.** Klaus muss die Unterlagen verloren haben. **5.** Das Kunstwerk dürfte noch nicht verkauft worden sein. **6.** Sie könnte sich in Andreas verliebt haben. **7.** Die alten Möbel müssten schon abgeholt worden sein. **8.** Er kann das Geld gestohlen haben. **9.** Sie könnte zur Vorsitzenden gewählt werden. **10.** Die Tür muss mit einem Nachschlüssel geöffnet worden sein.

3. **1.** Frau Meier soll ihren Mann verlassen haben. **2.** Morgen soll es regnen. **3.** Er will die Rechnung schon lange bezahlt haben. **4.** Sie will nie in Rom gewesen sein. **5.** Der Ex-Terrorist soll wegen guter Führung vorzeitig aus dem Gefängnis entlassen worden sein. **6.** Die Konkurrenz soll bereits an einem ähnlichen Projekt arbeiten. **7.** Er will uns vor eventuell auftretenden Schwierigkeiten gewarnt haben. **8.** Diese Bank soll schon dreimal ausgeraubt worden sein.

4. **1.** a) Es wäre besser gewesen, wenn er seine Arbeit effektiver organisiert hätte. b) Er hätte seine Arbeit effektiver organisieren sollen. **2.** a) Es wäre besser gewesen, wenn du sie im Krankenhaus öfter besucht hättest. b) Du hättest sie im Krankenhaus öfter besuchen sollen. **3.** a) Es wäre besser gewesen, wenn er vorsichtiger gefahren wäre. b) Er hätte vorsichtiger fahren sollen. **4.** a) Es wäre besser gewesen, wenn man die Preise langsamer angehoben hätte. b) Man hätte die Preise langsamer anheben sollen. **5.** a) Es wäre besser gewesen, wenn die Untersuchungsergebnisse veröffentlicht worden wären. b) Sie hätten veröffentlicht werden sollen. **6.** a) Es wäre besser gewesen, wenn die Subventionen verlängert worden wären. b) Sie hätten um ein Jahr verlängert werden sollen. **7.** a) Es wäre besser gewesen, wenn du die Anleitung genauer gelesen hättest. b) Du hättest die Anleitung genauer lesen sollen. **8.** a) Es wäre besser gewesen, wenn sie vorsichtiger mit dem Geld umgegangen wäre. b) Sie hätte vorsichtiger mit dem Geld umgehen sollen.

5. **1.** Er muss den Termin vergessen haben. **2.** Keiner will es gewesen sein. **3.** Er kann/könnte jeden Moment erscheinen. **4.** An wen mag/kann/könnte er jetzt denken? **5.** Ich kann/könnte mich geirrt haben. **6.** Du hättest den Brief gleich beantworten sollen. **7.** Die Diamanten sollen gestohlen worden sein. **8.** Er muss davon gewusst haben **9.** Er kann nicht der Täter gewesen sein. **10.** Du hättest den Rasen mähen sollen. **11.** Wegen der Krise müssten die Außenminister schon Kontakt aufgenommen haben. **12.** Er will der beste Torwart der Bundesliga sein. **13.** Sie kann/könnte das Buch noch gar nicht gelesen haben. **14.** Bei seinem Wissen muss er die Prüfung bestehen. **15.** Die berühmte Sängerin soll sich von ihrem Ehemann getrennt haben. **16.** Du solltest in Zukunft auf eine gesündere Ernährung achten.

6. **1.** wir müssen **2.** Peter soll **3.** ich darf nicht **4.** ich kann **5.** Sie kann perfekt Englisch. **6.** die Regierung will **7.** darf/dürfte ich **8.** jemand mag nicht **9.** Sie brauchen keine eigenen Schlittschuhe. **10.** man muss/soll

7. **1.** *(Erlaubnis)* Fritzchen durfte jeden Abend bis 22.00 Uhr fernsehen. **2.** *(Vermutung)* Diese Angaben dürften nicht gestimmt haben. **3.** *(Notwendigkeit)* Er musste noch viel lernen. **4.** *(Vermutung)* Er muss sich geirrt haben. **5.** *(Absicht)* Sie wollte diesen Fehler nicht noch einmal machen. **6.** *(Behauptung)* Sie will eine schlechte Lügnerin gewesen sein. **7.** *(Fähigkeit)* Sie konnte diese schwierigen Aufgaben ohne Probleme lösen. **8.** *(Vermutung)* In diesem Fall könn(t)en Sie Recht gehabt haben.

8. **1.** Der Betrieb musste umstrukturiert werden. **2.** Die Stadt will die alte Kirche abreißen. **3.** Der Beschluss müsste Proteste hervorrufen. **4.** Die Aufgaben brauchen nicht wiederholt zu werden. **5.** Das Bild könnte gestohlen worden sein. **6.** Die Leuchtkraft der Farben des Originals kann man nicht beschreiben. **7.** In den Räumen sollte eine Schutz-

kleidung getragen werden. **8.** Er sollte die neuen Produkte vorstellen. **9.** Du hättest auf seinen Rat hören sollen. **10.** Sie muss es mal wieder verschlafen haben. **11.** Dürfte ich Ihr Telefon benutzen? **12.** Er will den Kunden rechtzeitig benachrichtigt haben. **13.** Die Benzinpreise sollen im nächsten Monat wieder erhöht werden. **14.** Es könnte zwischen den zerstrittenen Parteien doch noch zu einer gütlichen Einigung kommen.

9. **1.** Ich schätze das Alter des Mannes auf 50 Jahre. **2.** Ich benötige deine Hilfe nicht mehr. **3.** Eine Verbesserung seiner Noten bedarf größerer Anstrengung **4.** Wir sind pro Jahr zur Vergabe von zehn Stipendien berechtigt. **5.** Erlauben Sie, dass ich mich setze? **6.** Herr Schneeweiß bittet Sie, ihn noch heute zurückzurufen. **7.** Ich rate dir zur Vorsicht beim Umgang mit den gefährlichen Chemikalien. **8.** Es bleibt dir nichts anderes übrig, als die Strafe für das Falschparken zu bezahlen.

10. *(Es sind auch andere Lösungen denkbar.)* **1.** Er hat sich vorgenommen, dieses Jahr noch befördert zu werden. **2.** Es ist ihre Aufgabe, die Tiere täglich mit Wasser und Nahrung zu versorgen. **3.** Ich bin mir sicher, das in dieser Abrechnung etwas nicht stimmt. **4.** Ich habe in den Nachrichten gehört, dass es morgen schon wieder regnet. **5.** Er hat diese Nachricht wahrscheinlich noch nicht erhalten. **6.** Es wäre ratsam, den Chef über den Vorfall zu informieren. **7.** Sind Sie in der Lage, den gesamten Betrag sofort und bar zu zahlen? **8.** Nach langer Wartezeit wurde ihnen gestattet, das Land zu verlassen.

11. **a) 1.** wieder verwendbare Altstoffe **2.** erreichbare Ziele **3.** nachvollziehbare Gedanken **4.** schwer erziehbare Kinder **5.** ein vermeidbares Risiko **6.** vorhersehbare Schwierigkeiten **7.** erkennbare Zeichen **8.** ein unbezahlbares Auto **9.** ein nicht umsetzbarer Vorschlag **10.** ein kaum hörbarer Ton
    b) 1. unleserlich **2.** unbeschreiblich schön **3.** unsterblich **4.** unverkäuflich **5.** bestechlich **6.** unverständlich **7.** einträgliches **8.** unerträglich

Kapitel 4

Teil A

I. Lob der Lüge

5. Präpositionen: **1.** Bei **2.** am/pro **3.** beim/zum **4.** vom **5.** mit **6.** Am **7.** für **8.** am **9.** an

6. **a)** *Wahrheit:* verlässliche Informationen, Aufrichtigkeit, Wahrheitsliebe, nicht falsch Zeugnis reden, schonungslose Offenheit, mit der Wahrheit umgehen zu können; das offensichtlich ehrlichste Medium; *Lüge:* jemanden belügen, nicht die Wahrheit sagen, lügen, die Wahrheit frisieren, die Täuschung, der Seitensprung, der Betrogene, Vertrauen missbrauchen, die Selbsttäuschung, es wird gelogen und betrogen, falsche Tatsachen vorspiegeln, Hochstapler (hochstapeln), Mogeleien (mogeln), jemandem eine Geschichte auftischen, den Wahrheitsgehalt verschleiern, die Unwahrheit sagen; *weitere Wörter:* etwas verschweigen, etwas beschönigen, sich herausreden, flunkern, schummeln, jemanden bescheißen (sehr umgangssprachlich!)

7. Konjunktionen: **1.** denn **2.** wenn **3.** obwohl **4.** weil **5.** damit **6.** wenn **7.** deshalb/deswegen/darum **8.** indem **9.** sondern **10.** dadurch ... dass

8. Sätze: **1.** In bestimmten Situationen greifen Menschen zu Notlügen. **2.** Die Anzahl unserer Lügen hängt vom Medium ab, das wir gerade benutzen. **3.** Am Telefon ist es für den Gesprächspartner/dem Gesprächspartner unmöglich, unsere Mimik zu deuten. **4.** Hilfe für misstrauische Telefonpartner kommt von einer Neuentwicklung am/auf dem

Computermarkt./Als Hilfe für misstrauische Telefonpartner kommt eine Neuentwicklung auf den Computermarkt./Eine Neuentwicklung auf dem Computermarkt kommt misstrauischen Telefonpartnern zu Hilfe. **5.** Das Computerprogramm basiert auf einer Analysetechnik und funktioniert wie ein Lügendetektor. **6.** Es sucht die Stimme und das Sprechverhalten des Anrufers auf/nach Zeichen von Stress ab. **7.** Findet das Programm genügend Stressmerkmale/Wenn das Programm genügend Stressmerkmale findet, erscheint auf dem Computerbildschirm ein grünes Licht.

II. Kriminalität in Deutschland

2. Wortschatz: Welle wachsender Kriminalität, kriminelle Delikte, polizeiliche Kriminalstatistik, Straftaten, Verkehrs- und Staatsschutzdelikte, tatsächliches kriminelles Geschehen, Anzeigeverhalten der Bevölkerung, polizeiliche Ermittlungen, Verbrechen = Straftaten, die mit wenigstens einjähriger Freiheitsstrafe bedroht sind, Vergehen = Straftaten, für die kürzere Freiheitsstrafen oder Geldstrafen ausgesprochen werden können, Kriminalitätsbelastung, das Erscheinungsbild der Kriminalität, Schwerpunkt des kriminellen Geschehens, Eigentums- und Vermögensdelikte, Diebstahl, Fälschungsdelikte: Betrug, Veruntreuung, Unterschlagung, Übergriffe auf Leib und Leben = Gewaltdelikte: schwere Körperverletzung, Raubdelikte, Vergewaltigungen, Mord und Totschlag, Tatverdächtige, Fälle aufklären, Aufklärungsquote, Tötungsdelikte, Taschendiebstahl, den Tätern auf die Spur kommen

3. Verben: **1.** verzeichnet/erfasst/registriert **2.** ereignen sich/passieren **3.** prägen **4.** zeigen **5.** verbesserte sich/stieg **6.** kam

5. Verben: **1.** verhört **2.** angezeigt, verdächtigte, entwendet **3.** gestand, überführt **4.** erhob

6. Verben: **1.** angeklagt **2.** gestohlen **3.** nennen **4.** verweigerte **5.** traten, bezeugten **6.** erhärtete **7.** ausräumen **8.** hatte **9.** aussagten, überführt **10.** tagte, verkündete **11.** einlegen

7. Antonyme: **1.** Opfer **2.** gestand **3.** begehen **4.** freigesprochen **5.** entkam der Polizei

8. Adjektive und Partizipien: **1.** mutmaßlicher Täter **2.** siegreiche Verteidigung **3.** hohe Kriminalitätsrate **4.** schwerer Betrug **5.** erdrückende Beweislast **6.** sich erhärtende Verdachtsmomente **7.** mildes Urteil **8.** überführter Bankräuber **9.** erbeutetes Geld **10.** aufgeklärte Verbrechen

III. Unternehmenserfolg

4. Synonyme: **1.** Auf sich aufmerksam machen gehört dazu. **2.** dem Kunden gefallen **3.** einfach/spärlich **4.** etwas meiden **5.** etwas weniger als **6.** ohne Schwierigkeiten zu machen/problemlos **7.** zu große/übersetzte Verwaltungen **8.** befolgten **9.** nach Erfolg strebende

5. Präpositionen: **1.** für, von **2.** bei, um, mit, auf

6. Verben: **1.** gehört **2.** reicht/genügt **3.** bietet **4.** schneiden **5.** lassen, einfahren/machen **6.** beherzigt/berücksichtigt, fürchten

7. Antonyme: **1.** gut **2.** unambitioniert/am Erfolg nicht interessiert **3.** unsicher **4.** Verlust **5.** ausgeben **6.** abschlagen/nicht befolgen **7.** üppig/teuer

8. Sätze: **1.** Die Konzentration des Management auf Preis und Qualität der Produkte scheint beim Publikum anzukommen. **2.** Der Grund des Erfolges ist die Orientierung an den Wünschen des Kunden. **3.** Bei einem Jahresumsatz von 20 Milliarden Euro erzielt das Unternehmen in der Branche sehr hohe Gewinne. **4.** Immer wieder erzielen *Aldi*-Produkte bei den Tests von „Stiftung Warentest" gute Resultate.

IV. <u>Koedukation</u>

5. Synonyme/notwendige Umformungen: **1.** Untersuchungen an den Schulen haben ergeben, dass die Mädchen am Ende/wenn man sich alles/die Resultate betrachtet/genauer ansieht/letztendlich die Verliererinnen des gemeinsamen Unterrichts sind. **2.** Die Koedukation wird jetzt kritisiert./An der Koedukation wird jetzt Kritik geübt. **3.** Die Folgen sind klar/deutlich zu erkennen/zu sehen: nur wenige Mädchen erlernen später einen der zukunftsträchtigen Berufe/entscheiden sich für ...

6. Präpositionen: **1.** an/in, unterm **2.** in, zu, am **3.** in, in, aus, nach **4.** über, in, an **5.** in, an **6.** nach, in

7. Verben: **1.** durchgesetzt, geraten/gekommen **2.** liegen, ergreifen/wollen **3.** ermöglichte/verankerte/genehmigte, folgten **4.** bemerken/beobachten, spielen/stellen, verfallen

8. Verben: **1.** zugelassen **2.** trennen **3.** geschickt **4.** erwiesen **5.** geraten **6.** besteht, unterrichtet/ausgebildet **7.** erfordert

9. Antonyme: **1.** getrennt **2.** Vorteile/gute Seiten **3.** erhalten **4.** Rückschritt **5.** Befürworter **6.** gestärkt

10. Verben: **1.** gehen **2.** besuchen **3.** versetzt **4.** schwänzt **5.** machen/ablegen / bestehen/nicht bestehen **6.** vorbereiten; lernen/büffeln **7.** studieren **8.** machen/absolvieren **9.** teilnehmen **10.** besuchen

11. Sätze: **1.** Mädchen sollten in der Erziehung nicht benachteiligt werden. **2.** Frauenuniversitäten erfreuen sich immer größerer Beliebtheit. **3.** Geschlechtertrennung kann in einigen Fächern die Leistung der Schüler stimulieren.

Teil C

1. **1.** Obwohl sie sehr warm angezogen war, fror sie. **2.** Wie die Polizei mitteilte, gab es bei dem Unfall mehrere Verletzte. **3.** Das Gerät lässt sich anschalten, indem man auf die grüne Taste drückt. **4.** Man kann jetzt auch abends einkaufen, weil die Abendöffnungszeiten verlängert wurden. **5.** Obwohl er die besten Abschlussnoten hatte, ist er noch immer arbeitslos. **6.** Sie hat zwei Töchter. Während die eine klein und zierlich ist, ist die andere groß und kräftig. **7.** Um Geld zu sparen, übernachten wir im Auto./Wir übernachten im Auto, weil wir Geld sparen wollen. **8.** Weil die Familie jahrelang keine Miete bezahlt hat, wird die Wohnung jetzt zwangsgeräumt. **9.** Statt Hausaufgaben zu machen, hat sie die ganze Zeit ferngesehen. **10.** Weil wir die Produktionskosten verringert haben, geht es dem Betrieb wirtschaftlich wieder besser./Nachdem wir die Produktionskosten verringert haben, ... **11.** Obwohl sie die Prüfung mit „sehr gut" bestanden hatte, war sie mit sich selbst unzufrieden. **12.** Weil es auf der Autobahn einen schweren Unfall gab, wurde sie für mehrere Stunden gesperrt.

2. **1.** weil **2.** obwohl **3.** um ... zu **4.** denn **5.** damit **6.** entweder ... oder; weder ... noch **7.** sondern **8.** sowohl ... als auch **9.** weder ... noch **10.** Seit(dem) **11.** Wenn **12.** Je ... desto **13.** Bevor/Wenn **14.** bis **15.** Nachdem

3. **a) 1.** weil sie verschwenderisch war/lebte; weil sie unter Verschwendungssucht litt **2.** nur weil er sie liebte **3.** weil er sein Abitur bestanden hatte **4.** weil die Einschaltquoten sanken **5.** weil er sich seinen Fuß gebrochen hatte
b) 1. wenn der Druck stärker gewesen wäre **2.** wenn es Feueralarm gibt; wenn Feueralarm ausgelöst wird **3.** nur wenn man eine gute Ausrüstung hat/nur wenn man über eine gute Ausrüstung verfügt **4.** wenn er nicht so hart trainiert hätte **5.** nur wenn der Vertrag geändert wird

c) 1. obwohl er Gewalt verabscheute/verabscheut **2.** obwohl es verboten war **3.** Während vormittags die Sonne schien, regnete es nachmittags in Strömen. **4.** obwohl sie über gute Spanischkenntnisse verfügt **5.** obwohl er gute Kritiken hatte/bekam/obwohl gute Kritiken geschrieben wurden

d) 1. um seine Noten zu verbessern; damit er seine Noten verbessert **2.** um die Löhne im öffentlichen Dienst um 5 % zu erhöhen; um eine Lohnerhöhung im öffentlichen Dienst um 5 % zu erreichen **3.** um sich zu erholen **4.** um sich besser über ihr Reiseziel zu informieren/um bessere Informationen über ihr Reiseziel zu erhalten **5.** damit man das Gerät einfacher bedienen kann

e) 1. wie die Polizei angab **2.** wie eine Studie ergab **3.** so weit ich weiß **4.** indem man sie elektronisch markiert **5.** indem die Temperatur verringert wird; dadurch, dass man die Temperatur verringert; wenn man die Temperatur verringert **6.** indem/wenn man ein Passwort eingibt **7.** ohne zu grüßen/ohne dass er grüßte

4. **1.** um die Attraktivität ihrer Fernsehsender zu erhöhen/damit sie die Attraktivität ihrer Fernsehsender erhöhen (können) **2.** weil er immer wieder tolle Ideen hat **3.** dadurch, dass/indem er den Witzig-Trend ins ertragsstarke Kino verlagerte **4.** obwohl wir gegenwärtig eine Medienkrise haben/obwohl gegenwärtig eine Medienkrise herrscht **5.** um die Zuschauer zu belustigen/damit die Zuschauer belustigt werden **6.** wenn die Wirtschaftslage schlecht ist **7.** indem sie Späße über menschliche Schwächen machen/indem sie sich über menschliche Schwächen lustig machen/lenken ... dadurch ab, dass sie sich über menschliche Schwächen lustig machen **8.** doch obwohl es Komödie heißt/doch obwohl man es Komödie nennt **9.** wenn sich die Nachfrage nach Witz erhöht/wenn die Nachfrage nach Witz steigt **10.** wie die Zeitschrift „Der Spiegel" schrieb/berichtete

5. **1.** Mit dieser schlechten Vorbereitung kommt der Schwimmer bei den Meisterschaften nicht in den Endlauf, geschweige denn unter die ersten drei. **2.** Sie hinterließ ihren Schreibtisch nicht sauber, nicht einmal aufgeräumt. **3.** Susanne kann Peter nicht einmal 10 Euro borgen, geschweige denn 1000. **4.** Er hat mit Sicherheit kein großes Auto, geschweige denn eine Segeljacht. **5.** Sie kann nach der Operation noch nicht sitzen, geschweige denn laufen. **6.** Sie hat im Moment keine Zeit für mich, nicht einmal für ihren Freund.

6. **1.** Die Meteorologen warnten vor einer Lawinengefahr, dessen ungeachtet machte sich eine Gruppe von Bergsteigern früh auf den Weg. **2.** Es wurden sofort Maßnahmen ergriffen, trotzdem verbesserte sich die Lage nicht. **3.** Es war ein Verbotsschild an dem Zaun befestigt, ungeachtet der Tatsache betraten sie das Militärgelände. **4.** Die Rettungsmannschaft war sofort zur Stelle, dennoch konnte sie keine Lebenden mehr bergen. **5.** Er sollte den Hauseingang die ganze Nacht überwachen, nichtsdestotrotz fuhr er nach Hause, um sich umzuziehen. **6.** Sie fand den Film sehr spannend, dennoch schlief sie ein.

7. **1.** Wir kommen mal wieder zu spät, es sei denn, du beeilst dich ein bisschen. **2.** Er wird durch die Prüfung fallen, es sei denn, er bereitet sich besser vor. **3.** Das Openair-Kozert wird verschoben, es sei denn, das Wetter ändert sich noch. **4.** Herr Kunz wird entlassen, es sei denn, er ändert seine Arbeitseinstellung entscheidend. **5.** Klaus kann uns nicht abholen, es sei denn, sein Auto ist nicht mehr in der Werkstatt. **6.** Den Opfern im Katastrophengebiet kann nicht mehr geholfen werden, es sei denn, es geschieht ein Wunder.

8. **1.** Georg ist ein guter Tennisspieler, sein Freund dagegen kann überhaupt nicht Tennis spielen. **2.** Bei Herrn Meier haben die Abrechnungen immer gestimmt, bei seinem Nachfolger treten jedoch immer wieder Fehler auf. **3.** Früher schrieben viele Romanau-

toren ihre Bücher auf der Schreibmaschine, während sie sie heute auf dem Computer schreiben. **4.** Letztes Jahr war das Konzert der Popgruppe ausverkauft, dieses Jahr jedoch war die Hälfte des Saales leer. **5.** Er achtet auf das Geld und lebt sehr sparsam, im Gegensatz dazu kann seine Frau an keinem Modegeschäft vorbeigehen.

9. **1.** Zur besseren Wiederverwertung muss der Müll getrennt werden. **2.** Trotz des Wunsches nach besserem Umweltschutz wollen viele auf ihr Auto nicht verzichten. **3.** Mit der Erhöhung/Durch die Erhöhung der Ökosteuer könnte man einen Teil der Unkosten finanzieren. **4.** Die Verteuerung des Benzins wäre eine weitere Möglichkeit zur Bezahlung der Umweltschutzkosten. **5.** Bei geringerem Verkehrsaufkommen sinkt der Schadstoffausstoß. **6.** Wegen/Aufgrund der Erwärmung der Erde steigt der Wasserspiegel. **7.** Durch sauberes Trinkwasser/Mit sauberem Trinkwasser könnte sich die Zahl der Krankheiten weltweit erheblich reduzieren. **8.** Aufgrund steigender Bevölkerungszahlen bleibt die Wasserversorgung ein Hauptproblem der Umweltexperten. **9.** Im Gegensatz zu den Industrieländern (die Wasser tonnenweise verschwenden) leiden in Afrika viele Länder unter Wassermangel. **10.** Man kann eine gesündere Ernährung durch die Vermeidung von Fertigprodukten erzielen.

Kapitel 5

Teil A

I. Krieg der Geschwister

3. **Synonyme: 1.** handelte er nach/verhielt er sich nach **2.** wollte er weniger/es war nicht seine Absicht **3.** unbeherrschte **4.** überzeugter/unverbesserlicher **5.** gestaltet/beeinflusst entscheidend **6.** machtbewusstes Verhalten **7.** etwas (zu bieten) haben

4. **Präpositionen: 1.** Im, gegen, zu **2.** im, für, um, über, um **3.** im, zum

5. **Verben: 1.** übte **2.** lag **3.** zeigte/hatte **4.** entwickeln/demonstrieren **5.** konkurrieren, neigen **6.** tobt/entsteht, modelliert/gestaltet/beeinflusst

9. **Verhaltensweisen: 1.** Mitarbeiter dürfen keine eigenen Entscheidungen treffen. **2.** Keine Transparenz, der Chef lässt seine Mitarbeiter über wichtige Arbeitsprozesse und Entscheidungen im Unklaren. **3.** Der Chef ist nicht in der Lage, notwendige oder schnelle Entscheidungen zu treffen. **4.** Verhaltensweisen und Entscheidungen sind nicht vorauszusehen, Launenhaftigkeit. **5.** Unfähigkeit, bei einer Sache zu bleiben oder einen Gedanken zu verfolgen **6.** Der Chef hört nicht auf Hinweise oder Ratschläge seiner Mitarbeiter. **7.** Der Einführung von Neuerungen, der Umsetzung von neuen Ideen steht der Chef skeptisch gegenüber. **8.** Es besteht kein Vertrauensverhältnis zwischen den Mitarbeitern und dem Chef. **9.** Der Chef meint, er wisse alles besser. **10.** Der Chef lobt sich gern selbst.

II. Gerüche

2. **a)** Handwerker: Der *Seifensieder* stellt Seife her (u. a. aus Tierfetten). Der *Kürschner* schneidert aus Tierpelzen Pelzbekleidung oder füttert und verziert Kleidung mit Pelz. Der *Färber* färbt Stoffe und Leder. Der *Gerber* verarbeitet/gerbt Tierhäute zu Leder.
    b) Synonyme: **1.** Um den Dreck einigermaßen bekämpfen/beseitigen zu können/in den Griff zu bekommen **2.** ... kommt/angesagt ist/erwartet wird **3.** ... hohes Ansehen genießt/ einen guten Ruf hat/respektiert wird **4.** ... würden/könnten wir den Geruch/den Gestank

nicht ertragen **5.** ... in Acht nehmen/sie müssen bei/mit verdorbenem Fisch und Fleisch vorsichtig sein/sie dürfen keinen verdorbenen Fisch und kein verdorbenes Fleisch essen **6.** ... ist der eigene Körpergeruch nicht mehr wichtig/bemerkt man den eigenen Körpergeruch nicht so **7.** verdächtigt man sogar Wasser/sagt man Wasser nach

3. Fragen zum Text: **1.** Den meisten Gestank verursachen die Seifensieder, Kürschner, Färber und Gerber, die einen schlechten Geruch von Fäulnis und Verwesung verbreiten. Aber auch die Straßen sind voll mit Abfällen und Unrat aller Art. **2.** In manchen Städten gibt es Straßenreiniger, aber nicht genug. Nur wenn politischer Besuch kommt oder in Seuchenzeiten achtet man auf Sauberkeit. **3.** Das hängt vom Stand ab. In den Randgebieten der Städte, wo die armen Leute wohnen, stinkt es am meisten, denn Menschen und Tiere wohnen oft in einem Raum. **4.** Kräuter und Gewürze spielen eine große Rolle. Zum einen werden die Mahlzeiten (z. B. Fisch, Fleisch, aber auch Brot) reichlich gewürzt und mit Kräutern verfeinert, zum anderen werden vor allem von den Wohlhabenden Vorhänge, Bettbezüge, Kissen oder Fußböden mit Kräutern versehen, damit die Häuser besser riechen. In den Pestjahren hat man versucht, mit Kräutern wie Wacholder, Rosmarin und Lorbeer die Seuche vom Haus fern zu halten. **5.** Die Menschen haben sich vor allem gegen Ende des Mittelalters so gut wie nie gewaschen, weil sie glaubten, Wasser würde ihrem Körper schaden. Im Allgemeinen wird derjenige als sauber angesehen, der saubere Kleidung trägt.

4. Gewürze und Kräuter (Beispiele): Basilikum, Bohnenkraut, Chili, Curry, Dill, Estragon, Fenchel, Ingwer, Kamille, Knoblauch, Kümmel, Kreuzkümmel (Kumin), Kurkuma, Lorbeerblatt, Majoran, Melisse, Muskat, Nelken (Gewürznelken), Oregano, Paprika, Pfeffer, Piment, Petersilie, Rosmarin, Salbei, Safran, Schnittlauch, Sellerie, Thymian, Wacholderbeeren, Zimt, Zitronenmelisse

5. Endungen: Streng*e* Gerüche strömen durch Häuser und Gassen. Begeben wir uns in ein*e* deutsch*e* Stadt um 1400: Wer kein*e* schwer*en* Überschuhe aus Holz trägt, versinkt an manch*en* Stellen knöcheltief im Dreck, da es trotz städtisch*er* Vorschriften üblich ist, all*es* Überflüssig*e* aus dem Fenster zu werfen. Ein*e* öffentlich*e* Reinigung gibt es kaum. Manche mittelalterlich*en/e* Städte beschäftigen zwar Straßenreiniger, aber es sind viel zu wenige. Nur in Zeiten von Seuchen und wenn politisch hoh*er* Besuch ansteht, bemühen sich d*ie* lokal*en* Machthaber ernsthaft um Sauberkeit. Zu den Ausdünstungen des Unrats kommen nun neu*e* Gerüche hinzu: Duftwolken von fettig-heiß*en* Kuchen, braten*den* Würsten und geräuchert*em* Fleisch vermengen sich mit dem Rauch, den d*ie/das* offen*en/e* Feuer d*er* unterschiedlich*en* Werkstätten erzeugen. Vor allem aber d*er* schreckliche Gestank der Gerber belästigt die Umgebung. Die Ratsherren viel*er* mittelalterlich*er* Städte beschließen daher, die Gerber an d*en* Stadtrand zu drängen. Selbst bei ein*em* mittelalterlich*en* Mittagessen wären heutig*e* Nasen überfordert. Verderblich*e* Lebensmittel sind häufig an d*er* Grenze der Genießbarkeit. Ein*en* besser*en* Magen als wir haben die Menschen aber nicht. Deshalb müssen sie sich vor wirklich verdorben*em* Fisch oder Fleisch hüten. Angesichts d*er* viel*en* intensiv*en* Gerüche spielt d*er* eigene Körpergeruch kein*e* besonder*e* Rolle mehr.

6. Präpositionen: **1.** in **2.** von **3.** Beim **4.** von **5.** in **6.** aus **7.** von **8.** über **9.** in **10.** aus

8. Umformungen: In fast *alle* Bereiche unseres Lebens *hat sich unbemerkt* ein gewisser Wohlgeruch *eingeschlichen*. *Man kann sich* Waschpulver und Putzmittel ohne Parfümierung *nicht mehr vorstellen*. *Selbst* die Mülltonne, die Spülmaschine und der Staubsauger *verfügen* schon *über* ein eigenes Deo. *Ursprünglich kam* dieser Trend *aus* Frankreich, wo *es* sogar parfümierte Spülschwämme und Gummihandschuhe mit Fruchtaroma *zu kaufen gibt*.

Doch Deutschland holt auf. In den vergangen fünf Jahren *stieg der Umsatz von „Geruchsverbesserern" um ein* Drittel. *Das ist der Grund dafür, dass* Duftstoffhersteller immer *mehr Mut zeigen/haben/aufbringen./Aus diesem Grund zeigen ... die Dufthersteller immer mehr Mut.* Zur Zeit laufen beispielsweise Experimente mit *beim Auftreten (einen) feinen Ledergeruch freisetzenden* Gummischuhsohlen.

Duft als Marketinginstrument, diese Idee *gewinnt immer mehr an Beliebtheit/erfreut sich immer größerer Beliebtheit. Nach Untersuchungen einer Marketingprofessorin aus Dresden/Untersuchungen ... zufolge kann man* mit angenehmen Gerüchen in Geschäften *sowohl* die Verweildauer der Kunden *als auch* den Umsatz steigern. Diese Erkenntnis *machten sich* viele Unternehmen *zunutze.* Allein im deutschsprachigen Raum sind 10 000 Hotels und Geschäfte *mit* Duftsäulen *ausgestattet.* Doch *in einer* Welt, in der Plastik nach Leder und Mülltonne nach Limone riecht, *lauern auch* Gefahren. Eine Studie im Jahr 2000 zeigte, dass *Duftstoffe bei* rund drei Prozent der Bundesbürger *Allergien auslösen.* Die Anzahl der Fälle *ist gegenüber 1990 doppelt so hoch/hat sich gegenüber 1990 verdoppelt.*

III. Lyrik im Immobilienteil

5. Synonyme: **1.** kritisch/skeptisch betrachten **2.** wachsam sein **3.** verspricht/bedeutet **4.** misslungener/missglückter **5.** besser/schlechter sein

6. Verben: **1.** genießen **2.** geboten **3.** übersetzen, bedeutet **4.** verbirgt/versteckt **5.** empfohlen/geraten, besichtigen

7. Sätze: **1.** Der Laie muss sich erst mühsam in die Geheimsprache der Immobilienpoesie einarbeiten. **2.** Es gibt Wohnviertel, die selbst Mitglieder des Boxvereins bei Einbruch der Dunkelheit meiden. **3.** Wenn jemand den Kauf eines Hauses in Betracht zieht, sollte er es sich genau ansehen.

8. **1.** großzügige **2.** komfortable **3.** 4 Zimmer **4.** Altbau-Wohnung **5.** Einbauküche **6.** Monatsmiete **7.** Nebenkosten **8.** Zentralheizung **9.** Erdgeschoss **10.** Garten **11.** Baujahr **12.** Provision **13.** gehobene Ausstattung **14.** Fußbodenheizung **15.** Tiefgarage

9. Präpositionen: **1.** Nach/Laut **2.** nach **3.** Vor **4.** aufs **5.** zur **6.** zum **7.** in die **8.** für **9.** in den **10.** zufolge **11.** unter **12.** vor/hinter **13.** auf dem **14.** in der **15.** in den **16.** bei **17.** auf **18.** in die **19.** im **20.** zum **21.** in den

IV. Bauhaus und Design

3. Synonyme: **1.** übliche/gebräuchliche **2.** erst einmal **3.** akzeptiert **4.** nicht umgesetzt/veröffentlicht wurden

4. Präpositionen: **1.** von, für, mit **2.** in, mit, von **3.** in, zu **4.** an **5.** vom, bis zum, von, bei, bis zu, im **6.** in, auf **7.** Mit, nach **8.** in, für

5. Antonyme: **1.** karge **2.** altmodische **3.** langweiliger **4.** gedeckte **5.** extravagante **6.** klare

6. Relativsätze: **1.** Das Bauhaus, das 1919 von Gropius gegründet wurde, war eine Hochschule für Gestaltung. **2.** Die Bauhäusler waren keine Gruppe, die in sich geschlossenen war. **3.** Dort wurden Ansätze zu fast allen Design-Vorstellungen, die heute gängig sind, entwickelt.

7. Partizipialkonstruktionen: **1.** Die 1955 in Ulm gegründete Hochschule für Gestaltung schloss an die noch moderne Tradition des Bauhauses an. **2.** Das Wort *Design* setzte sich in dem heute gebräuchlichen breiten Bedeutungsspektrum durch. **3.** Mehr Gestaltungsfreiheit hat der Designer bei für den persönlichen Bereich bestimmten Produkten.

V.   <u>Peter Härtling: Der Bericht</u>

2.   Synonyme: **1.** nicht trauen/ein bisschen Angst haben vor etwas **2.** gleichgültig/unverkrampft **3.** vornehm/edel **4.** dünn/sehr schlank **5.** ungeschickt/ungewandt **6.** innerlich bewegt **7.** fleißig **8.** zeigen/erkennen lassen **9.** (schwer) tragen

3.   Verben: **1.** kenne/kannte/liebe/mag ... **2.** gefürchtet **3.** diente, verstärkte/verbesserte **4.** stellen **5.** hält **6.** hielte/halte **7.** trägt **8.** wirken **9.** beschreiben/bezeichnen, -geben

4.   Antonyme: **1.** schlank **2.** unkonventienell **3.** ordentlich/akkurat **4.** unsauber/heruntergekommen **5.** kräftig **6.** hässlich **7.** ordinär/gewöhnlich/ärmlich **8.** schlicht

Teil C

1.   einen Dümmeren, aus den Unfallprotokollen deutscher Versicherungsnehmer **1.** in der Faschingszeit, mancher Büttenredner, auf der verzweifelten Suche, für humorvolle Anregungen, auf die Wirklichkeit, in die Unfallprotokolle der deutschen Versicherungen, die folgenden Formulierungen, aus den Briefwechseln, mit ihrer Assekuranz. **2.** in eine falsche Grundstücksauffahrt, einen Baum **3.** ein unsichtbares Fahrzeug **4.** an der Kreuzung, einen unvorhergesehenen Anfall **5.** eine steile Straße, eine Grundstücksmauer, einen Baum, das Bremspedal **6.** in eine große Trommel, jeden Monats, mit verbundenen Augen, bis das große Los **7.** für solche faulen Ausreden, einen Dümmeren **8.** viele Formulare, mein geliebter Mann

2.   **1.** einer Feier, vielen alten Freunden, seines 50. Geburtstages, der mutmaßliche deutsche Drogenhändler **2.** einiger großer niederländischer Drogenhändler **3.** alle anwesenden Polizisten, das dreistöckige Haus, die meisten der überraschten Gäste **4.** einzelne anwesende Gäste **5.** einer seiner Freunde, seiner zu Protokoll gegebenen Aussage **6.** mehrere alte Vertraute des Festgenommenen, den nächsten Tagen **7.** eines der teuersten Anwälte, ungeklärte Weise, des reichen Verdächtigen **8.** mehrere sichere Beweise

3.   **1.** Der Computer des japanischen Vorgesetzten wurde durch ein neueres Modell ersetzt. **2.** Die anhaltende Trockenheit vernichtete die Vegetation des ganzen Gebietes. **3.** Ein Dieb stahl Frau Friedrichs Tasche. **4.** Die Anzahl der tödlichen Autounfälle ging im letzten Jahr um drei Prozent zurück. **5.** Fischen war früher das Hobby vieler pensionierter Beamter. **6.** Die Behandlung des kranken Jungen kostete die Eltern ein Vermögen. **7.** Der Erfolg war das Ergebnis eines starken Willens. **8.** Die militärische Auseinandersetzung der benachbarten Staaten bedeutete eine Gefährdung des Weltfriedens. **9.** Ein Glas klares Wasser half Peter gegen/bei Kopfschmerzen. **10.** Der Empfang des französischen Botschafters verlief ohne die befürchteten Zwischenfälle. **11.** Bisher unbekannte Fotografien des berühmten Komponisten wurden in seinem Nachlass gefunden. **12.** Der Entwurf des heute anerkannten Architekten fand bei der damaligen Ausschreibung keine Beachtung.

4.   **1.** Er wartet/wartete auf den ankommenden Zug. **2.** Herr Meier beobachtet/beobachtete die in der gegenüberliegenden Wohnung tanzende Frau **3.** Die lärmenden Fußballfans stürmen/stürmten in die Kneipe. **4.** Autofahrer müssen auf am Straßenrand spielende Kinder Acht geben. **5.** Die Besatzung verließ das sinkende Schiff. **6.** Der in der Schweiz lebende Schriftsteller wurde/wird mit dem Nobelpreis für Literatur ausgezeichnet. **7.** Das Publikum zollte dem Sänger anerkennenden Beifall. **8.** Die als Juristin arbeitende Ehefrau des Politikers setzt/setzte sich für die Rechte der Kinder ein.

5.   **1.** Die gestohlene Ware war nicht versichert. **2.** Von dem entflohenen Täter/den entflohenen Tätern fehlt jede Spur. **3.** Das neu erschienene Buch wurde in kürzester Zeit ein

Bestseller. **4.** An dem Kongress nahmen viele anerkannte Wissenschaftler teil. **5.** Auf den vom Eis befreiten Straßen gab es in den letzten Tagen weniger Unfälle. **6.** Der in Moskau aufgewachsene Künstler gastierte zum ersten Mal in Berlin. **7.** Der neu eingebaute Motor ist für die Probleme des Rennwagens verantwortlich. **8.** Das seit Jahren gesuchte Beutegeld aus dem Banküberfall in Zürich konnte von der Polizei sichergestellt werden.

6.   **a) 1.** Die während des Versuchszeitraums immer wieder aufgetretenen Fehler konnten beseitigt werden. **2.** Von den bei dem Lawinenunglück verschütteten Menschen hat keiner überlebt. **3.** Die von der Gewerkschaft auf der Betriebsversammlung vorgebrachten Bedenken konnten vom Vorstand nicht vollständig ausgeräumt werden. **4.** Die für den Erfolg verantwortlichen Mitarbeiter bekamen hohe Prämien. **5.** Das vermutlich 1895 gemalte und dann verschollene Bild kann ab heute im Museum Ludwig bewundert werden. **6.** Dieses Gesetz ist durch einen am 7.9.2004 vom Parlament gefassten Beschluss geändert worden.

    b) 1. Die im Krieg völlig zerstörte Kirche konnte dank zahlreicher Spenden wieder aufgebaut werden. **2.** Die orginalgetreu restaurierten Deckengemälde sind Meisterwerke des Barock. **3.** Auch einige von den Alliieren vor der Vernichtung gerettete Kunstwerke sind ab nächste Woche im Stadtmuseum zu bewundern. **4.** Der erst kürzlich zum dritten Mal wieder gewählte Bürgermeister der Stadt eröffnet die Ausstellung. **5.** Wenn man durch die während des Krieges von Bomben verschont gebliebenen Straßen läuft, bekommt man ein Gespür für den ehemaligen Glanz der Stadt. **6.** Die sich direkt im Zentrum befindenden Wohnungen gehörten früher reichen Kaufleuten. **7.** Die vor, während oder nach dem Krieg aus der Stadt geflohenen Wohnungseigentümer haben jetzt Anspruch auf ihr ehemaliges Eigentum. **8.** Mit den jedes Jahr stattfindenden Musiktagen erreicht dieser Sommer seinen kulturellen Höhepunkt.

7.   **a) 1.** vor der **2.** mit der **3.** mit der **4.** für das **5.** von dem **6.** gegen die **7.** über das **8.** mit der **9.** mit denen **10.** für die **11.** für die **12.** über die **13.** mit denen **14.** über die **15.** auf die **16.** über die

    b) 1. dessen Erfindung eine Sensation wurde. **2.** über dessen Erfindung alle Leute reden. **3.** dessen Frau Lehrerin ist. **4.** der kürzlich Abteilungsleiter wurde. **5.** dessen Sekretärin sehr gewissenhaft arbeitet. **6.** über dessen Herkunft niemand etwas weiß. **7.** von dessen Einsatzbereitschaft alle begeistert sind. **8.** der eine Vorliebe für alte Autos hat.

    c) 1. wovor **2.** wo/in der **3.** wo **4.** wohin **5.** das/was **6.** denen **7.** wogegen/wofür **8.** das/ was

    d) 1. desjenigen **2.** Derjenige **3.** demjenigen **4.** diejenigen **5.** Denjenigen **6.** diejenigen **7.** denjenigen **8.** Diejenigen

8.   **1.** Die Einwände, die gestern von Frau Grünberg vorgetragen wurden, sollten unbedingt Beachtung finden. **2.** In dem Intercity-Zug, der vor wenigen Minuten auf dem Hamburger Hauptbahnhof ankam, kam es zu Auseinandersetzungen zwischen Fußballfans, die miteinander in Streit geraten waren. **3.** Der Patient, der von Beginn an falsch behandelt wurde, erlag gestern seinem Leiden. **4.** Der Wagen, der erst kürzlich auf der Automobilmesse vorgestellt wurde, konnte den hohen Erwartungen nicht entsprechen. **5.** Die Bergungsarbeiten, die immer wieder durch starke Regenfälle unterbrochen wurden, konnten erst gegen Mittag fortgesetzt werden. **6.** Der Mitarbeiter, der von seinen Kollegen lange eingearbeitet wurde, übernahm seinen ersten selbstständigen Auftrag. **7.** Das Raumfahrtprojekt, das von den Europäern mitfinanziert wurde, konnte erfolgreich abgeschlossen werden. **8.** Die Satellitenschüssel, die auf dem Dach des Hauses installiert wurde, hielt dem starken Sturm nicht Stand.

9. **1.** Der Prozess fand in Holzkirchen, einem Ort in der Nähe von München, statt. **2.** Die Tat wurde von W. S., einem Angestellten bei der Post, begangen. **3.** Der Angeklagte sprach vor der Verhandlung noch einmal mit Frau Lange, seiner Anwältin. **4.** Nach Aussagen des Bruders, des Eigentümers der Apotheke am Hauptplatz, neigte der Beschuldigte schon als Kind zum Diebstahl. **5.** Die bestohlenen Opfer, ganz normale Bürger, können nicht mit einer Entschädigung rechnen. **6.** Die Post will nach Aussage ihres Anwalts, des erfolgreichsten der Stadt, nicht für den Schaden aufkommen.

10. **a) 1.** Das sind unbedingt zu beachtende Vorschriften. **2.** Das ist ein nicht zu unterschätzender Konkurrent. **3.** Das ist eine noch zu beweisende These. **4.** Das sind noch heute zu klärende Fragen. **5.** Das sind umgehend zu lösende Probleme. **6.** Das sind auf der nächsten Sitzung zu besprechende Punkte.
    b) 1. Das sind kaum mehr zu ertragende Arbeitsumstände. **2.** Das sind nicht zu finanzierende Vorhaben. **3.** Das sind nur schwer zu beseitigende Beschädigungen. **4.** Das sind nicht ernst zu nehmende Vorwürfe. **5.** Das sind nicht zu akzeptierende Forderungen. **6.** Das sind nicht mehr zu diskutierende Beschlüsse.

11. **1.** Sie spricht Spanisch, als hätte/habe sie jahrelang in Spanien gelebt; ... als ob sie jahrelang in Spanien gelebt hätte/habe. **2.** Er trainiert so hart, als wollte/wolle er dieses Jahr noch den Weltrekord brechen; ... als ob er dieses Jahr den Weltrekord noch brechen wollte/wolle. **3.** Die Jacke sieht aus, als wäre/sei sie 100 Jahre alt; ... als ob sie 100 Jahre alt wäre/sei **4.** Sie sieht mich an, als hätte/habe sie mich nicht verstanden; ... als ob sie mich nicht verstanden hätte/habe. **5.** Sein Gang wirkt so schwer, als hätte/habe er Blei in den Schuhen; ... als ob er Blei in den Schuhen hätte/habe. **6.** Sie geht mit dem Geld um, als würde sie über ein großes Vermögen verfügen; ... als ob sie über ein großes Vermögen verfügen würde/verfügte/verfüge.

12. **1.** pünktlich **2.** stolz **3.** fleißig **4.** schlau **5.** glatt **6.** störrisch **7.** still **8.** fromm **9.** groß **10.** schnell **11.** sicher

13. **1.** vergesslich/faul **2.** sauber **3.** eifersüchtig **4.** langweilig **5.** unordentlich **6.** zuverlässig **7.** ehrlich **8.** großzügig **9.** eingebildet/selbstbewusst **10.** pünktlich **11.** ehrgeizig **12.** spontan/unberechenbar

14. **1.** tolerant **2.** bescheiden **3.** sparsam/geizig **4.** weltoffen **5.** taktvoll **6.** ausgeglichen **7.** gewandt **8.** friedlich/harmoniebedürftig **9.** kreativ **10.** kleinlaut **11.** naiv **12.** freundlich

15. **1.** schädlich, schädliches Gas/schädlicher Stoff **2.** kindlich, kindliches Gemüt **3.** kränklich, kränkliches Kind **4.** schrecklich, schrecklicher Vorfall **5.** dumm, dummer Fehler **6.** vergesslich, vergesslicher Mensch **7.** bedrohlich, bedrohliche Situation **8.** bildlich, bildliche Beschreibung

Kapitel 6

Teil A

I. <u>Störfall Kommunikation</u>

4. Synonyme: **1.** besorgen/herbeibringen **2.** außerdem/überdies **3.** hinweisen/hindeuten auf etwas **4.** Hindernis/Barriere **5.** gewinnbringend **6.** Ehrlichkeit **7.** richtig umgehen können/richtig verwenden **8.** richtiges

5. Verben: **1.** geht/läuft **2.** fällen/treffen, lösen, darzustellen/zu diskutieren, sorgt, baut **3.** hält **4.** verweisen **5.** spielt **6.** überspringt, entstehen/resultieren **7.** einzuschätzen, hand-

zuhaben, zu machen **8.** setzt, zu reden/nachzudenken, zu verbessern/zu reduzieren/abzu-stellen

6. Präpositionen: **1.** für **2.** Auf, an **3.** In, zum, zufolge/nach, am, auf

7. Synonyme: **1.** Er ist aufgeschlossen für die Meinung anderer. **2.** Er macht beim Spre-chen lebhafte Gebärden/gestikuliert sehr stark. **3.** Du bist davon nicht betroffen, deshalb kannst du einfacher darüber sprechen. **4.** Es ist leichter über etwas (ein Vorhaben z. B.) zu reden als etwas zu tun. **5.** Einer Sache (zu) große Aufmerksamkeit schenken.

II. Tipps zur erfolgreichen Kommunikation

2. Synonyme: **1.** vor dem Gespräch gebildete/bereits feststehende **2.** teilnahmslos/uninte-ressiert **3.** Gesamturteile/undifferenziertes Urteile **4.** Verharmlosungen/Beruhigungen **5.** analysieren/interpretieren/einschätzen **6.** gezielt befragen/verhören **7.** ungenau/ver-schwommen/zögerlich **8.** zum Wesentlichen kommen/keine langen Vorreden halten **9.** sich abweisend verhalten

3. Verben: **1.** Vermeiden **2.** vermitteln **3.** Spielen **4.** verletzen **5.** Zeigen **6.** Drücken **7.** pro-vozieren **8.** Kommen **9.** führt **10.** Lenkt

4. Sätze: **1.** Der Beziehungsaspekt zwischen Sender und Empfänger spielt in der Kommu-nikation eine wichtige Rolle. **2.** Ein Großteil der Fehler im Berufsleben lässt sich auf mangelnde Kommunikation zurückführen. **3.** Die Betriebsführung sollte Wert auf die Weiterbildung aller Mitarbeiter im Bereich der Kommunikation legen. **4.** Das Training kommunikativer Fähigkeiten und die Entwicklung der Persönlichkeit sind eng miteinan-der verbunden. **5.** Wenn aber die Mitarbeiter nicht an ihrem kommunikativen Verhalten konstant arbeiten, erweisen sich die Fortbildungsmaßnahmen als unwirksam.

III. Zeitungen

5. Synonyme: **1.** gestaltet **2.** Neuigkeiten aus der Umgebung **3.** streng **4.** zeigen/herausstel-len **5.** nicht übermäßig/im richtigen Verhältnis

7. Präpositionen: **1.** unter **2.** aus, im, auf **3.** an, entgegen **4.** außerhalb, von, im, auf **5.** Von, vor, im

8. Sätze: **1.** Übersichtliches Design und ein vielfältiges Angebot machen Zeitungen beim Leser erfolgreich. **2.** Eine Erweiterung des Service-Angebots hat keine höhere Nachfra-ge zur Folge. **3.** Die Leser trennen die Ansprüche an Zeitungen und Fernsehen.

10. Umformungen: *Es herrscht Krisenstimmung* im Zeitungsgeschäft./Im Zeitungsgeschäft *herrscht Krisenstimmung.* Seit einem Zwischenhoch durch die Wiedervereinigung *sin-ken die Zeitungsauflagen/die Auflagen der Zeitungen* in Deutschland. Auch die Zahl der einzeln erscheinenden Blätter *ist deutlich zurückgegangen/ging zurück. Es wurden unterschiedliche Strategien* gegen das Zeitungssterben *entwickelt./Gegen das Zeitungs-sterben wurden unterschiedliche Strategien entwickelt.*
So manche Zeitung flüchtete, *um den Konkurs zu vermeiden,* zu einem Geldgeber des bisher bekämpften politischen Lagers. Andere, wie die „Süddeutsche Zeitung", *befinden sich/sind auf der Suche/begeben sich auf die Suche* nach neuen Einnahmequellen: Die Geschäftsführer der SZ *hatten die Idee/Den Geschäftsführern kam die Idee,* 50 Mil-lionen Euro zu erwirtschaften, *indem sie Bücher der Weltliteratur zu Niedrigpreisen verkaufen./50 Millionen Euro dadurch* zu erwirtschaften, *dass sie* ... Damit sollen in Zukunft bei der SZ *schwarze Zahlen geschrieben werden./Damit will man in Zukunft bei der SZ schwarze Zahlen schreiben/erreichen.*

Einen ganz anderen Weg *schlägt* die „Lausitzer Rundschau" in Cottbus *ein*. Durch die Arbeitslosigkeit, *die in der Region herrscht*, haben die Zeitungsmacher *einen Verlust von 50 000 Exemplaren Auflage zu verzeichnen*. *Nachdem sie zu der Erkenntnis kamen/Nachdem ihnen die Erkenntnis kam*, dass keiner eine Zeitung machen kann, die für 14- bis 94-Jährige gleichermaßen *von Interesse ist*, erscheinen jetzt zwei Zeitungen. Eine davon *hat/trägt/bekam den Titel* „20 Cent". In dem Blatt, *das für Jugendliche entwickelt wurde/worden war*, *haben/erhalten zum Beispiel Singles die Möglichkeit*, sich auf einer Doppelseite *vorzustellen*. Die Zeitschrift „Die Welt" setzt auf Verschlankung. *Ihr Ziel ist es*, in einem kleineren Format, gekürzt auf 32 Seiten, eine mobile Leserschaft anzusprechen, die mit weniger Lesestoff zufrieden ist.

11. Präfixe: anlesen – ein Buch (*nur den Anfang lesen*), auslesen – ein Buch (*zu Ende lesen*), durchlesen – ein Manuskript (*von Anfang bis Ende lesen*), sich einlesen – in ein Buch (*sich an den Schreibstil gewöhnen*), nachlesen – in einem Fachbuch (*sich informieren*), überlesen – einen Fehler (*nicht bemerken*), vorlesen – einem Freund (*laut lesen*), belesen + zerlesen können als Adjektive oder Adverbien gebraucht werden: ein belesener Mensch (*ein Mensch, der sich viel Wissen durch Lesen angeeignet hat*), ein zerlesenes Buch (*vom vielen Lesen beschädigtes/abgegriffenes Buch*)

12. Synonyme Wendungen: **1.** Der Lektor überprüft ihn auf Rechtschreibfehler. **2.** Der Priester zelebriert die Messe **3.** Der Professor hält eine Vorlesung über Goethe **4.** Er bemerkte/deutete etwas in ihren Augen. **5.** Die Trauben werden geerntet.

IV. Lesen und fernsehen

6. Synonyme/Umformungen: **1.** Selbst die Bayern, in der Statistik an letzter Stelle/auf dem letzten Platz, sehen täglich fast drei Stunden fern. **2.** Der durchschnittliche Tageskonsum steigt/steigert sich mit dem Alter. **3.** Ein Klischee, das es allerdings nicht gäbe, würde es nicht (ein bisschen/zum Teil) der Wahrheit entsprechen/wäre es nicht ... wahr **4.** Zumal aktive Freizeitgestaltung heutzutage oft viel Geld kostet. **5.** Nicht einmal eine Jugendsendung hält die über 50-Jährigen ab, .../Nicht einmal eine Jugendsendung kann verhindern, dass die über 50-Jährigen den Fernseher einschalten.

8. Wörtersammeln (aus dem Text): *Standardsprache:* Fernsehen/fernsehen, Einführung des Privatfernsehens, der tägliche Fernsehkonsum, der durchschnittliche Tageskonsum, Dauerzuschauer, vorm Fernseher sitzen, Jugendsendung wie Bravo-TV, der/die Zuschauer; *Umgangssprache:* in die Röhre gucken, die Gaffer der Nation, der typische TV-Junkie

9. Präpositionen: **1.** Gegenüber **2.** in **3.** Seit **4.** um **5.** mit **6.** bis auf/auf **7.** bei **8.** über **9.** vom **10.** im **11.** vorm **12.** auf **13.** in **14.** über **15.** in **16.** durch **17.** durch

11. Sätze: **1.** Viele Jugendliche sitzen den ganzen Nachmittag vor dem Fernseher. **2.** Selbst Kinderprogramme weisen einen hohen Anteil an Gewaltszenen aus. **3.** Die Gewaltverherrlichung im Fernsehen kann die Hemmschwelle der Jugendlichen zur aktiven Gewaltausübung senken. **4.** Der Staat sollte Maßnahmen zur Einschränkung der Gewaltszenen im Jugendfernsehen ergreifen. **5.** Einschaltquoten üben auf die Gestaltung der Programme großen Einfluss aus.

12. Verben: **1.** beobachtet **2.** musterte **3.** betrachtete **4.** besichtigen **5.** Glotz(e) **6.** blinzeln **7.** bestaunte **8.** entdeckte

13. Synonyme: **1.** zu erwarten **2.** suchen (nicht reflexiv) **3.** verzeihen **4.** betrachtet (nicht reflexiv) **5.** zu studieren **6.** begreifen **7.** in Acht nehmen **8.** nicht bemerkt

Teil C

1. **1.** Nach Aussagen des Ministers sei eine Steuerreform notwendig und müsse deshalb innerhalb kürzester Zeit durchgeführt werden. **2.** Wie der Minister sagte, sei ein Ausbau der europäischen Zusammenarbeit die Grundlage weiteren Wachstums. **3.** Laut Meinung des Ministers habe die Bekämpfung der organisierten Kriminalität in Europa einen besonderen Stellenwert. **4.** Wie der Minister mitteilte, seien Untersuchungen darüber vor kurzem in Auftrag gegeben worden. **5.** Aussagen des Ministers zufolge müssten zur Entspannung der Lage auf dem Arbeitsmarkt auch die Unternehmen umdenken.

2. **1.** Er sagte, sie solle für ihn einen Termin mit Dr. Kurz vereinbaren. **2.** Er sagte, sie solle die Briefe bitte gleich zur Post bringen. **3.** Er sagte, sie solle die Transportfirma an die Einhaltung des Liefertermins erinnern. **4.** Er sagte, sie solle die Kunden über die Preisänderung informieren. **5.** Er sagte, sie solle seine Frau anrufen und ihr sagen, dass er heute später komme.

3. **1.** Der Patient fragte den Arzt, ob er die Untersuchungsergebnisse schon habe. **2.** Der Leser fragte den Bibliothekar, ob er die Ausleihfrist noch um zwei Wochen verlängern könne. **3.** Der Wähler fragte den Politiker, was er konkret gegen die Arbeitslosigkeit tue. **4.** Der Student fragte den Dozenten, bis wann die Arbeiten abgegeben werden müssten. **5.** Der Lehrer fragte Susi und Anette, aus welchem Grund sie so oft ihre Hausaufgaben vergessen würden/vergäßen *(veraltet)*.

4. **a) 1.** sei **2.** hätten **3.** sei. **4.** mache **5.** einschränken/reduzieren würden
   b) 1. zwinge **2.** gingen **3.** dürfe **4.** ausgeben würden
   c) 1. erfülle **2.** werde **3.** liege
   d) 1. sei **2.** könne **3.** komme **4.** erwarte
   e) 1. habe **2.** sei **3.** habe **4.** seien **5.** bedenke **6.** sei
   f) 1. könnten **2.** habe **3.** befinde **4.** sei **5.** arbeite **6.** verlaufe
   g) 1. enthalte **2.** liege **3.** sei **4.** enthalte/habe **5.** hätten/erzielen würden **6.** vorbeugen würden

5. Ich habe letztens folgende Geschichte gehört:
   Der Schauspieler Manfred Krug *sei* spät abends nach seiner Arbeit mit der Straßenbahn nach Hause *gefahren*. Er *habe* die Fahrt *bezahlt* und den Schaffner *gebeten*, ihn kurz vor der Haltestelle, wo er aussteigen *müsse*, zu wecken, damit er ein bisschen schlafen *könne*. Der Schaffner *habe* das *vergessen* und Manfred Krug *sei* an der Endstation *aufgewacht*. Er *habe beschlossen*, mit derselben Bahn wieder zurückzufahren. Da *sei* der Schaffner *wiedergekommen* und *habe* erneut Fahrgeld *kassieren wollen*. Der Schauspieler *habe sich geweigert*, denn schließlich *sei* es nicht seine Schuld *gewesen*, dass er eine zweite Fahrt *habe antreten müssen*. Aber der Schaffner *habe* darauf *bestanden*: Fahrschein oder keine zweite Fahrt! Es *sei* zu einem Streit mit dem Schaffner *gekommen* und Krugs Personalien *seien festgestellt worden*. Er *habe* die Straßenbahn *verlassen* und mitten in der Nacht zu Fuß nach Hause *laufen müssen*. Nach einer Weile *seien* Zahlungsaufforderungen *gekommen*: erst *seien* es fünf Mark Strafgebühr, dann zehn, dann zwanzig *gewesen*, plus Mahnkosten wegen Benutzung der Bahn ohne Fahrschein. Nachdem sich der Schwarzfahrer noch immer *geweigert habe*, das Geld zu bezahlen, *habe* man ihm mit einer Gefängnisstrafe *gedroht*. Selbst das *habe* ihn nicht zum Nachgeben *veranlasst* und ein paar Wochen später *habe* sich Manfred Krug in sauber gewaschenem Zustand, mit Zahnbürste, zum Absitzen seiner Strafe im Gefängnis *eingefunden*.

6. **1.** Der Politiker will von der Vergabe des Millionenauftrags an seinen Schwager nichts gewusst haben. **2.** Er will von dem Vorfall keine Ahnung gehabt haben. **3.** Er will dafür

nicht zuständig sein. **4.** Er will diesen Brief nicht unterschrieben haben. **5.** Er will über dieses Projekt erst heute Morgen informiert worden sein.

7. **1.** In dem berühmten Juweliergeschäft „Diamant" soll gestern zum fünften Mal eingebrochen worden sein. Das soll in diesem Jahr schon das fünfte Mal gewesen sein. **2.** Das königliche Paar soll einen Freund im Krankenhaus besucht haben. **3.** Die Feier soll nicht wie geplant im Schlossgarten, sondern in der Pauluskirche stattgefunden haben. **4.** Neugierige sollen die Rettungsmannschaft bei der Versorgung der Unfallopfer behindert haben. **5.** Morgen soll in weiten Teilen des Landes die Sonne scheinen.

8. **1.** warnte **2.** vereinbarte **3.** bat **4.** riet ab **5.** empfahl **6.** lehnte ab **7.** richtete aus **8.** beruhigte **9.** verschob

Kapitel 7

Teil A

I. <u>Das 19. Jahrhundert</u>

2. Verbalisierung: **1.** organisierte Parteien wurden gebildet **2.** die Arbeiterbewegung entstand **3.** der Nationalismus kam auf **4.** politischen Dimensionen wurden erweitert **5.** neue Ideen brachen durch

3. Verben: **1.** finden **2.** nachdenkt, gelangen/kommen **3.** verknüpft/verbunden **4.** prägen/bestimmen/beeinflussen **5.** fällt

4. Sätze: **1.** 1833 wurden elektromagnetische Telegrafenverbindungen von Carl Friedrich Gauß und Wilhelm Weber hergestellt. **2.** 1835 wurde die erste deutsche Dampfeisenbahnstrecke zwischen Nürnberg und Fürth eröffnet/eingeweiht. Sie war nur 6,1 km lang. **3.** 1837 wurde der erste brauchbare Schreibtelegraf von Samuel Morse entwickelt. **4.** 1848 wurde das „Manifest der kommunistischen Partei" von Karl Marx und Friedrich Engels veröffentlicht. **5.** 1849 wurde von James B. Francis die Hochdruckwasserturbine konstruiert. **6.** Von 1859 bis 1869 wurde der Suez-Kanal gebaut. **7.** 1861 wurde der erste Fernsprecher von Johann Philipp Reis konstruiert. **8.** 1869 wurde die „Sozialdemokratische Arbeiterpartei" von Wilhelm Liebknecht und August Bebel gegründet. **9.** 1878 wurde von Alexander Bell der elektromagnetische Fernsprecher erfunden. **10.** 1878 wurde das „Gesetz gegen die gemeingefährlichen Bestrebungen der Sozialdemokratie" erlassen. **11.** 1883 wurde von Gottlieb Daimler ein gebrauchsfähiger Benzinmotor entwickelt. **12.** 1884 wurde von Carl Benz ein dreirädriges Automobil mit Viertaktmotor konstruiert. **13.** 1890–96 wurden von Otto Lilienthal Gleitflugversuche durchgeführt. **14.** 1893–97 wurde von Rudolf Diesel der Dieselmotor entwickelt.

8. Synonyme: **1.** Rudolf Diesel hat oft versucht/war dazu gezwungen, Leute von seiner Idee zu überzeugen/seine Idee an den Mann zu bringen/zu verkaufen; Rudolf Diesel ist mit seiner Idee bei vielen Leuten gewesen. **2.** Nur eine gute Idee zu haben, genügt nicht/reicht nicht aus. **3.** als der Erfinder wollte/dachte/beabsichtigte **4.** Heute gehören sie in jedes Büro/sind sie in jedem Büro zu finden/kann man auf sie nicht mehr verzichten. **5.** Auch die Karriere des Wunderstoffes Polytetrafluorethylen verlief nicht geradlinig; Der Karriere ... lagen Steine im Weg; Bei der Karriere ... gab es Hindernisse. **6.** Viele Jahre wusste niemand es zu nutzen/einzusetzen/zu verwenden. **7.** Eine Flasche Tetrafluorethylen ließ er ohne sich darüber Gedanken zu machen/ohne Nachzudenken/ohne Absicht/unbeabsichtigt bei Zimmertemperatur stehen.

9. Verben: **1.** gemacht **2.** angemeldet **3.** eingereicht **4.** geprüft **5.** erteilt

II. <u>Suchen und finden</u>

6. Synonyme: **1.** solche **2.** der die Maus betätigen kann/der sich einigermaßen mit Computern auskennt/der einen Computer bedienen kann **3.** nützlich/fruchtbar/nutzbringend **4.** wird der Umstand/die Tatsache berücksichtigt/wird auf die Tatsache eingegangen **5.** nur/ausschließlich; sind wahrscheinlich/möglicherweise **6.** das Verlangen/die Sehnsucht **7.** wie wichtig Sie für die anderen sind/was Sie für die anderen leisten **8.** nichts mehr einfällt

7. Adjektive: **1.** Ihre rosarote **2.** graue **3.** toll **4.** deine bloße **5.** der bedauerlichen **6.** dieser brillanten **7.** Ihr messerscharfer **8.** den einzigartigen **9.** Die durchweg positiven **10.** die subjektive **11.** ergreifende

8. **a)** Wortschatz: **1.** der Rechner **2.** das DVD-Laufwerk **3.** das Passwort **4.** die Speicherkapazität **5.** die Tastatur **6.** die Festplatte **7.** die Internetverbindung **8.** die Suchmaschine **9.** die unerwünschte Mail **10.** die Soundkarte **11.** der Bildschirm **12.** die Leitseite **13.** die Speichererweiterung **14.** das Antivirenprogramm **15.** die Zugangsberechtigung **16.** der Arbeitsspeicher **17.** die Grafikkarte
    b) Textverarbeitungsprogramm: Texte **a)** schreiben **b)** ausschneiden **c)** einfügen **d)** kopieren **e)** speichern **f)** löschen

10. Verben: **1.** durchgeführt/geleitet **2.** beschäftigen **3.** enthielt/zeigte/hatte **4.** entscheiden/bestimmen **5.** ansehen **6.** zu messen/nachzuweisen **7.** betrachteten **8.** nachweisen/sehen/bemerken **9.** zeigten **10.** führe

III. <u>Senden und gesendet werden</u>

4. Synonyme: **1.** einfaches **2.** überzeugt/die Sympathien der Welt gewonnen **3.** der Nachteile bewusst sind/die Nachteile kennen **4.** unzufrieden sind/die sich über ihr Gerät beklagen **5.** sofort **6.** begutachten/untersuchen/schauen sich das Volk genau an **7.** außerdem/obendrein/auch noch **8.** keinen Kontakt mehr haben/nicht in Verbindung stehen **9.** fast/nahezu/geradezu **10.** verwöhnen/sich dem Telefon liebevoll zuwenden/hingeben **11.** quälte/peinigte **12.** machen/anstellen/wozu sie es nutzen **13.** viel versprechende/Hoffnung (er)weckende Funktion **14.** einen Grundmangel abschaffen/beseitigen

5. Textumformung: Noch nie hat ein schlichtes Gerät *in der Welt so schnell Sympathie erzeugen/finden/auf Sympathie stoßen können* wie das Mobiltelefon. Was für ein Segen, *dass jeder für mich erreichbar ist!* Was für ein Fluch, dass auch mich jeder erreicht! *Studien zufolge kennen* selbst die heftigsten Nutzer *die Nachteile* des Mobiltelefons und hadern oft mit ihrem Gerät. Dennoch *gibt es keinen Weg zurück. Erwachsenen dient* das Handy von allem zur Beziehungspflege im kleinen Kreis. Die meisten ihrer Telefonate *gelten Freunden und Verwandten.* In der Familie *wird* das Handy außerdem *zum* Werkzeug des Managements: Auch im wirrsten Getriebe des flexibilisierten Lebens *kann man in Kontakt* bleiben. So bestellt die Mutter beim *sich auf dem Heimweg befindenden Vater* etwas Safran vom Wochenmarkt. Auch Zwölfjährige sind oft schon ziemlich gerätefixiert. In diesem Alter etwa fangen die Kinder *mit dem grenzenlosen Verwöhnen ihrer Telefone* an. Allein *in Klingeltöne investierte* die meist jugendliche Kundschaft im vergangenen Jahr weltweit rund dreieinhalb Milliarden Dollar. Kein Wunder, dass *das heutige Gerät durch satten, symphonischen Klingelklang auf sich aufmerksam macht.* Die Kundschaft *freut sich über* jede Neuerung. *Nach Beobachtungen* der japanischen Medienforscherin Mizuko/*Beobachtungen der japanischen Medienforscherin Mizuko zufolge* benutzen die Leute das Kamerahandy am liebsten als ambulantes Fotoalbum

für die kleinen *(all)täglichen* Denkwürdigkeiten. Ein paar Freunde *könnten/können* sie lustig finden. So etwas *darf nicht unterschätzt werden.* Das Gerät hat ja schon gezeigt, welche Emotionen es erzeugen kann, sobald die Benutzer erkennen, *dass/wie das Gerät/es zur Gemeinschaftsbildung beiträgt.*

6. Passivsätze: **1.** Die Entwicklung des Mobiltelefons kann nicht mehr umgekehrt werden. **2.** Ein paar Tasten werden gedrückt und ein ferner Mitmensch greift sich hastig in die Jackentasche. **3.** Das Volk wird von Forschern aller Art beäugt. **4.** Die kleinen Neubürger in Finnland können von Handys nicht so leicht beeindruckt werden. **5.** Ihren Mobiltelefonen werden (von ihnen) Puppenkleider angezogen. **6.** Im vergangenen Jahr konnten mehr Fotohandys als Digitalkameras verkauft werden.

7. Präpositionen: **1.** für **2.** zum **3.** Trotz **4.** Mit **5.** pro/am **6.** in **7.** vor **8.**wegen **9.** Laut/Nach **10.** von **11.** beim **12.** um **13.** in **14.** von **15.** über **16.** per/mit Hilfe der

8. Substantive; **1.** Schwäche **2.** Jahresvergleich **3.** Machtverhältnisse **4.** Quartal **5.** Marktanteile **6.** Talfahrt **7.** Prozentpunkte **8.** Spitzenzeiten **9.** Vergleich **10.** Ziel **11.** Boden **12.** Weltrangliste **13.** Zufall **14.** Strategien **15.** Wettbewerb **16.** Kundenwünsche

IV. <u>Waldsterben</u>

4. Synonyme: **1.** unschädlich gemacht **2.** beschädigte **3.** gestrichen **4.** ist entstanden **5.** krank **6.** sehr schnell gestiegen **7.** notwendiges/dringend benötigtes **8.** vernichtet/zerstört werden **9.** inzwischen/unterdessen

5. Präpositionen: **1.** aus, von, über **2.** zum, mit **3.** unter, vor, in, dank **4.** im, auf **5.** zum **6.** innerhalb von/binnen, von, auf **7.** aus, aus, für, zu, von, mit, in

6. Verben: **1.** ausgeschaltet/eliminiert/unschädlich gemacht **2.** abgelöst/übertroffen **3.** beschädigt/geschädigt **4.** gestiegen **5.** gefällt/abgeholzt, gestrichen/getilgt/ausgerechnet **6.** bewirkt **7.** stimmt, beeinflusst/vorantreibt, dienen/entstammen, eingreifen

7. Verben: **1.** bemüht, wieder zu verwerten **2.** (wieder)aufgeforstet/bepflanzt **3.** versucht, zu retten/bewahren **4.** beitragen, zu senken/verringern. **5.** getroffen/ergriffen, einzudämmen/zu bremsen/aufzuhalten. **6.** reichen, zu verringern/reduzieren/senken, zu erhalten/sichern/retten.

8. Sätze: **1.** Kunden achten beim Einkaufen immer mehr auf die Umweltverträglichkeit der Produkte. **2.** Die Industrie versucht mit dem gezielten Einsatz von Umweltargumenten, Käufer zu gewinnen. **3.** Durch Öko-Werbung haben einige Firmen ihren/den Umsatz um 30 Prozent gesteigert. **4.** Doch häufig wirken die Werbeinformationen auf die Verbraucher irreführend. **5.** Seit den 80er Jahren herrscht/In den 80er Jahren herrschte in der Werbung an Öko-Lügen kein Mangel. **6.** Es müssen dringend neue Grundsätze für eine bessere Öko-Werbung entwickelt werden.

9. Substantive: **1.** Gewinnung von Boden durch Abbrennen der Wälder **2.** sehr/zu viele Touristen an einem Ort **3.** Trennung von Müll, z. B. Plastik, Glas, Papier, Gartenmüll, Metall usw., zur besseren Wiederverwertung **4.** Kohlendioxid und andere Gase heizen die Atmosphäre auf. **5.** Pflanzung neuer Bäume **6.** Wiederverwertung von Rohstoffen **7.** Gesetze zum Schutz von Pflanzen und Tieren **8.** Der Boden wird trocken und unfruchtbar, z. B. durch Monokultur. **9.** Reisen incl. Übernachtung, Flug und oft auch Mahlzeiten **10.** Verunreinigung der Luft durch Gase, Dämpfe, Staub usw.

Teil C

1. **1.** wurde eröffnet **2.** wurde unterzeichnet/geschlossen/ratifiziert **3.** wurden festgenommen, verhindert werden **4.** wurde gegeben **5.** wurden entdeckt/geklärt/bekannt gegeben **6.** wurde gestürzt/verjagt **7.** wurde erhoben **8.** wurden zerstört/verwüstet, gebracht werden

2. **1.** Durch die anhaltende Dürre ist die gesamte Ernte vernichtet worden. **2.** Hier durfte geraucht werden. **3.** Der Betrag hat vom Computer viel schneller errechnet werden können. **4.** Der Motor ist neu eingebaut worden. **5.** Der Täter hat nach kurzer Zeit aus Mangel an Beweisen wieder freigelassen werden müssen. **6.** Die alten Häuser mussten abgerissen werden. **7.** Der Wahlvorgang wurde wiederholt. **8.** Der Drucker ist neu installiert worden.

3. **1.** Die Untersuchungen wurden von einer betriebsinternen Kommission geleitet. **2.** Die schwere Krankheit wurde durch einen Virus übertragen. **3.** Die Grundstücke werden durch einen Zaun getrennt. **4.** Das älteste Lebewesen der Welt wurde von deutschen Forschern entdeckt. **5.** Das Examen wurde von zwei externen Prüfern abgenommen. **6.** Der Fußgänger wurde von einem herunterfallenden Dachziegel verletzt **7.** Die Regierung wird durch einen Gesandten vertreten. **8.** Durch das gewaltsame Öffnen des Pakets wurde der Inhalt beschädigt.

4. **1.** Informationen werden gesammelt, das Profil einer Zielperson wird erstellt, Verwertbares wird gemeldet – das ist nicht die Tätigkeit eines Geheimagenten, sondern das passiert auf Ihrem PC! **2.** Sie werden (durch ein Programm) ausspioniert. **3.** Ihnen wird beim Surfen (von der Schnüffelsoftware) über die Schulter geschaut. **4.** Jede gedrückte Taste, Ihre Passwörter und Kreditkartendaten werden (von den Programmen) registriert. **5.** Die wissensdurstige Software wird „Spyware" oder „Adware" genannt. **6.** Meist werden diese Überwachungsprogramme durch einen Virus oder einen Wurm übertragen. **7.** Spyware muss als unmittelbare Gefahr eingestuft werden, weil diese Software oft einen kriminellen Hintergrund hat. **8.** Wenn Ihre Vorlieben beim Surfen durchs Internet (durch Spyware) herausgefunden worden sind, werden Ihnen entsprechende Werbemails zugesandt. **9.** Wenn kostenlose Programme aus dem Internet heruntergeladen werden, könnte Spyware darin versteckt sein. **10.** Vorsicht! Auch nachdem das Trägerprogramm gelöscht worden ist, bleibt Spyware auf Ihrem Rechner.
    Anmerkung: In Satz 2, 6 und 8 wird „durch" verwendet im Sinne eines „Überträgers/ Spions".

5. **1.** Wenn der Brief nicht rechtzeitig abgeschickt worden wäre, hätten wir von der Terminänderung nichts erfahren. **2.** Wenn das Theaterstück nicht vier Monate geprobt worden wäre, wäre es kein Erfolg geworden. **3.** Wenn ihm das wertvolle Ölgemälde nicht gestohlen worden wäre, hätte er das Bild für viel Geld verkaufen können. **4.** Wenn er beim Fußball nicht verletzt worden wäre, hätte er an den Meisterschaften teilnehmen können. **5.** Wenn die Einsparvorgaben nicht erfüllt worden wären, hätte der Betrieb Mitarbeiter entlassen müssen. **6.** Wenn der Wagen nicht repariert worden wäre, hätten wir nicht in den Urlaub fahren können.

6. **1.** Hier hätte unbedingt ein Hinweisschild angebracht werden müssen. **2.** Die Untersuchungsergebnisse hätten nicht verheimlicht werden dürfen. **3.** Die Geräte hätten sofort nach Gebrauch gereinigt werden sollen. **4.** Das Haus hätte neu gestrichen werden müssen. **5.** Der Kunde hätte über den Vorfall gleich informiert werden sollen. **6.** Das Rundschreiben hätte von allen Mitarbeitern gelesen werden müssen. **7.** Der Brief hätte sofort beantwortet werden müssen. **8.** Die Abrechnung hätte noch einmal kontrolliert werden müssen.

7. *(Beispielsätze)* **1.** Der Antrag könnte abgewiesen worden sein. **2.** Die Geldbörse könnte aus der Handtasche gestohlen worden sein. **3.** Er könnte vorher gewarnt worden sein. **4.** Die Sitzung könnte in einen anderen Raum verlegt worden sein. **5.** Der ganze Besitz könnte versteigert worden sein. **6.** Die Dateien könnten gelöscht worden sein. **7.** Beim Hausbau dürfte unsachgemäß gearbeitet worden sein. **8.** Ihm dürfte eine Falle gestellt worden sein. **9.** Sie kann vom Immobilienmakler betrogen worden sein. **10.** Die Ware könnte schon abgeholt worden sein.

8. **1.** Zehn Demonstranten wurden von der Polizei festgenommen. **2.** Die Rechnung muss noch bezahlt werden. **3.** Die Ursachen des Unglücks werden noch bekannt gegeben. **4.** Der Motor musste zweimal ausgewechselt werden. **5.** Die neue Rennstrecke wird am Samstag vom Bürgermeister eingeweiht. **6.** Das Messer müsste mal geschliffen werden. **7.** Der Präsident soll entmachtet worden sein. **8.** Er will von niemandem gesehen worden sein. **9.** Bei OPEX sollen 1000 Mitarbeitern entlassen werden (entlassen worden sein). **10.** Wäre der Bau der Autobahn vom Stadtrat nicht genehmigt worden, hätte man hier ein Naherholungszentrum errichten können. **11.** Wäre der Brief rechtzeitig abgeschickt worden, hätte man den Schaden begrenzen können. **12.** Wäre dieser Protestbrief doch von allen unterschrieben worden! **13.** Der Chef will über alles informiert werden.

9. **1.** Das Fenster ist nur sehr schwer zu öffnen/lässt sich nur schwer öffnen. **2.** Die beiden Teile lassen sich miteinander verschrauben/sind verschraubbar. **3.** Der Feuerlöscher ist nur im Notfall zu verwenden. **4.** Dieses Gedicht lässt sich nicht übersetzen/ist nicht zu übersetzen. **5.** Der Aufsatz ist nochmals gründlich zu überarbeiten. **6.** Das neu entwickelte Gerät ist bei Regen nicht einsetzbar.

10. **1.** Seine Forschungsergebnisse fanden auf der Konferenz besondere Beachtung. **2.** Der zu Lebzeiten berühmte Dichter geriet wenige Jahre nach seinem Tod in Vergessenheit. **3.** Der zu spät eingereichte Antrag kann keine Berücksichtigung mehr finden. **4.** Der mutmaßliche Entführer stand seit Tagen unter Beobachtung der Polizei. **5.** Die Themen stehen auf der heutigen Besprechung zur Diskussion. **6.** Seine Bemühungen um eine friedliche Lösung des Konflikts fanden auf der ganzen Welt Anerkennung. **7.** Die Verbesserungsvorschläge fanden sofort in der Praxis Anwendung. **8.** Der Junge stand unter dem negativen Einfluss seiner Freunde. **9.** Das Theaterstück gelangte seit vielen Jahren nicht mehr zur Aufführung. **10.** Manche Wünsche finden nie/keine Erfüllung.

11. **1.** Er ist am Werdegang des jungen Mannes interessiert. **2.** Viele Tierarten sind vom Aussterben bedroht. **3.** Das Geschäft ist seit/für drei Wochen geschlossen. **4.** Ich bin über das Schicksal des Kindes betroffen. **5.** Er ist von lauter Fachidioten umgeben. **6.** Er war zum sofortigen Handeln gezwungen. **7.** In das Gerät sind drei Zwischenschalter eingebaut. **8.** Das Schwimmbad ist seit Juni geöffnet. **9.** Er ist in Sabine verliebt. **10.** Das Auto ist mit einer Alarmanlage ausgerüstet.

12. **1. a)** Spyware ist in der Lage, Ihre Surfgewohnheiten im Internet auszuspionieren. **b)** Spyware ermöglicht das Ausspionieren Ihrer Surfgewohnheiten im Internet. **c)** Durch Spyware ist es möglich, dass Ihre Surfgewohnheiten im Internet ausspioniert werden. **2. a)** Es gelingt in der Regel nicht, die Täter, die hinter krimineller Software stecken, zu fassen. **b)** Die Täter, die hinter krimineller Software stecken, lassen sich in der Regel nicht fassen. **c)** Nur in Ausnahmefällen können die Täter, die hinter krimineller Software stecken, gefasst werden. **3. a)** Gegen die Computerspione müssen Maßnahmen ergriffen werden. **b)** Es sind Maßnahmen gegen die Computerspione zu ergreifen.

Kapitel 8

Teil A

I.   Schluss mit dem Tauziehen

3.   Synonyme: **1.** sich mit einem Trick und zu jemandes Ungunsten eigene Vorteile verschaffen/jmdn. austricksen **2.** zur Zeit üblich/modern **3.** ohne übermäßigen Erfolg **4.** nachfragen **5.** falsche Schlussfolgerung **6.** werden dünner **7.** überzeugende

4.   Präpositionen: **1.** In/Bei, zwischen, in/bei, über **2.** für, bei, in **3.** über **4.** in, zu, mit

5.   Verben: **1.** gilt **2.** gesetzt **3.** analysiert, überprüft **4.** festzulegen, vorzubeugen **5.** scheitern

6.   Sätze: **1.** Die Ziele für die Verhandlung dürfen nicht zu hoch angesiedelt werden. **2.** Eine Analyse des Verhandlungspartners hilft, Konfliktbereiche im Vorfeld zu erkennen. **3.** Beide Vertragspartner sollten sich auf die Verhandlung eingehend vorbereiten.

II.   Andere Länder – andere Sitten

4.   Synonyme: **1.** mit mehr Spielraum/großzügiger **2.** formell **3.** sehr **4.** unterstreichen/hervorheben **5.** wird als gutes Benehmen verstanden **6.** nur wenig/spärlich **7.** ist nach herrschender Sitte untersagt/wird nicht gern gesehen/gegen die guten Sitten

5.   Präpositionen: **1.** auf, von, in, in **2.** in, in, vor, nach **3.** in, zum, mit, ohne

7.   Verben: **1.** flattert/fliegt **2.** angesehen/interpretiert **3.** ziert/verschönt/schmückt **4.** fahren/reisen/fliegen **5.** begehen/verüben **6.** umgehen/vermeiden **7.** informieren würde **8.** besteht/existiert **9.** interessiert **10.** ausgeht **11.** spricht **12.** verzeichnen/feststellen **13.** wiederholen/machen/begehen **14.** besichtigen/besuchen **15.** laufen/gehen **16.** ignorieren/missachten **17.** befinden **18.** unterscheiden **19.** Benimmt **20.** wirft

8.   Sätze: **1.** Die Deutschen teilen ihr Leben in Berufsleben und Privatleben. **2.** Sie achten genau darauf, dass diese zwei Bereiche strikt voneinander getrennt sind. **3.** Im Berufsleben trägt man formelle Kleidung und ist höflich gegenüber/zu den Kollegen. **4.** Geschäftliche Termine müssen eingehalten werden und man muss pünktlich zur Arbeit erscheinen. **5.** Scherze sind bei formellen Gelegenheiten nicht besonders beliebt. **6.** Im Privatleben kleiden und benehmen sich die Deutschen lockerer. **7.** Das Grüßen spielt im gesamten deutschen Leben eine wichtige Rolle.

III.   Deutsche und fremde Wörter

1.   **b)** Das schönste deutsche Wort: **1. Platz:** Habseligkeiten (Erklärung der Jury: Das Wort verbinde das weltliche Haben mit dem unerreichbaren Ziel des menschlichen Glücksstrebens) **2. Platz:** Geborgenheit **3. Platz:** lieben **4. Platz:** Augenblick **5. Platz:** Rhabarbermarmelade

4.   Fragen zum Text: **1.** Am Anfang gehen sie sehr vorsichtig damit um. Sie sind froh, wenn sie die Bedeutung der Fremdwörter kennen und vermeiden es, sie zu benutzen. Später dann, wenn das Wort in die Sprache integriert ist, wird es behandelt wie jedes andere Wort auch, also es wird auch dekliniert bzw. konjugiert. **2.** Für die Einbürgerung gibt es keine festen Regeln. Wenn es von irgendwem das erste Mal verwendet worden ist, verbreitet es sich nach und nach und irgendwann haben sich alle dran gewöhnt. **3.** Wenn sie die deutsche Sprache bereichern, dann sind sie sinnvoll. Wörter wie „gepixelt", „gescannt" und „gestylt" sind kürzer und genauer als ihre deutschen Übersetzun-

gen. **4.** Wörter wie „gevotet", „upgedated" oder „gebackupt" hält der Autor im Deutschen für unnötig, weil sie gleichwertige deutsche Wörter ersetzen und im schlimmsten Fall sogar verdrängen können.

5. Synonyme: **1.** Manche Menschen gehen vorsichtig mit Fremdwörtern um, andere versuchen sie zu meiden/vermeiden/haben Angst davor. **2.** Wenn das Fremdwort schon ein fester Bestandteil unserer Sprache ist/schon fest zu unserer Sprache gehört, ... **3.** Also machen wir es genauso. **4.** Wir haben Papier recycled – das kann man im Perfekt noch machen/das ist im Perfekt noch möglich. **5.** Irgendjemand wagt sich/fasst den Mut irgendwann ... **6.** Es ist auch nicht nötig, sich darüber Gedanken zu machen/darüber nachzudenken, ... **7.** ..., der simst wie verrückt/ohne Pause/sehr häufig

6. Verben: **1.** behandelt **2.** bedeuten **3.** vermeidet **4.** gewöhnt **5.** werden **6.** betrachtet/behandelt **7.** verläuft **8.** traut/wagt **9.** verbreitet **10.** benutzen/verwenden **11.** ersetzen/verdängen

7. **1.** Einige Politiker wollen mit der/durch die Einführung von neuen Gesetzen/neuer Gesetze ihre Muttersprache vor fremden Einflüssen schützen. **2.** Erst nach der Aufnahme in ein deutsches Wörterbuch gilt ein Wort als „eingebürgert"./Erst nach der Aufnahme eines Wortes in ein deutsches Wörterbuch gilt es als „eingebürgert". **3.** Aus Angst, einen Fehler zu begehen, vermeiden viele Menschen die Benutzung von Fremdwörtern. **4.** Fremde Wörter können auch noch vor ihrer „Einbürgerung" wieder aus dem Wortschatz verschwinden. **5.** Durch das Verdrängen/Mit dem Verdrängen gleichwertiger deutscher Wörter steigt die Zahl der benutzten Fremdwörter vor allem im Bereich der neuen Medien.

Teil C

1. **1.** Ich könnte mir vorstellen, dass die Preiserhöhung bei den Kunden auf Kritik stößt. **2.** Ich würde davon abraten, eine andere Werbefirma zu beauftragen. **3.** Wir würden uns freuen, weitere Aufträge von Ihnen zu erhalten. **4.** Ich würde Sie bitten, die Rechnung umgehend zu begleichen. **5.** Es wäre mir ein Vergnügen, Sie begleiten zu dürfen. **6.** Dürfte ich Sie darauf hinweisen, dass in der Jahresabrechnung ein Fehler ist. **7.** Es wäre besser gewesen, mit dem zuständigen Kollegen Rücksprache zu halten. **8.** Würde es Ihnen etwas ausmachen, den Gast zum Bahnhof zu bringen?

2. **1.** an, geübt **2.** begeht/verübt **3.** übernehmen/tragen **4.** zur, gezogen, stehen **5.** für, aufkommen, bezahlen/übernehmen/tragen **6.** gefällt/verkündet **7.** schenken **8.** tritt, in **9.** ergriffen/getroffen **10.** Nehmen, zur **11.** kommen, in **12.** stelle, zur **13.** gewonnen/verloren/missbraucht **14.** zu, nehmen **15.** abschlagen/verwehren

3. **1.** gestellt **2.** vertreten/verteidigt **3.** gesetzt **4.** erregt **5.** versetzt **6.** gezogen **7.** getroffen **8.** gehegt **9.** erlitten, errungen

4. **1.** Der Ministerpräsident wird auch verschiedenen Hilfsorganisationen einen Besuch abstatten. **2.** Der Staat kann in bestimmten Fällen Unterstützung bieten/gewähren. **3.** Wir haben den Diebstahl sofort bei der Polizei zur Anzeige gebracht. **4.** Ich empfehle dir Nachsicht zu üben. **5.** Die Bank hat Auskünfte über sein Einkommen/bezüglich seines Einkommens eingeholt. **6.** Sie hat mal wieder ihren Willen durchgesetzt. **7.** Das Ehepaar ist bei einem Autounfall ums Leben gekommen. **8.** Der Frau wurde von ihrem Mann ständig das Wort abgeschnitten/Der Mann fiel seiner Frau ständig ins Wort. **9.** Die Nachbarn haben den Streit beendet/begraben. **10.** Die Bank hat uns für die nächste Rückzahlung Aufschub gewährt. **11.** Er hat über den Vorfall Stillschweigen gewahrt/be-

wahrt. **12.** Der Politiker hat sich gegenüber den Vorwürfen der Presse jedes Kommentars enthalten. **13.** Vielleicht ist Ihrer Aufmerksamkeit entgangen, dass die Rechnung vom 3. des vergangenen Monats von Ihnen noch nicht bezahlt worden ist. **14.** Die Konstruktionspläne unterliegen der Geheimhaltung. **15.** An die Mitarbeiter werden immer höhere Forderungen gestellt.

5.   **1.** Trotz intensiver Bemühungen ist uns eine Umsatzsteigerung nicht gelungen. **2.** Zur Vermeidung von Krankheitsübertragung müssen die hygienischen Vorschriften genau beachtet werden. **3.** Auf Wunsch senden wir Ihnen die Ware ins Haus. **4.** Aus Angst schwieg er. **5.** Wir sollten uns im Hinblick auf das kommende Jahr Gedanken über neue Projekte machen. **6.** Bei Berücksichtigung aller Faktoren dürfte bei dem Vorhaben nichts schief gehen. **7.** Im Anschluss an die Sitzung gibt es im Zimmer des Direktors ein Glas Wein. **8.** Nach Meinung der Gewerkschaften wird sich die Lage auf dem Arbeitsmarkt auch im nächsten Jahr nicht verbessern. **9.** Ohne Unterschrift des Ehepartners wird der Antrag nicht bearbeitet. **10.** Zur effektiveren Schädlingsbekämpfung wird ein neues Mittel ausprobiert. **11.** Bei/Unter Beachtung aller Sicherheitsregeln ist ein Unglück ausgeschlossen. **12.** Zu Ihrer rechtzeitigen Information senden wir Ihnen unsere neue Preisübersicht.

6.   **1.** Dr. Braun ist eine Kapazität auf dem Gebiet der Immunforschung. **2.** Aus Anlass unseres zehnjährigen Firmenjubiläums laden wir Sie zu einem festlichen Empfang ein. **3.** Im Verlauf der Veranstaltung kam es zu mehreren Zwischenfällen. **4.** Im Rahmen seiner Tätigkeit als Korrespondent reist/reiste er im Herbst ins Krisengebiet. **5.** Er blieb ohne Grund der Sitzung fern. **6.** Trotz der schlechten Wetterverhältnisse kann der Bau termingerecht beendet werden. **7.** Aus Mangel an Beweisen wurde der Angeklagte vom Gericht freigesprochen. **8.** Aus Erfahrung wird man klug. **9.** In Anbetracht der Tatsache, dass wir rote Zahlen schreiben, müssen Sparmaßnahmen ergriffen werden. **10.** Nach Angaben der Polizei wurde bei dem Unfall niemand verletzt. **11.** Im Interesse der/des Kunden achten wir auf die Einhaltung der Termine. **12.** Unter der Voraussetzung, dass die Preise stabil bleiben, sind wir an einer weiteren Zusammenarbeit interessiert. **13.** Der Prozess findet unter Ausschluss der Öffentlichkeit statt. **14.** Aus Schutz vor Seuchen müssen schnell Maßnahmen ergriffen werden. **15.** Die Gespräche fanden auf der Basis freundschaftlicher Zusammenarbeit statt. **16.** Nach Aussage des/der Zeugen waren drei maskierte Männer in der Bank.

7.   **1.** Anhand **2.** Bezug nehmend auf **3.** Dank **4.** Aufgrund **5.** binnen **6.** Gemäß **7.** Infolge **8.** halber **9.** Hinsichtlich **10.** Laut **11.** Zeit **12.** zu Gunsten **13.** Mittels **14.** Mangels **15.** Kraft **16.** Seitens **17.** Zwecks **18.** Trotz **19.** Ungeachtet **20.** Anlässlich **21.** zufolge **22.** zuliebe

8.   **Brauchtum und Feste**

Brauchtum ist *laut Volksmund* ein Gruß aus guter alter Zeit, obwohl die alte Zeit manchmal gar nicht so gut war.

Viele *uns bis heute romantisch und erhaltenswert erscheinende* Bräuche, an denen unser Herz hängt, *sind* auf recht prosaische Ereignisse *zurückzuführen*.

Es besteht ein Zusammenhang zwischen Brauchtum und Festen, *weil* zu den großen kirchlichen, historischen, bäuerlichen oder heidnischen Festen das Brauchtum seine ganze Pracht *entfaltet* und andererseits die überlieferten Bräuche *einen Beitrag zur Gestaltung* örtlicher Feierlichkeiten als besondere Feste *leisten*. Und *man kommt ins Staunen (darüber)*, dass in unserer hoch technisierten, computergesteuerten Zeit immer mehr junge Menschen ihre Liebe zur Tradition entdecken und pflegen.

Das gilt, abgesehen von den Volksmusikveranstaltungen und Trachtenumzügen, *die allerorts zu finden sind*, vor allem für die bäuerlichen Feste, *die jährlich stattfinden (oder: für die jährlich stattfindenden bäuerlichen Feste)*.

Abschreckend vermummte Gestalten *tollen lärmend herum, um* den bösen Geistern den Garaus *zu machen* und das Neue Jahr vor ihnen *zu schützen*.

Und daneben *hoffen* die Menschen *auf ein wenig Glück und Wohlstand* für die kommenden zwölf Monate. Sie *beschenken sich mit* Glückssymbolen wie Kleeblätter, Hufeisen oder kleine Schornsteinfeger aus allen möglichen Materialien, *bewahren* eine Schuppe des Silvesterkarpfens im Portemonnaie *auf* oder *unternehmen/machen den Versuch*, beim Bleigießen ihr bevorstehendes Schicksal zu deuten.

Zum Münchner Oktoberfest, dem berühmtesten aller historischen Feste, kommen Besucher aus der ganzen Welt, um das eigens für dieses Ereignis gebraute süffige Bier zu trinken und besondere Leckereien zu verzehren. Sie bummeln *die Schaustellerattraktionen entlang* und genießen den Nervenkitzel in den Fahrgeschäften.

Das erste Oktoberfest im Jahre 1810 *hatte* allerdings *ein ganz anderes Aussehen*. Die Bürger *wurden* seinerzeit *von* König Max Joseph *zur Hochzeitsfeier* des Prinzen Ludwig mit der Prinzessin Therese von Sachsen *eingeladen*.

Dieses Fest war ein solcher Erfolg, dass die Gardekavallerie *den Antrag stellte, der Festwiese den Namen der Braut zu geben*, und die Stadt München *fasste den Beschluss*, das Fest Jahr für Jahr zu wiederholen.

Und weil *aus Anlass* der Hochzeit die Münchner in feierlichem Zuge an der Residenz vorbei zur Festwiese zogen, ist es Brauch geblieben, einen Trachten- und Festzug durch München zu veranstalten.

Zum *in seiner Farbenpracht und Vielfältigkeit für jeden Zuschauer ein unvergessliches Erlebnis bleibenden* Festzug kommen Trachtengruppen aus dem ganzen Land.

9. **1.** den Braten gerochen (etwas ahnen) **2.** Jacke wie Hose (egal/für mich uninteressant) **3.** keinen Finger krumm gemacht (nicht geholfen/nichts getan) **4.** auf der Nase herumgetanzt (nicht auf ihn gehört/seine Anweisungen nicht befolgt) **5.** Sie hat die Hosen an. (Sie bestimmt, was gemacht wird/ist dominant.); Peter steht ... unter dem Pantoffel. (Er kann seine Meinung nicht durchsetzen.) **6.** der Kragen geplatzt (Er hatte genug davon und hat das laut gesagt.; Er ist aus Ärger sehr laut geworden.) **7.** letztes Hemd hergegeben (große finanzielle Opfer bringen) **8.** red(e) nicht ständig um den heißen Brei herum (etwas sprachlich nicht klar/deutlich ausdrücken/benennen wollen) **9.** in den sauren Apfel beißen müssen (etwas Unbeliebtes tun müssen)

Textquellen

S. 11f.   Spiegel der eigenen Wünsche. Aus: Der SPIEGEL, 1/1996.
S. 13f.   Prognosen aus: Futopia ... oder das Globalisierungsparadies. Signum-Verlag, Wien 1997.
S. 15   Moderne Kunst. Zit. aus: K. Conrad: Das vierte Zeitalter und die moderne Kunst, Huber-Verlag, Bern 1958.
S. 17   Töpfernde Äffchen. Aus: Der SPIEGEL, 38/1997.
S. 18   Banausen sterben eher. Aus: Der SPIEGEL, 30/1998.
S. 19f.   Von der Nachkriegsreklame bis zur Werbung ... Aus: Der SPIEGEL, Sonderausgabe 1947–1997.
S. 23   Keine Zeit. Informationen aus: Bild der Wissenschaft, 1/1995.
S. 32f.   F. Pleitgen: Mein erster Bericht. Aus: Kölnische Rundschau/Rundschau am Sonntag, 22.9.1996.
S. 37f.   Das bessere Deutschland. Aus: Der SPIEGEL, 33/1997.
S. 40f.   H.-M. Enzensberger: Das Europa-Haus – eine Architektur-Skizze. Aus: Die ZEIT, 6.12.1996.
S. 43f.   V. Schlöndorf: Der Verlust der Liebe. Aus: Der SPIEGEL, 7/1999.
S. 51   F. Hohler: Made in Hongkong. Aus: Der Granitblock im Kino und andere Geschichten. Fischer-Verlag, Frankfurt/M. 1983. Abdruck mit freundlicher Genehmigung des Autors.
S. 55   Christoph Hein: Von allem Anfang an. © Suhrkamp-Verlag Frankfurt 2002 (S. 6–8).
S. 57   Bitte lachen! Nach Informationen aus: ELLE, 9/1997; Die WELT, 13.11.1995; Vogue, 9/1998.
S. 59   Böse Witze. Nach: Psychologie heute, 4/2003.
S. 60f.   F. Malik: Sinn statt Identifikation. Aus: Die WELT, 28.2.2004.
S. 64f.   Umfrage. Nach Informationen aus: Die ZEIT, 28.8.2003.
S. 65f.   Teure Langeweile. Aus: Manager-Magazin, 10/1996.
S. 69   Sollen. Aus: Grafschafter Nachrichten, 1.11.1997.
S. 81f.   I. Lehnen-Beye: Lob der Lüge. Aus: Rheinische Post, 19.8.2003.
S. 85f.   Kriminalität in Deutschland. Aus: Zahlenbilder, Erich Schmidt Verlag.
S. 89f.   Aldi: Vom Billigladen zum Kultobjekt. Aus: Neue Ruhr Zeitung (NRZ), 18.4.1998.
S. 92   Ende der Koedukation? Nach Informationen aus: Die WELT, 29.11.1995; Die Woche, 24.02.1995; FAZ, 24.02.1998.
S. 105f.   Krieg der Geschwister. Aus: Der SPIEGEL, 35/1997.
S. 108f.   M. Schürmann: Wie riecht das Mittelalter? Aus: P. M. Perspektive, 1/2004.
S. 113   „Immobilienpoesie". Nach Informationen aus: Die WELT, 4.8.1994.
S. 116   Bauhaus und Design. Aus: Kulturelles Leben in der BRD, Bonn 1992.
S. 118   Peter Härtling: Für Ottla (Auszug). Aus: Peter Härtling: Für Ottla, Radius-Verlag, Stuttgart 1986.
S. 122   Einen Dümmeren finden Sie kaum! Aus: Frankfurter Allgemeine Zeitung, 15.2.1999.
S. 133f.   Störfall Kommunikation. Aus: ManagerSeminare, 29/1997.
S. 135f.   Typische Fallen. Aus: ManagerSeminare, 29/1997.
S. 138   Was macht Zeitungen bei Lesern erfolgreich? Aus: Handelsblatt, 11.6.1997.
S. 142   A. Kaiser: Sehen was kommt. Aus: Die ZEIT, 24.6.2004.
S. 153   Das 19. Jahrhundert. Aus: M. Görtemaker: Deutschland im 19. Jahrhundert, Leske & Budrich, Leverkusen 1983.
S. 155   T. Röbke: Nicht im Sinne des Erfinders. Aus: Die ZEIT, 24.10.2002.
S. 157   R. Geisenhanslüke: Besser geht's nicht. Aus: Die ZEIT, 15.4.2004.
S. 160   Computerspiele. Nach: Psychologie heute, 4/2004; c't 5/2003.
S. 161f.   Leben auf Empfang. Aus: Der SPIEGEL, 12/2004.
S. 165f.   Ein Schritt vor, einer zurück. Aus: SPIEGEL spezial, 2/1995.
S. 179f.   Schluss mit dem Tauziehen. Aus: ManagerSeminare, 10/1998.
S. 181f.   Andere Länder – andere Sitten. Aus: B. Emde: 1 x 1 der guten Umgangsformen, Moewig-Verlag, Rastatt 1995.
S. 185f.   Er designs ... Aus: B. Sick: Der Dativ ist dem Genitiv sein Tod. © 2004 Verlag Kiepenheuer & Witsch Köln, © SPIEGEL ONLINE GmbH Hamburg.
S. 198f.   Brauchtum und Feste. Aus: Kulturelles Leben in der BRD, Bonn 1992.
S. 200ff.   Die Übersichten und Hinweise zu den Prüfungen wurden nach Materialien des Goethe-Instituts München zusammengestellt.

Bildquellen

S. 11   Aus: „Die Welt in hundert Jahren". Berlin 1910.
S. 15   W. Kandinsky: Dreißig , 1937. © VG Bild-Kunst.
S. 88   Tatort Deutschland. Aus: Zahlenbilder, Erich Schmidt Verlag.
S. 141   L. Murschetz. Bücherwürmer. Katalog zur Ausstellung 1997 in Tegernsee.
S. 55, 85: H. Zille. Aus: G. Flügge, Das dicke Zille-Buch. Eulenspiegel-Verlag Berlin 1987.
S. 19, 20, 24, 37, 43, 44, 67, 81, 89, 115, 168, 179, 181, 182: Fotos von Andreas Buscha.
S. 57, 92, 105, 119, 133, 189: Fotos aus dem Archiv der Autorinnen.